国家社科基金
后期资助项目

双层股权结构法律制度研究

Research on the Legal System of Dual-class Share Structures

金幼芳 著

ZHEJIANG UNIVERSITY PRESS
浙江大学出版社
·杭州·

图书在版编目(CIP)数据

双层股权结构法律制度研究 / 金幼芳著. —杭州：
浙江大学出版社，2024.4
ISBN 978-7-308-24519-7

Ⅰ.①双… Ⅱ.①金… Ⅲ.①股权结构—法律—研究
—中国 Ⅳ.①D922.290.4

中国国家版本馆 CIP 数据核字(2023)第 254338 号

双层股权结构法律制度研究
SHUANGCENG GUQUAN JIEGOU FALÜ ZHIDU YANJIU
金幼芳　著

责任编辑	马一萍
文字编辑	梅　雪
责任校对	陈逸行
封面设计	周　灵
出版发行	浙江大学出版社
	（杭州市天目山路 148 号　邮政编码 310007）
	（网址：http://www.zjupress.com）
排　　版	浙江大千时代文化传媒有限公司
印　　刷	杭州高腾印务有限公司
开　　本	710mm×1000mm　1/16
印　　张	16.75
字　　数	301 千
版 印 次	2024 年 4 月第 1 版　2024 年 4 月第 1 次印刷
书　　号	ISBN 978-7-308-24519-7
定　　价	78.00 元

国家社科基金后期资助项目
出版说明

后期资助项目是国家社科基金设立的一类重要项目,旨在鼓励广大社科研究者潜心治学,支持基础研究多出优秀成果。它是经过严格评审,从接近完成的科研成果中遴选立项的。为扩大后期资助项目的影响,更好地推动学术发展,促进成果转化,全国哲学社会科学工作办公室按照"统一设计、统一标识、统一版式、形成系列"的总体要求,组织出版国家社科基金后期资助项目成果。

全国哲学社会科学工作办公室

目　录

引　言

本书以双层股权结构制度为研究对象,并以双层股权结构制度被全球主要交易所接受、中国逐步开展双层股权结构制度实践以及《中华人民共和国证券法(2019年修订)》(以下简称新《证券法》)强调投资者保护为研究背景,分析中国法语境下双层股权结构制度运行可能存在的问题。基于双层股权结构制度将表决权与剩余利益索取权分离并重新分配的逻辑基础,以约束特别表决权行使与强化普通股东保护为基本进路,综合运用比较研究与交叉研究方法,探讨双层股权结构制度的理论机理,比较借鉴域外发展成熟度不一的资本市场规制模式,探寻不同规则背后的立法逻辑,以从域外双层股权结构公司的先进实践中获得经验启迪。从特别表决权约束机制、双层股权结构下的信息披露制度、日落条款及事后救济路径方面解构,剖析当前制度规定下可能存在的特别表决权滥用、投资者合法权益受侵害等阻碍双层股权结构制度功能实现的诱因,并以被代理人成本理论、特质愿景理论、公司自治理论等为分析工具,探索消解双层股权结构治理潜在问题的方案,从而为完善双层股权结构制度,实现特别表决权行使约束与投资者保护之间博弈均衡提供法律制度支持。

双层股权结构,是指将公司股东分为普通股东和特别表决权股东,通过非比例配置股份的表决权与剩余利益索取权,其中普通股东持有表决权受限的普通股份,特别表决权股东持有具有高倍数表决权的特别表决权股份,从而实现公司控制权集中的一种股权架构设计。在该股权架构下,表决权受限的普通股份由公众股东持有,具有高倍数表决权的特别表决权股份由创始人持有,从而实现创始人控制权集中。双层股权结构是对传统公司法一股一权的股权结构配置的突破,并与股东异质化、公司自治与契约自由、特质愿景追求理论相契合。但双层股权结构也导致所有权与控制权分离,因此引发公司内部人掌控、代理成本增加的风险增大等担忧。但随着互联网经济的发展,双层股权结构制度在促进公司创始人特质愿景实现、满足股东需求异质化等方面的优势逐渐显现,各法域对双层股权结构的态度也因此发生转变。根据本地资本市场的成熟度差异,不同的交易所制定了或底线监管或全面监管的规则政策,以防范双层股权结构的制度风险。

中国内地的双层股权结构制度实践首先在科创板展开,随后该实践传导至创业板和新三板,深圳市通过经济特区立法权突破性地允许科技企业采用双层股权结构。在当前双层股权结构制度体系背景下,特别表决权行使限制体系还存在特别表决权股份持股主体资格限制不足、特别表决权股东信义义务缺失等问题。在双层股权结构公司特别表决权股东掌握控制权、公众投资者表决权受限的情况下,信息披露制度成为有效的监督方式,但法律关于双层股权结构公司的信息披露制度还存在规定模糊、违法违规信息披露成本较低等问题,导致投资者信息获取有效性受限,信息披露制度功能无法充分发挥。日落条款作为双层股权结构的退出机制,在具体制度设计上仍存在规定的灵活性有限的问题,可能无法及时适应双层股权结构公司的实践需要。除此之外,当前的事后救济路径在双层股权结构制度语境下可能无法全面救济投资者的受损权益,股东派生诉讼、证券代表人诉讼以及先行赔付制度功能可能由于特别表决权的存在,以及普通股东在公司治理中的弱势地位而无法实现。更为重要的是,由于《中华人民共和国公司法(2018 年修正)》(以下简称《公司法》)、新《证券法》等上位法关于双层股权结构制度规定的缺失,双层股权结构制度不仅在合法性的推导上存在一定问题,而且更严格的配套监督机制也缺乏更高位阶法律效力文件的支撑,可能造成理论与实践之间出现断层。

为进一步促进双层股权结构制度的成熟与发展,应积极借鉴域外实践经验,形成特别表决权行使约束与投资者保护相得益彰的双层股权结构制度法律体系。因此,可以从以下路径展开:第一,对于特别表决权的行使限制优化机制,应合理设置特别表决权股份持有主体的资格与权利行使边界,明确特别表决权股东的信义义务,并提高公司内部监督主体实效性;第二,对于信息披露制度的本土化构建方案,应创新信息披露机制,严格对披露内容的审查,并提高违法违规成本;第三,日落条款的完善路径可以从优化事件型日落条款、完善比例型日落条款、引导公司设置自治型日落条款等角度展开,鼓励公司自治,组合适用日落条款,探寻最佳双层股权结构退出机制方案;第四,双层股权结构下的诉讼救济路径和先行赔付制度可以从重构诉讼规则、减轻诉讼费用负担、发挥中证中小投资者服务中心(以下简称投服中心)持股行权的职能及压实先行赔付义务主体的责任切入,构建多元纠纷解决机制;第五,在双层股权结构被广泛适用的趋势下,《公司法》、新《证券法》及其他法律文件应及时从双层股权结构的法理支持、特别表决权股东的控股股东地位确定、明确特别表决权股东信义义务、强化信息披露要求以及重构诉讼规则等角度予以回应,从而实现双层股权结构制度的稳定成熟发展。

一、选题背景与意义

2004 年,谷歌(Google)采用双层股权结构在纳斯达克(National Association of Securities Dealers Automated Quotations,NASDAQ)上市后,双层股权结构制度因其在公司治理和证券市场上的独特价值而被大量高科技公司采用,以实现获得融资的同时保持创始人控制权稳定的目的。随着交易所间的竞争日益激烈,全球主要资本市场为保持国际竞争力,纷纷修改规则以接纳发行人采用双层股权结构上市。例如,曼彻斯特联队谋求采用双层股权结构在新加坡证券交易所(以下简称新交所)上市被拒而转投纽约证券交易所(New York Stock Exchange,NYSE,以下简称纽交所)上市的事件加速了新加坡《公司法》(Companies Act 1967)对一股一权原则的放弃。新交所在 2018 年修改《主板上市规则》(Mainboard Rules)时,明确允许发行人采用双层股权结构上市。

近年来,越来越多的独角兽公司由于股权结构特殊无法在中国上市而选择远赴海外上市,出于避免国家资产流失的考虑,资本市场也顺应时代发展潮流,逐渐转变对双层股权结构的消极态度。在阿里巴巴因为“湖畔合伙人”这一类双层股权结构制度在香港联合交易所有限公司(简称香港联交所)上市受挫而转投纽交所上市后,香港联交所对一股一权上市原则的坚持开始动摇,并在 2018 年修订《香港联合交易所有限公司证券上市规则》(以下简称《综合主板上市规则》),以接纳科技创新公司采用双层股权结构上市。随后,小米集团于 2018 年 7 月在香港联交所上市,成为首家以双层股权结构在香港联交所上市的公司。2018 年 9 月,在深入实施创新驱动发展战略的大背景下,国务院印发了《关于推动创新创业高质量发展　打造“双创”升级版的意见》,明确为拓宽创新创业融资渠道,支持发展潜力好但尚未盈利的创新型企业上市,并允许科技企业实行“同股不同权”的治理结构。2019 年 1 月,中国证券监督管理委员会(以下简称证监会)公布《关于在上海证券交易所设立科创板并试点注册制的实施意见》(以下简称《科创板实施意见》),允许表决权差异安排公司在科创板上市,随后上海证券交易所(以下简称上交所)修改并发布《上海证券交易所科创板股票上市规则(2019年版)》,为双层股权结构公司上市提供制度支持。2019 年 4 月,内地首家双层股权结构公司优刻得(Ucloud)向上交所递交上市申请,并成功于2020年在科创板上市,成为科创板首家双层股权结构公司。2020年后,资本市场进一步扩大双层股权结构制度的实践范围,2020年6月,证监会《关于全国中小企业股份转让系统挂牌公司转板上市的指导意见》等规范性文件为双层股权结构在新三板正式落地提供制度支持。2020年6月,深圳证券交易所(以下简称深交所)修改并发布《深圳证券交易所创业板股票上市规则》,从而将双层股权结构制度的实践传导至创业板。

双层股权结构制度的广泛开展,为高科技上市公司带来发展机遇的同时也增大了出现降低公司治理效率、损害投资者利益等潜在风险的可能性,因此各法域结合本地资本市场的特殊性制定了各异的监管政策,并积累了丰富的经验。其中,资本市场成熟度较高的美国、加拿大等采用底线监管模式,而亚洲的主要资本市场则采用全面监管模式以防范双层股权结构的制度风险。中国内地资本市场的双层股权结构制度实践刚刚起步,资本市场成熟度有待进一步提高,以及在新《证券法》以投资者保护为出发点的改革背景下,双层股权结构制度的监管态度宜采用全面监管模式,在保证特别表决权股东控制权稳定的同时,强化对处于弱势地位的普通股东的权益保护制度。在充分尊重双层股权结构制度设计初衷的前提下,通过具体制度框架设计构建双层股权结构利益平衡机制,在为创始人追求特质愿景提供制度支持的同时,防范控制权滥用对公司利益及股东利益的侵蚀,从而实现制度效用最大化。

双层股权结构突破了传统公司法律禁止股东权利分离的基础性命题,打破了股东平等的理论基础,导致股东的剩余利益与其表决权重难以实现对位。因此,这种股权结构可能导致内部人掌控公司的风险增大,出现创始股东利益输送以及代理成本增加等风险。但无论理论还是实践均印证了双层股权结构具有满足公司股东异质化需求、保持创始人控制权稳定并为其提供特质愿景追求自由、降低被代理人成本以及促进公司治理效率提升等不可忽视的功能价值。随着双层股权结构被越来越多的新经济公司①采用,且被全球主要证券交易所接受,关于双层股权结构的争论已从是否应禁止该类股权结构转移至如何减少双层股权结构给公司治理造成的风险。在

---

① 新经济公司是指包含新技术、新产业、新业态、新模式,同时具有高度成长性的公司,新经济公司更注重将价值由有形资产转移到无形资产。参见国家统计局:《2020年我国"三新"经济增加值相当于国内生产总值的比重为17.08%》,http://www.stats.gov.cn/xxgk/sjfb/zxfb2020/202107/t20210706_1819113.html,访问于2023年2月19日。

双层股权结构实践从科创板传导至创业板、新三板以及双层股权结构公司实践经验有待积累的背景下，双层股权结构的权力制衡机制、信息披露制度、日落条款制度以及事后救济配套机制需要不断完善，从而控制双层股权结构公司表决权与剩余利益索取权的分离程度，防范表决权被滥用，及时救济投资者的受损权益以契合新经济公司发展需要与投资者保护目标。

本书突破以往仅对双层股权结构的制度价值取向、制度设计以及运行机制等进行解释、描述性的理论研究，而从实践层面，与时俱进地探讨适合资本市场环境下双层股权结构的有效治理路径，以弥补当前制度环境下双层股权结构的理论研究与现实实践之间存在的断层。在双层股权结构制度实践广泛开展、新《证券法》强调投资者保护并提供投资者权益救济新路径开启证券司法新阶段的背景下，双层股权结构下的特别表决权行使约束与投资者保护机制需要不断完善，从而实现双层股权结构及配套制度理论本土化，并将新《证券法》以投资者保护为核心的价值导向落到实处，为维护证券市场平稳有序运行提供新的思路和对策。

二、国内外研究现状

（一）国外相关研究动态

第一，双层股权结构的理论基础。早期学者多从公司契约理论①、被代理人成本理论②、股东利益诉求异质化趋势③、控制权和现金流权的不同分配需求④等视角论证双层股权结构产生的动因。其中，公司契约理论认为，双层股权结构是应对标准契约不完备性的补充，是契约自由的体现。被代理人成本理论则认为，双层股权结构能够有效降低被代理人成本，降低授权替代率，从而显著降低总控制成本。除此之外，股东同质化的假设在现代公司实践中能够被轻易推翻，并且随着金融衍生工具的不断创新，不同类型股东间甚至同类型股东间也表现出不同的利益需求，双层股权结构制度将经济收益权与事实治理权巧妙分割，将控制权集中在具有治理才能的创始人

① Gilson R J, Gordon J N. Controlling controlling shareholders[J]. University of Pennsylvania Law Review, 2003(2): 785-843.
② Reinier K, Armour J, Davies P, et al. The Anatomy of Corporate Law: A Comparative and Functional Approach[M]. Oxford: Oxford University Press, 2017: 227.
③ Hayden G, Matthew B. Arrow's theorem and the exclusive shareholder franchise[J]. Vanderbilt Law Review, 2009(4): 1217-1243.
④ Howell J W. The survival of the U.S. dual class share structure[J]. Journal of Corporate Finance, 2017(C): 440-450.

手中,满足创始股东的控制权集中需求以及其他类型股东各异的经济收益需求,在满足股东的异质化趋势的同时提高公司竞争力。随着双层股权结构的不断成熟,企业家的特质愿景理论①、私人秩序的最优结果②、资本核心向劳动技术核心的转变③成为解释双层股权结构勃兴的理论基础。互联网等高科技行业的迅速崛起使资本市场融资成本逐渐降低,伴随具有特质愿景创始人稀缺的情况④,与人力资本相比,财务资本对公司发展的重要性有所下降。而双层股权结构肯定具有特质愿景创始人的人力资本,并鼓励更多的专属人力资本投入促进公司特质愿景实现。⑤ 因此,双层股权结构对于某些公司而言,能够实现对成本的有效控制,提高公司的经营灵活度,是私人秩序的最优结果。⑥

第二,双层股权结构制度的利弊。一方面,双层股权结构突破了以个体单峰偏好假定为前提避免"阿罗悖论"的简单多数票规则,而对股东权利进行重新配置,采用表决权多数决规则,将控制权转移到能够使其价值最大化的人手中,与股东多元化的流动性需求与多峰投资偏好相契合。⑦ 在为公司获取持续融资的同时避免创始人股权稀释,从而激励更多特定人力资本投入,缓解市场短视主义⑧,有利于公司长远发展及创始人特质愿景实现⑨,使投机型股东及投资型股东在获得更高的经济回报的同时,显著降低满足股东利益偏好的成本,并向帕累托最优状态靠近。且部分实证研究证明,双层股权结构公司在发展初期会带来纯粹制度红利,向股东派发的股息更为

① Goshen Z, Hamdani A. Corporate control and idiosyncratic vision[J]. Yale Law Journal, 2016 (3): 560-795.

② Sharfman B S. A private ordering defense of a company's right to use dual class share structures in IPOs[J]. Villanova Law Review, 2018(1): 1-34.

③ Moore M T. Designing dual-class sunsets: The case for a transfer-centered approach[J]. William & Mary Business Law Review, 2020(1): 93-166.

④ Reddy B V. Up the hill and down again: Constraining dual-class stock and the UK listing review[J]. The Cambridge Law Journal, 2021(3): 515-551.

⑤ Ahn A, Wiersema M. Activist hedge funds: Beware the new titans [J]. Academy of Management Perspectives, 2021(1): 96-122.

⑥ Lehn K. Corporate governance and corporate agility[J]. Journal of Corporate Finance, 2021 (1): 65-72.

⑦ Condon Z. A snapshot of dual-class share structures in the twenty-first century: A solution to reconcile shareholder protections with founder autonomy[J]. Emory Law Journal, 2018(2): 335-366.

⑧ Howell J W. The survival of the U. S. dual class share structure[J]. Journal of Corporate Finance, 2017(C): 440-450.

⑨ Goshen Z, Hamdani A. Corporate control and idiosyncratic vision[J]. Yale Law Journal, 2016 (3): 560-795.

丰厚,条件也更为优越,具有更高回报率①,与一股一权结构公司相比,双层股权结构公司的平均资产规模更大、利润率更高、杠杆率更高②。另一方面,双层股权结构赋予特别表决权股东非比例的表决权,使其能够以较低的持股比例获得公司控制权,形成少数股东控制结构,使分权制衡的公司治理结构受到挑战,公司内部监督机制被削弱的同时外部并购市场约束弱化③,诱发内部人掌控的风险。这可能导致公司管理效率低下,并且潜在控制权溢价消失会产生降低公司价值的消极影响。④ 双层股权结构制度放大了特别表决权股东表决权与剩余索取权之间的比例差额,产生壕沟效应,导致控制股东更可能利用控制权实施"价值转移"行为以牟取私人利益,因此造成代理成本增加,影响公司发展。⑤ 部分实证研究结论也证明双层股权结构带给公司业绩的正面效果(例如由创始人独特的商业眼光或者领导力带来的优势)会在首次公开募股(IPO)后 6—9 年逐渐衰退。⑥ 也有研究发现在双层股权结构公司 IPO 之后,控制股东的表决权比例与其拥有的剩余利益索取权比例差距不断扩大,双层股权结构公司的股息支付率更低。⑦ 这意味着控制权股东更有动力牺牲公司及股东的共同利益以攫取私益,也意味着普通股东承担的代理成本增加。

第三,双层股权结构制度的权力制衡机制。一是应当禁止控股股东利用特别表决权增强自身控制地位,可以采用少数否决规则改变独立董事选举、连任制度,以削弱特别表决权股东对独立董事的控制。⑧ 二是明确特别

① Kim H，Michaely R. Sticking around too long? Dynamics of the benefits of dual-class voting［EB/OL］.（2018-10-26）［2021-02-14］. https://www. bwl. uni-mannheim. de/media/Lehrstuehle/bwl/Area_Finance/Finance_Area_Seminar/HWS2018/Michaely_Paper. pdf.
② Cremers M，Lauterbac B，Pajuste A. The life-cycle of dual class firms valuation［EB/OL］.（2018-12-05）［2021-02-15］. https://www. ecgi. global/sites/default/files/The% 20Life-Cycle%20of%20Dual%20Class%20Firm%20Valuations-%20Paper. pdf.
③ Sharfman B S，Moore M T. Liberating the market for corporate control［J］. Berkeley Business Law Journal，2021(2)：1-44.
④ Seligman J. Equal protection in shareholder voting rights：The one common share, one vote controversy［J］. George Washington Law Review，1985(5)：687-694.
⑤ Masulis R W，Wang C，Xie F. Agency problems at dual-class companies［J］. The Journal of Finance，2009(4)：1697-1727.
⑥ Baran L，Forst A，Via M T. Dual class share structure and innovation［EB/OL］.(2018-12-21)［2021-04-21］. https://papers. ssrn. com/sol3/papers. cfm? abstract_id＝3183517.
⑦ Beladi H，Hu M，Yang J，et al. Dual-class stock structure and firm investment［J］. Finance Research Letters，2022(1)：1-9.
⑧ Bebchuk L A，Kastiel K. The untenable case for perpetual dual-class stock［J］. Virginia Law Review，2017(4)：585-631.

表决权股东的信义义务,并引入实质公平标准以审查控股股东强迫交易等可能影响普通股东利益议案的合法性,将特别表决权股东违反信义义务所得利益归于公司,从而形成有效的司法干预制度约束。① 三是基于双层股权结构公司的交易溢价会在一段时间后逐渐消失的特点,应对双层股权结构制度设置退出制度以有效控制双层股权结构制度的消极影响。可以采用固定期限型日落条款②,也可以通过设置事件日落条款,在创始人不符合特定资格或者特别表决权股份被转让时,特别表决权股份应转换为普通股份③,还可以运用比例型日落条款平衡双层股权结构制度的灵活性与稳定性④。四是强化对双层股权结构公司的信息披露要求,通过提高披露内容的简明性,引入"吹哨者计划",严格违法违规信息披露的法律责任。⑤ 这些措施能够有效帮助投资者及监管部门识别双层股权结构公司的信息披露违法违规行为,从而为投资者获得保护及寻求救济提供基础⑥,并对双层股权结构公司及特别表决权股东等运用股权结构特殊性损害投资者权益的行为形成威慑作用。

综上,国外有关双层股权结构的研究成果较为丰富,并呈现从理论基础、利弊之争到公司治理优化的演绎,对本书有重要启发。但由于各国资本市场成熟程度与投资者专业化程度存在较大差异,对我国的双层股权结构法律制度研究不能脱离本国整体制度环境背景。因此,在探索双层股权结构下最佳投资者权益保护模式时,需从我国具体实际出发,并结合案例综合考量,以实现双层股权结构监管强度与投资者博弈能力的动态平衡。

(二)国内相关研究动态

第一,双层股权结构的理论溯源与实践分析。双层股权结构的理论基

① Bebchuk L A, Kastiel K. The perils of small-minority controllers[J]. The Georgetown Law Journal, 2019(6):1453-1514.
② Jackson R J. Perpetual dual-class stock: The case against corporate royalty[EB/OL]. (2018-02-15)[2021-05-10]. https://www.sec.gov/news/speech/perpetual-dual-class-stock-case-against-corporate-royalty.
③ Moore M T. Designing dual-class sunsets: The case for a transfer-centered approach[J]. William & Mary Business Law Review, 2020(1):93-166.
④ Toshima K. Cyberdyne's dual-class IPO[J]. International Financial Law Review, 2014(12):10-43.
⑤ Gurrea-Martinez A. Theory, evidence, and policy on dual-class shares: A country-specific response to a global debate[J]. European Business Organization Law Review, 2021(22):475-515.
⑥ Dyck A, Zingales L. Private benefits of control: An international comparison[J]. The Journal of Finance, 2004(2):537-600.

础根植于对现实背景的回应,包括资本雇佣劳动理念受挑战、同股同权的内部权力配置无法满足风险资本与创业者不同偏好以及金融创新的冲击下,表决权的工具主义色彩日益凸显,股东权利衍生出多样的具体权利分离现实样态等。① 双层股权结构基于公司自治理念与契约自由理论,巧妙分割经济收益权与事实治理权,化解创始人保持控制权与公司融资需求的矛盾,建立起不同股东间的利益交换机制,实现股东权利义务的实质平等②,为新经济公司的发展奠定基础③。双层股权结构对公司治理的积极影响在于,这种股权结构赋予特别表决权股东以控制权,能够有效避免市场短视主义,保持创始人控制权稳定④,实现权力中心由"股东会中心主义"向"董事会中心主义"的跃迁,从而将公司控制权配置与关键资源相协调以提升管理效率。并且双层股权结构通过控制权集中建构起一种反收购的安全港,显著增加收购成本以抵御敌意收购,从而有效避免"管理者短视",并激发创始人才能,对高科技企业创新具有显著促进作用。⑤ 其消极影响在于双层股权结构的特别表决权安排加剧了管理层与股东间的利益冲突,导致代理成本增加。⑥ 并且,双层股权结构的控制权强化机制在规避敌意收购的同时导致资本市场外部竞争监督机制瘫痪,并催生出管理质量问题。⑦ 特别表决权股东凭借表决权优势获得集中的控制权,即使公司治理效率低下,也难以被其他公司收购以实现市场的优胜劣汰,导致外部监督机制的制约效能被削弱。⑧ 双层股权结构制度下特别表决权股东拥有集中的控制权,使股份持有高度分散化这一控制权市场高效运转的前提条件无法实现,造成外部控制权市场的监督效用被弱化。⑨ 在缺乏监督机制的环境下,创始股东可能滥用控制权,通过内幕交易、关联交易、直接占用公司资产等形式进行私

① 汪青松、赵万一:《股份公司内部权力配置的结构性变革——以股东"同质化"假定到"异质化"现实的演进为视角》,载《现代法学》2011 年第 3 期,第 32 页。

② 王轶:《民法价值判断问题的实体性论证规则——以中国民法学的学术实践为背景》,载《中国社会科学》2004 年第 6 期,第 113 页。

③ 马一:《股权稀释过程中公司控制权保持:法律途径与边界——以双层股权结构和马云"中国合伙人制"为研究对象》,载《中外法学》2014 年第 3 期,第 715 页。

④ 沈朝晖:《双层股权结构的"日落条款"》,载《环球法律评论》2020 年第 3 期,第 75 页。

⑤ 傅穹、卫恒志:《表决权差异安排与科创板治理》,载《现代法学》2019 年第 6 期,第 98 页。

⑥ 翁小川、胡晶晶:《上市公司双层股权的法定落日条款研究》,载《南大法学》2021 年第 5 期,第 3 页。

⑦ 张国天:《双层股权制度的成因及适用问题的国内研究现状综述》,载《西部学刊》2022 年第 11 期,第 84 页。

⑧ 蒋秀华:《双层股权结构下公司监督问题及建议》,载《技术与市场》2022 年第 4 期,第 187 页。

⑨ 冯果、诸培宁:《差异化表决权的公司法回应:制度检讨与规范设计》,载《江汉论坛》2020 年第 5 期,第 108 页。

人利益输送,导致内部人掌控风险逐步增大。[1]

第二,双层股权结构下的特别表决权约束制度。在划定"一股一票"表决事项范围以限制特别表决权行使时,一方面,应均衡公司自治与类别股东保护,在股东大会表决事项与国家社会公共利益、公司经营战略无关时,应当恢复一股一权表决规则的适用。[2] 并在特定事项上引入类别表决制度,比如对公司再融资、重大资产重组或拆分上市等重大事项的决议采用分类表决通过制度[3],并将法定类别表决事项与任意类别表决事项相结合[4],从而避免标准化强制性扩充[5]。另一方面,在中国内地投资者专业化程度有待加强、博弈能力较弱的背景下,应适当加强对特别表决权行使的约束。可以适当扩大"一股一票"表决事项范围,对于直接关系投资者切身合法权益的事项,比如涉及公司分红、解散、清算、退市,选任监事,决定董事、监事的报酬等,在这些事项上恢复"一股一票"投票机制以加强对特别表决权的约束。[6] 还应合理设置特别表决权股份的表决权最大倍数,将不同类型股东之间以及股东与公司之间的利益相联结,降低表决权与剩余索取权两权分离产生的代理成本。[7] 通过双层股权结构退出制度约束特别表决权行使时,可以适用应用期限型日落条款以克服固定期限型日落条款的弊端,从而实现日落条款制度的最大效用。[8] 被动的股比稀释型、特定事件触发型和股份转让型等类型的日落条款均无法将无效率的双层股权结构向一股一权结构转换,因此可以采用"遵守或解释"的路径执行固定期限型日落条款,并以交易所问询函的方式进行监督,从而将已经不再有效率的双层股权结构制度终止。[9]

第三,双层股权结构下的投资者权益保护制度。实现投资者权益的全面维护应从事前、事中、事后三个层面共同推进。在投资者权益的事前保护

---

[1] 肖金锋、杨梦:《类别股的类型化分析及制度建构——以股权融资与控制权兼顾为视角》,载《证券法苑》2017年第2期,第328页。

[2] 冯果:《股东异质化视角下的双层股权结构》,载《政法论坛》2016年第4期,第130页。

[3] 李俪:《双层股权结构本土化的潜在风险与防范制度研究——兼评科创板特别表决权规则》,载《金融监管研究》2019年第12期,第20页。

[4] 朱慈蕴、神作裕之、谢段磊:《差异化表决制度的引入与控制权约束机制的创新——以中日差异化表决权实践为视角》,载《清华法学》2019年第2期,第7页。

[5] 张舫:《美国"一股一权"制度的兴衰及其启示》,载《现代法学》2012年第2期,第153页。

[6] 巴曙松、巴晴:《双重股权架构的香港实践》,载《中国金融》2018年第11期,第76页。

[7] 杜佳佳、吴英霞:《双层股权结构的价值、风险与规范进路》,载《南方金融》2018年第8期,第96页。

[8] 张巍:《双重股权架构的域外经验与中国应对》,载《财经法学》2020年第1期,第85页。

[9] 沈朝晖:《双层股权结构的"日落条款"》,载《环球法律评论》2020年第3期,第75页。

方面,应充分发挥独立董事的监督职能。在双层股权结构公司控制权集中于特别表决权股东的内部权力构造下,提高独立董事比例以强化独立董事对董事和经理人的约束为一种可行路径①,并且独立董事的选任及连任可以采用双重通过制,赋予普通股东对独立董事的特殊提名权以平衡独立董事的专业性与独立性②。还可以给予独立董事固定薪酬之外的股权激励,实行董事会和监事会因企业利益而紧密合作的功能互补模式。③ 此外,强制信息披露制度能够有效回应普通股东与特别表决权股东间的利益冲突,双层股权结构公司应详尽披露采取该股权结构的必要性及对投资者利益的安全性④,并明晰特别表决权的行使范围及比重等以确保披露内容的真实性。还应进一步明确双层股权结构公司的释明义务,要求公司阐明采取双层股权结构股权配置模式的直接目的、该股权配置模式与直接目的之间的关联性等,以保障投资者的知情权。⑤ 在我国投资者博弈能力偏弱的背景下,投资者权益的事后救济须采用高强度的监管方式,因此,可以仿照美国的"共同基金"规则,律师费及必要的诉讼费用可以由股东派生诉讼产生的共同收益支付。尝试集团诉讼、证券仲裁、示范诉讼等方法,与传统方法共同构建多元化纠纷解决体系。⑥

　　综上,国内对双层股权结构的研究开展较晚,实践中,科创板于2019年接纳双层股权结构公司上市,学者对双层股权结构的理论及配套制度研究多停留在对国外既有成果的归纳和总结上,缺乏对双层股权结构制度的系统性研究。在新《证券法》强调投资者保护的背景下,如何充分发挥双层股权结构公司独立董事与监事的监督职能、强化特别表决权约束制度、完善信息披露制度以及提高证券集团诉讼等司法救济制度的实效性以形成全面的双层股权结构制度体系尚有较大研究空间。

---

① 马立行:《美国双层股权结构的经验及其对我国的启示》,载《世界经济研究》2013年第4期,第33页。
② 汪青松、赵万一:《股份公司内部权力配置的结构性变革——以股东"同质化"假定到"异质化"现实的演进为视角》,载《现代法学》2011年第3期,第34页。
③ 傅穹、卫恒志:《表决权差异安排与科创板治理》,载《现代法学》2019年第6期,第93页。
④ 陈若英:《论双层股权结构的公司实践及制度配套——兼论我国的监管应对》,载《证券市场导报》2014年第3期,第6页。
⑤ 商鹏:《双重股权结构的制度价值阐释与本土化路径探讨——以阿里巴巴集团的"合伙人制度"为切入点》,载《河北法学》2016年第5期,第173页。
⑥ 郭雳:《美国证券集团诉讼的制度反思》,载《北大法律评论》2009年第2期,第435页。

三、研究框架

在结构安排上,本书先对双层股权结构的概念和理论基础进行梳理,而后对双层股权结构在各法域的发展历史进行比较研究。基于双层股权结构制度在理论和实践中存在的争议,本书从积极和消极两个角度对双层股权结构对公司治理的影响开展论证。规范双层股权结构制度运行的核心在于合理限制特别表决权的行使、建立高效的信息披露制度、完善日落条款制度以及优化股东的事后救济路径。因此,本书以问题为导向,以实际国情为立足点,采用比较法视域汲取域外的先进实践经验,从而提出完善双层股权结构制度及其配套机制的研究框架。

第一章旨在对双层股权结构的概念内涵、制度价值及理论基础进行研究。主要内容包括:①双层股权结构即"同股不同权"的公司股权结构安排,是指公司针对公众股东和创始人发行具有不同表决权的股份,从而实现创始人或管理层对公司有效控制的一种股权架构设计。②双层股权结构突破传统公司法股东"同质化"逻辑假定、资本雇佣劳动理念、股份平等与股权关系一元化结论,与股东"异质化"趋势相契合。③双层股权结构的理论基础论证,主要从公司自治与契约自由理论、创始人特质愿景追求自由理论、被代理人成本理论及股东实质平等理论等四个方面论证双层股权结构的合理性。

第二章从双层股权结构制度实践演进的角度进行横向和纵向梳理。主要内容包括:①双层股权结构制度的发展逻辑,在资本市场需求多元化以及金融衍生工具不断推陈出新的背景下,双层股权结构巧妙分割公司股东的经济收益权与事实治理权,进一步建立起不同股东间的利益交换机制,满足外部投资者和创始人的不同利益偏好,并实现公司股权融资多样化和控制关系多样化,与现代公司治理需求相契合。②梳理中国双层股权结构制度,探讨当前法律体系下,双层股权结构制度法律依据的疏漏之处与相应的衔接方案,随后梳理双层股权结构制度在内地和香港的演进历史,再结合双层股权结构制度在内地广泛开展的背景,全方位比较双层股权结构在科创板、创业板、新三板的不同规定。③总结归纳双层股权结构制度的域外实践,分析不同法域不同监管态度的法理逻辑与利弊,借鉴典型公司的具体双层股权结构规则设计以获得实践经验,并归纳总结双层股权结构制度的发展周期性规律。

第三章采用比较研究法,辩证分析双层股权结构对公司治理的积极影响以及消极影响。主要内容包括：①双层股权结构制度的功能价值。双层股权结构具有满足股东异质化需求、保持创始人控制权稳定并为其提供特质愿景追求自由、降低被代理人成本、促进公司治理效率提升的积极效用。②双层股权结构制度的潜在风险。双层股权结构控制权集中的股权架构下，所有权与控制权分离，满足创始人锁定控制权内在治理需求的同时也引发传统公司制衡监督机制功能性失灵，导致公司被内部人掌控的风险显著增大、特别表决权股东滥用控制权通过利益输送牟取私利风险增大、控制权集中引发壕沟效应产生高昂代理成本、外部市场监督约束机制的制约效能被削弱。

第四章以双层股权结构制度下的特别表决权约束制度为研究对象。主要内容包括：①控制权强化机制的运行机理梳理。②当前双层股权结构制度下特别表决权行使限制体系的短板分析，具体包括特别表决权股份持有主体的资格限制不足、特别表决权股东信义义务缺失、"一股一票"表决事项范围狭隘、表决权倍数上限设置较为僵硬以及双层股权结构公司内部监督主体职能实效性弱化的问题。③特别表决权行使限制优化机制探讨，提出应合理设置特别表决权股份持有主体的适格规则，明确对特别表决权股东的信义义务作出限定，还应灵活设置特别表决权最大倍数与行使范围，以及优化制约监督主体的选任方式及职责配置，从而构建全面的特别表决权约束框架以实现双层股权结构制度的利弊再均衡。

第五章以双层股权结构制度下的信息披露制度为研究对象。主要内容包括：①信息披露制度于双层股权结构公司运行及强化投资者权益保护的重要性探讨。②当前双层股权结构下信息披露制度隐忧分析，主要从现行信息披露制度规定存在疏漏、双层股权结构公司内部披露主体积极性不高、外部投资者专业化程度有限以及信息披露违规成本较低方面展开分析。③探索与本土环境相适应的双层股权结构信息披露制度构建路径，主要从强制信息披露与自愿信息披露相结合、以投资者需求为导向披露信息、强化信息披露的审查监管、提高违法违规信息披露成本方面展开论证。

第六章以双层股权结构制度的退出机制——日落条款——为研究对象。主要内容包括：①日落条款的概念及分类厘清，并结合实证研究论证日落条款于双层股权结构制度的必要性。提出日落条款是双层股权结构制度的动态协调机制、稳定性与灵活性的调适机制和利益平衡机制。通过设置合理的日落条款方案，能够重塑表决权审慎行使的公司内部权力约束机制，实现普通股东与特别表决权股东之间的利益平衡，并且能够有效约束控制股东行为,增强控制权的流动性,解决管理层固化问题,进而实现双层股权结构公司的稳定发展。②通过比较视域并结合实证研究结论深入研究不同类型日落条款的触发机制。③分析当前日落条款制度的设计纰漏,主要包括双层股权结构制度中有关日落条款的设置存在期限型日落条款缺失、事件型日落条款设置不妥当、比例型日落条款操作性不强等疏漏之处。④结合域外实践经验提出双层股权结构制度安排下的日落条款完善建议,可以运用增加期限型日落条款、优化事件型日落条款、完善比例型日落条款以及引导公司设置自治型日落条款的方式实现日落条款制度优化。

第七章以双层股权结构公司股东权益救济制度的完善进路为研究对象。主要内容包括:①分析强化双层股权结构制度下事后救济路径的必要性并梳理当前双层股权结构公司股东的权益救济路径。②采用比较视域分析美国的证券集团诉讼制度与股东派生诉讼的演进与制度利弊,从其他国家和地区的制度建构逻辑中获得借鉴经验。③立足资本市场的特殊性,分析当前双层股权结构制度下事后救济路径的局限性,分别从股东派生诉讼制度功能不彰、证券代表人诉讼制度的缺陷、先行赔付制度功能缺失的角度论证双层股权结构公司股东权益受损后难以得到及时救济的原因。④以问题为导向探求科创板双层股权结构制度安排下的事后救济路径优化方案。有针对性地从再造股东派生诉讼规则、创新证券代表人诉讼制度运行方式以及强化先行赔付制度功能角度刻画完善双层股权结构制度下事后救济路径的具体实现机制。

第八章以法律修订中的双层股权结构制度衔接为研究对象,从《公司法》、新《证券法》以及其他行政法规、部门规章等规范性文件的角度提出双层股权结构相应的衔接方案。主要内容包括:①基于《中华人民共和国公司法(修订草案二次审议稿)》公布的背景,从双层股权结构的法理支持、双层股权结构公司内部监督主体职能配置、股东派生诉讼规则的角度探讨双层股权结构制度实践下《公司法》相关条款的修改方案。②从实体规范的信息披露制度和程序规范的诉讼制度两个方面展开,提出新《证券法》修订中有关双层股权结构制度衔接与呼应的可行路径。③从行政法规、部门规章的层面提出授权立法模式下证监会等部门在法律文件中关于双层股权结构制度规则制定的逻辑。④紧跟双层股权结构的最新实践,分析发行无表决权股份的积极影响与消极影响,并对将来选择何种监管态度以适应公司拟采用发行无表决权股份建立双层股权结构甚至多层股权结构的实践开展探讨。

四、研究方法

本书综合运用文献分析法、比较研究法及交叉研究法,将以上研究方法融入"理论机理分析—问题风险提炼—完善路径建议"的研究主线,为本书提供更为全面的问题研究视角,并提供可靠的分析路径与创新的解决思路。

运用文献分析法,通过文献、数据搜集与整理,梳理总结公司股权结构的演进历史以及双层股权结构的概念内涵、制度价值与理论基础。通过查阅法律法规及其他规范性文件,梳理双层股权结构的法律依据,并从中分析存在的疏漏之处。结合理论研究与实证研究结论,探讨双层股权结构的内生性问题、该股权结构对公司治理及投资者权益的影响,从而解释双层股权结构的衍生逻辑、功能价值与潜在风险,以形成对双层股权结构的全面认知。

采用比较研究法,立足于我国开展双层股权结构实践制度创新的时代背景,并基于跨国历史视角,将各法域双层股权结构的立法变迁与配套制度纵向发展进行比较,并对特别表决权行使约束制度、信息披露制度、日落条款制度以及事后救济制度等制度设计进行功能性的横向比较,探讨不同监管理念与监管模式背后的法理依据,考察不同法域的双层股权结构制度设计及典型双层股权结构公司对双层股权结构重要制度的规则设计,归纳提炼可借鉴的经验,从而为双层股权结构制度的优化提供经验启迪。

将交叉研究法贯穿研究始终,通过综合经济学、会计学、金融学等学科理论知识对双层股权结构制度进行交叉研究,解释特别表决权滥用、投资者权益受侵害、信息披露制度实效性有限等问题的动因,并运用跨学科研究成果分析双层股权结构发展周期性规律,为事前特别表决权约束制度、事中公司内部监督机制与信息披露制度、日落条款制度以及事后救济制度的完善提供数据与理论支撑,或能为后续研究提供研究方法启示。

第一章　双层股权结构的基础研究

传统公司法以股东"同质化"为公司股权结构设计的逻辑假定前提,从而将一股一权结构作为公司的默认股权结构。但在金融创新潮流的冲击下,现代公司的股东呈现"异质化"倾向,一股一权结构可能无法适应部分公司的发展需要。因此,本章首先对双层股权结构的概念内涵进行界定,其次阐述双层股权结构的制度价值,最后从公司自治理论与契约自由理论、创始人特质愿景追求自由理论、被代理人成本理论以及股东实质平等理论角度展开,论述上述理论为公司差异化配置股份所附带的权利、满足公司的特殊治理需要以及充分运用特殊股权结构制度价值提供基础理论支持。

第一节　双层股权结构的概念内涵

双层股权结构译自 dual class share structure,也叫不同投票权结构、双重股权结构、同股不同权结构[①]、差异化表决权安排等。2019 年,上交所科创板正式开展双层股权结构制度的实践,并在《上海证券交易所科创板股票上市规则(2020 年 12 月修订)》(以下简称《科创板上市规则》)中首次采用表决权差异安排的表述。双层股权结构是指公司股东通过自治制定契约,将公司股份划分为普通股份和特别表决权股份,并通过非比例配置股份的表决权与剩余利益索取权,从而形成具有不同表决权的股份。相较于传统的一股一权结构,双层股权结构差异化处理表决权,优化配置股权这种复合表决权与经济性权利的资源,实现股权融资多样化和公司控制关系多样化,并实现从标准契约向差别契约的跃迁。可见,双层股权结构制度的最大特点在于通过公司自治将股份的表决权与其他权利分离,并根据契约对股份的表决权重新分配形成不同类型的股份。因此双层股权结构的法律本质是

---

① 郭雳、彭雨晨:《双层股权结构国际监管经验的反思与借鉴》,载《北京大学学报(哲学社会科学版)》2019 年第 2 期,第 133 页。

公司股东间的契约安排。

随着公司治理结构发展的多元化，双层股权结构衍生出更多内涵。广义的双层股权结构是指所有与"一股一票"表决方式不同的股权结构，在现代公司实践中创制出了无表决权或者表决权受限制的股份、优先股份、黄金股、复数表决权股等具有不同表决权安排的类别股份。甚至还有公司通过订立契约实现表决权差异安排，比如表决权信托协议、一致行动人协议以及征集委托投票权协议等。① 类别股份的设立一般需要公司法等上位法提供法理支撑，而关于表决权的协议则可以通过合同当事人意思自治，自行协商达成合意而实现。狭义的双层股权结构制度仅指公司发行两类股份的一种公司股权架构，一类为每股仅有一票表决权的普通股份，另一类为每股具有多票表决权的特别表决权股份，其中普通股份由公众股东持有，特别表决权股份常见由公司创始人持有。本书以狭义的双层股权结构制度在上市公司的实践为研究对象。在实践中，双层股权结构的设立方式分为事前设立和事后设立两种，前者是指发行人在 IPO 阶段采用双层股权结构上市，后者是指上市公司采用一股一权结构上市后通过股权重组、发行具有不同投票权的股份等方式建立双层股权结构。由于事后设立的双层股权结构制度在一定程度上将剥夺公司原股东的表决权，股东在事实上以缺乏补偿的方式接受公司治理合同改写，因此多数法域禁止事后的双层股权结构。② 双层股权结构制度赋予特别表决权股份高倍数的表决权引发公众关于代理成本及控制权滥用风险的忧虑。因此，各法域对特别表决权股份作出了限制，比如从表决权的最高倍数、行使限制的范围以及高倍数表决权的失效情形等方面制定约束条件，以实现对双层股权结构制度潜在风险的有效控制。

第二节　双层股权结构的理论基础

一、公司自治与契约自由理论

公司自治是现代公司法的重要理念，股东在公司自治中居于核心地位，现代公司自治本质上是股东的自治，股东是公司及公司制度产生与发展的

---

① 朱慈蕴、神作裕之、谢段磊：《差异化表决制度的引入与控制权约束机制的创新——以中日差异化表决权实践为视角》，载《清华法学》2019 年第 2 期，第 7 页。

② Moore M T. Designing dual-class sunsets: The case for a transfer-centered approach[J]. William & Mary Business Law Review, 2020(1): 93-166.

核心力量,股东自治的实现是公司制度功能得以发挥的关键所在。^① 就公司股权结构而言,强制性的一股一权结构安排无法与新经济公司多样的治理需求相契合,无法满足各类股东的利益诉求,达成帕累托最优交易安排。因此,法律一方面应为公司股东在私人秩序的驱动下通过公司自治构建实现自身利益最大化的制度预留足够的空间;另一方面应有相应的权益救济机制,防范股东滥用自治权利导致控制权被不当行使,从而实现公司股权结构创新与公司稳定运行的价值平衡。

公司具有根据发展需要决定内部股权结构安排模式的自由。公司创始人基于专业知识及特质愿景等因素,对合理设计公司控制权安排以实现最佳治理效果、促进利益最大化具有独特见解。^② 并且,公司法的私法属性决定了应采用授权性和默示性规范就股东权利配置作出一般性规定,而非采用强制性规范。换言之,公司法不是"凯恩斯主义式的人类自负心智的创造",而是"经由法官或者法学家和行动者不断发现和否定发展起来的"开放性规则集合^③,因此立法可以就股东权利构造提供标准化契约,市场主体可以根据自身需要对其进行变通取舍。同时,在信息透明、成熟度较高的证券市场上,市场机制可以充分反映上市公司的价值。在高效运转的交易平台上,公平竞价机制下的双层股权结构公司的股价可能会因为该股权结构设计获得市场的肯定而上涨,也可能因为市场的否定而下跌。^④ 在现代公司法尊重股东自治、从管制型公司法向自治型公司法战略转型的改革背景下,公司股东根据公司经营发展的特殊性与资本市场环境特点建立双层股权结构制度实际上是尊重市场选择、尊重股东意思自治的有效安排。

随着资本市场的不断成熟,新经济公司、独角兽公司等对控制权集中程度要求较高的公司不断涌现,越来越多的公司希望通过公司自治的方式建

---

① 常健:《股东自治的基础、价值及其实现》,载《法学家》2009 年第 6 期,第 49 页。

② 事实上,公司治理中的股东民主并不同于政治民主,公司由股东们根据合同关系组成,股东们广泛同意的共同原则是股东利益最大化,表决权的分配和行使应由合同进行规定。只要有利于股东利益最大化,不同公司的最佳表决权规则可以是不同的。即使名义上同为"一股一票"的集中持股和分散持股的上市公司,其表决权实际效果事实上也是不同的。哈耶克曾在《自由秩序原理》中提出"股东民主原则坚持的多数决策一般是不能令任何人感到完全满意的妥协之物,并不会比公司控制者在听取各种意见后作出的决定更明智"。对于公司而言,股东广泛同意的共同原则是股东利益最大化,因此,实现股东利益最大化比股东民主更具重要意义,股东民主不是公司存在的终极价值,而是实现公司价值最大化的手段。

③ 李俪:《双层股权结构本土化的潜在风险与防范制度研究——兼评科创板特别表决权规则》,载《金融监管研究》2019 年第 12 期,第 20 页。

④ 高菲、周林彬:《上市公司双层股权结构:创新与监管》,载《中山大学学报(社会科学版)》2017 年第 3 期,第 189 页。

立双层股权结构以满足公司发展战略落实的需要。各立法机关也通过发布法律文件的方式肯定公司发行其他类型股份建立特殊股权结构的合法性。比如,证监会分别在 2013 年和 2019 年公布了《优先股试点管理办法》和《科创板实施意见》,前者明确了上市公司在满足一定条件的前提下可以发行优先股,后者则进一步放开对股权结构的限制,明确允许科创公司以双层股权结构制度上市。可见,我国在规范性文件层面逐渐对公司股权结构的多样化采取更开放的态度,允许公司和股东通过自治对一股一权结构进行变通,公司自治理念在理论和实践的演进中不断深化。从制度目标角度来看,被动填补缝隙并不是当代公司法的唯一目的,更为重要的是主动在公司股东合法权益保护、公司组织机构设置以及公司股权结构设置等关键制度领域给予公司多项选择的空间,在充分考虑不同公司实践差异性的基础上实施以"选择"功能代替"填空"功能的策略,提升当事人在机制形成过程中的参与度,从而促使公司自治从形式走向实质。①

契约理论认为,公司本身也是一个契约,而双层股权作为公司内部股权安排和投票机制,是契约自由的体现,也是应对标准契约不完备时的适当补充。公司法作为调整公司内部法律关系的商事法律应具备一定的开放性,即在为公司股东提供标准化契约范本的同时,也应预留一定的公司股东通过自治对股权结构作出变通的选择空间。但传统公司法的一股一权原则压缩殆尽了公司在股权结构上的意思自治空间,导致公司无法根据自己的运营环境调整部分制度以满足发展需要。② 公司创始人与投资者通过博弈协商设计适应公司发展需求的股权结构,当公司的表决机制与股权安排无法满足公司发展的现实需求时,公司股东可以基于不完全契约理论修改公司章程,自由协商股权结构与表决权行使方式,根据自身的现实情况重新选择,或者创造性地安排更具适应性的机制与结构,从而更加灵活地安排公司内部权力配置,提高公司治理效率。

并且,在资本市场上,外部投资者与公司管理层可以通过市场价格机制作用实现股份的价值回归。实证研究表明,双层股权结构公司的股价往往被投资者折价评估,且折价程度与该双层股权结构公司的控制权集中程度、公司治理安排的合理性等因素紧密关联,说明投资者在一定程度上可以评估双层股权结构公司的投资风险。[1] 如果投资者认为双层股权结构对公司的未来发展及价值提升具有消极影响,他们也可以选择"用脚投票"——出售公司股票,退出契约,导致双层股权结构公司股价下跌且公司融资成本增加。反之,在信息充分披露的市场上,若投资者接受双层股权结构的契约,表明其充分认知双层股权结构的风险并认可该股权结构公司的投资价值,这本身就是市场主体基于契约自由原则相互选择的过程。

二、创始人特质愿景追求自由理论

以脸书(Facebook,2021 年更名为 Meta)的创始人扎克伯格收购照片墙(Instagram)为例,2012 年,扎克伯格凭借其独特的投资眼光,在未征询董事会及其他非关联股东意见的情况下独立行事,以 10 亿美元的价格收购了照片墙。2022 年,照片墙的估值已高达 1000 亿美元,证明了这是一项重要的公司价值提升交易。[2] 如果征询董事会意见,该笔交易可能无法实现,对脸书的发展而言,是一笔巨大的损失。而在双层股权结构下,创始人拥有特质愿景追求自由,能够有效避免外部投资者的短视主义干扰。因为人力资本所有者在战略决策上拥有自主权,即使外部投资者对实现公司预期利益最大化具有不同见解,并反对创始人的经营理念,人力资本所有者依然能通过占据决策者地位获得追求特质愿景自由,这极大地激励了他们的专用性投资,对于提升公司价值和竞争力以及锁定人力资本均有积极意义。[3] 双层股权结构通过重构现金流权和控制权的组合实现表决权多元化配置,创始人拥有稳定的控制权与特质愿景追求自由,从而充分发挥创始人的专业性和灵敏度,助力知识产权和人力资本叠加,顺应科技创新企业治理上的特殊需求。外部投资者不仅能获得较高的股息回报,还能受益于更高研发费用投入带来的创新红利,进而实现财务投资者获得投资分享以及经营管理者

---

[1] 朱德芳:《双层股权结构之分析——以上市公司为核心》,载《月旦法学杂志》2018 年第 274 期,第 158-194 页。

[2] Wise J. How much is Instagram worth in 2023? [EB/OL]. (2023-04-07) [2023-07-10]. https://earthweb.com/how-much-is-instagram-worth/.

[3] 冯果、诸培宁:《差异化表决权的公司法回应:制度检讨与规范设计》,载《江汉论坛》2020 年第 5 期,第 108 页。

负责企业创新和发展,为新经济公司的蓬勃发展铺平道路。①

三、被代理人成本理论

公司价值创造依赖于控制权的行使,而不同主体行使控制权时会产生差异化的成本与收益,潜在的被代理人成本产生于投资者行使控制权,而潜在的代理成本产生于聘请经理人行使公司控制权。但是,公司希望通过公司自治寻求控制权分配的最佳均衡点,寻求最优授权替代率(delegation substitution rate)②,最小化代理成本与被代理人成本总和,形成最高效的公司治理结构,因此,被代理人成本理论(principal-cost theory)应运而生。控制权份额超过其现金流权③份额的参与方是代理人,可以认为是双层股权结构公司中拥有特别表决权的创始人及管理层;而控制权份额等于或低于其现金流权份额的参与方是被代理人,可以认为是双层股权结构公司中的外部投资者。在代理人行使控制权时,实施机会主义行径或者利益输送等行为将导致公司价值下降,进而产生代理成本;而在被代理人行使公司控制权时,集体行动、短期主义、股东利益冲突等问题可能造成公司价值损失,进而产生被代理人成本。被代理人成本与代理成本互相替代,投资者控制权的加强伴随着管理者控制权的削弱,反之亦成立,公司的控制权分配呈现出此消彼长的零和结果。重新分配控制权会在代理成本(被代理人成本)降低的同时导致被代理人成本(代理成本)的增加④,但不同的控制权分配方案对控制成本的影响却迥然不同,公司控制权频谱中存在一点,此时被代理人成本与代理成本的总和将降低至最小,从而实现公司的最优治理结构。

---

① 以中国内地最具代表性的双层股权结构公司——优刻得公司——为例,该公司就创始人季昕华、莫显锋、华琨三人设置特别表决权,每份特别表决权股份拥有的表决权数量为普通股份表决权数量的 5 倍。特别表决权股东合计持股的表决权达 64.71%,因此三人对公司的经营管理以及对需要股东大会决议的事项具有绝对的控制权,对公司的创新和发展具有决定性作用。创始人经营策略的实施并非基于资本家的指示,而是在特质愿景驱动下主动选择最有利于公司长远发展的经营战略。中小投资者由于才能、知识水平等因素的差距难以主动参与公司治理,所以他们主要以获得投资回报作为投资目的。

② 授权替代率是指投资者向公司管理者转移控制权引发的预期代理成本增加与预期被代理人成本减少之间的比率,即授权替代率=预期代理成本增加量÷预期被代理人成本减少量。由于被代理人成本和代理成本之间的权衡无可避免,授权替代率将始终为一个正数。

③ 现金流权(按持股比例拥有公司的经济价值分红权)决定哪些主体获得公司的经济价值,以及获得价值的数量和时机。

④ 董振南:《代理成本视角下双层股权结构制度的短板及其优化研究——基于〈科创板股票上市规则〉的分析》,载《当代金融研究》2020 年第 2 期,第 58 页。

被代理人成本主要包括被代理人冲突成本和被代理人能力成本，前者是外部投资者以自身利益最大化为目的，不合理地行使公司控制权，导致公司价值降低产生的成本，而后者则是外部投资者因为诚实或者专业知识有限而导致决策错误产生的成本。代理成本主要包括代理能力成本和代理冲突成本，分别产生于代理人诚实的错误损失以及代理人不忠诚的代理行为。公司的总控制成本下降依赖于被代理人理性聘请代理人并授予其控制权进行公司运行管理。因此，有效率的委托可以以被代理人能力成本超过其他类型的控制成本来衡量。在市场竞争愈加激烈和专业化的背景下，解决公司治理运行问题、作出重大发展决策对决策者的专业知识技能和市场分析能力等综合素质提出了更高的要求。双层股权结构给予具有特质愿景的所有者型管理者彻底的、无争议的控制权，能有效降低被代理人行使控制权时因利益追求异质化及专业化程度不高等因素造成的被代理人冲突成本与被代理人能力成本，预期的被代理人能力成本减少量高于预期的代理成本增加量，形成最佳授权替代率，形成有效率的授权，将潜在被代理人成本降至最低，向被代理人成本与代理成本的总和最小值靠近，优化公司治理结构并显著降低总控制成本①，从而实现公司控制权行使的核心利益——公司价值创造。

四、股东实质平等理论

现代公司法以"股东本位"进行一股一权的公司内部权力配置，并衍生出资本多数决和股份平等原则等。但在资本多数决原则下，凭借资本优势获得较高比重股份的控股股东极有可能滥用表决权和控制权，实施机会主义行径进行利益输送掏空公司资产，导致公司利益及整体股东利益遭受损失。因此，有学者认为，资本多数决的本质是以表面抽象的资本平等理念掩盖股东之间权利义务实质上的不平等。② 一股一权结构下的资本多数决原则已经在实质意义上对股东平等造成威胁，以资本多数决为代表的传统公司理论需要重新剖析和审视自身，以适应现代公司内部治理结构的变化。③

私法自治原则以平等原则为基础和前提，在该原则的指引下，法律需要

---

① 戈申、斯奎尔：《被代理人成本：公司法与公司治理的新理论（上）》，林少伟、许瀛彪译，载《交大法学》2017年第2期，第167页。

② 汪青松、赵万一：《股份公司内部权力配置的结构性变革——以股东"同质化"假定到"异质化"现实的演进为视角》，载《现代法学》2011年第3期，第32页。

③ 沈骏峥：《论双重股权结构监管制度的构建——以控制权利益的内涵为视角》，载《中外法学》2021年第3期，第823页。

坚持强式意义上的平等对待,同时又要在特定的领域内兼顾弱式意义上的平等对待。① 也就是说,一方面将每个个体同等看待,而非将个体作类型化划分,从而保障个人在利益及负担层面的平等承受,实现民事主体抽象的人格平等;另一方面又根据特定标准在一定范围内对具有共同点的个体进行分类,使同一范畴内的个体平等享受利益及承担义务,从而实现实质意义上的平等。

传统公司法理论立足于资本层面,强调一股一权以保证公司股东享有平等的表决权和收益权,显然属于强式意义上的平等,忽略了中小股东由于资本上的劣势与控股股东呈现分化和对立的状态。股东群体间利益严重失衡,处于弱势地位的中小股东无法通过表决权等参与性权利自由表达意志。随着公司资本基础的不断扩大,股份日益分散化,中小股东由于持股份额较低拥有极少数表决权而越发远离公司的最终控制权,导致建立在股东普遍平等假定之上的私法自治原则无法发挥作用。因此,以新经济公司为代表的具有治理特殊性的公司内部股东平等已演变为弱式意义上的平等。因此,应当按照一定的标准将具有共同点的股东进行类型化分类,以形式平等原则规制同一种类项下的股东,而以实质平等原则规制不同种类项下的股东,如此安排,方能够满足公司股东群体间的异质化趋势。双层股权结构通过差异化分配表决权,建构起不同类型的股份随附差异化权利义务的股权结构,满足不同类别股东之间各异的偏好与需求,预留了投资者根据自身投资目的自主多样化投资的空间。在实现同类别股东之间形式平等的同时维护了不同类别股东之间的实质平等,有助于丰富股东平等原则的内涵。

第三节　双层股权结构的制度价值

股东"同质化"的逻辑假定是传统公司法一股一权结构的立足点,通过等比例配置股东的表决权与剩余利益索取权,使各股东经济利益的大小直接由表决权重反映,实现投票结果与以盈余分配和公司剩余财产分配为内容的股东剩余利益索取权完美重合,达成最佳水平的治理参与。② 但股东"同质化"假定将股东整体视为恒定的参数,欠缺关于股东层面内在关系的

---

① 王轶:《民法价值判断问题的实体性论证规则——以中国民法学的学术实践为背景》,载《中国社会科学》2004 年第 6 期,第 108 页。

② Hayden G M. The false promise of one person, one vote[J]. Michigan Law Review, 2003(2): 213-267.

分析,因此"同质化"假定本身受到诸多批评。而双层股权结构将股份权利分离并优化配置,与股东异质化的演进趋势相契合,并有助于逐步提升公司治理效率。

"同质化"假定的具体内涵主要表现在以下方面:第一,股东利益"同质",伊斯特布鲁克(Easterbrook)和费希尔(Fischel)认为,公司股东之间很可能有"相似甚至相同"的利益,因为"特定公司的股东在特定时间是一个合理的同质群体"。① 该假定认为,公司不同类型股东具有同一的利益追求,即均以通过公司经营实现自身投资收益最大化为目标。第二,股东与公司之间的利益"同质",即股东的"收益最大化"目标与公司的"社会福祉"目标是一致的,股东利益与公司利益具有同向性。② 在这样的利益目标导向下,公司股东大会在表决时,股东以"由全知的造市之主确定的公司股价"为判断依据进行回应③,所有的股东都有同等的动机来监督代理成本。第三,不同的股东能力"同质",即公司股东的信息获取与理解能力、得失权衡能力及缔约能力均具有同一性,并且他们均具有足够的理性作出判断,股东通过在股东大会上行使表决权对公司经营战略、人事聘用等议案产生的影响力与股东所持有的股份之间呈现简单相加的相关关系。④

但是,股东"同质化"的假设在现实实践中却无法被证实。第一,股东利益同质化假设并不成立,事实上,不同类型的股东之间存在着多维的利益分歧。⑤ 创始人的特质愿景追求、不同类型资本的社会利益追求以及私人利益追求形成"阿罗悖论",随着金融衍生品市场的不断发展,以股票为基准的衍生品通过各种风险对冲使股东的利益偏好更加复杂。⑥ 并且,在公司利益最大化问题上,不同类型的股东在视域(time horizons)和多元化投资组合以及风险偏好上存在显著差别。在视域方面,不同的股东可能对公司在

① 伊斯特布鲁克、费希尔:《公司法的经济结构》,罗培新、张建伟译,北京大学出版社 2014 年版,第 43 页。
② Subramanian G. The influence of anti-takeover statutes on incorporation choice: Evidence on the "race" debate and antitakeover overreaching[J]. University of Pennsylvania Law Review, 2002(6):1795-1873.
③ Edelman P H, Thomas R S. Corporate voting and the takeover debate[J]. Vanderbilt Law Review, 2005(2):453-489.
④ 汪青松、赵万一:《股份公司内部权力配置的结构性变革——以股东"同质化"假定到"异质化"现实的演进为视角》,载《现代法学》2011 年第 3 期,第 34 页。
⑤ Hayden G, Matthew B. Arrow's theorem and the exclusive shareholder franchise[J]. Vanderbilt Law Review, 2009(4):1217-1243.
⑥ 冯果:《股东异质化视角下的双层股权结构》,载《政法论坛》2016 年第 4 期,第 129 页。

什么阶段实现利益最大化有着不同的见解。比如，一个寻求快速回报的对冲基金可能希望尽可能快地获得高额投资回报，而一个希望在公司上市后一直持有的指数基金可能希望公司能够稳健发展，在投资较长一段时间后实现投资利益最大化。在投资组合方面，部分股东可能希望单只股票实现价值最大化，而部分股东可能希望整个投资组合实现价值最大化。在风险偏好方面，激进的投资者和稳健的投资者关于公司利益最大化程度的见解也并不相同。并且，在现代金融环境下，股东拥有的负担股份（encumbered shares）和权利分离（dissociation）现象①使股东表现出与其在公司中剩余利益相矛盾的利益②，因而不同的股东之间主张降低公司代理成本的动机不同。第二，股东在参与公司治理的能力上存在显著差异，机构投资者相较于中小投资者具有信息获取以及分析能力优势，并且，科技创新企业创始人及管理层掌握的专业知识及特质愿景也使其与中小投资者的公司治理能力相区别。第三，股东的投资目标也会因人而异，以散户为代表的投机性股东囿于表决权比重较低，对公司运营消极参与，他们倾向于选择短期内能提升公司股价的高风险项目，从而通过短线操作的低买高卖攫取收益；以投资性股东的典型代表私募基金为例，为获得高额投资回报，其在对公司进行投资后往往会尽快通过 IPO 或者并购等方式脱离；经营性股东往往以特质愿景实现为投资目标③，将实现公司经营目标作为其终生奋斗的事业，他们甚至可能愿意为了维护自身在公司的控制权而损失部分经济收益。

　　在股东利益诉求异质化演进的趋势下，将股东视为无差异资本的载体，忽略股东间实质性差异的一股一权结构难以满足融资多元化背景下不同类别股东各异的流动性需求和投资偏好。④ 如果仍然坚持一股一权结构在股东偏好异质化背景下具有普适性（one fits all）的功能，这显然并不理性。而

① 权利分离现象指股东在多元化投资情况下产生的公司经济权利和控制权利出现分离的情况；负担股份出现的情况与前者相同，它更强调股东投票权与其在公司中真实的经济利益出现的偏差，有关这两种情况的详细介绍，参见 Barry J M, Hatfield J W, Kominers S D. On derivatives markets and social welfare：A theory of empty voting and hidden ownership[J]. Virginia Law Review, 2013(6)：1103-1168；Martin S, Partnoy F. Encumbered shares[J]. University of Illinois Law Review, 2005(3)：775-814。

② Barry J, Hatfield J, Kominers S. On derivatives markets and social welfare：A theory of empty voting and hidden ownership[J]. Virginia Law Review, 2013(6)：1103-1168.

③ Hirst S, Kastiel K. Corporate governance by index exclusion[J]. Boston University Law Review, 2019(3)：1229-1278.

④ Chandler W B. On the instructiveness of insiders, independents, and institutional investors[J]. University of Cincinnati Law Review, 1999(67)：1092.

　　双层股权结构对公司股东的经济收益权与事实治理权进行巧妙分割,进一步建立起不同股东间的利益交换机制,满足风险资本和创业者的不同偏好需求,实现代理成本的合理控制,并向帕累托最优状态靠近。

第二章　双层股权结构国内外制度分析

双层股权结构制度在各法域的产生与发展都经历了较为曲折的过程。双层股权结构滥觞于美国,并逐渐在加拿大等资本市场较为成熟的国家得到进一步运用。谷歌采用双层股权结构上市后,多数高科技公司纷纷仿效,寻求双层股权结构上市以实现获得融资的同时保持创始人控制权稳定。全球主要交易所间的竞争使新加坡、中国等纷纷修改上市规则,为发行人采用双层股权结构上市提供制度支持。本章通过梳理双层股权结构制度在中国法律、实践层面的具体发展进程以及在域外的演进历史,并且通过对双层股权结构关键制度的分析比较,形成有关双层股权结构制度纵向发展和横向衍生的认知框架。

第一节　双层股权结构的发展进程

传统公司法律以禁止股东权利分离规则为基础性命题,即一股一权结构为传统公司法语境下的默认股权结构。在一股一权制度安排下,公司仅发行一种股份,并且每一股份的权利内容具有同一性,股东通过支付对价所获得的公司股份数量与其所掌握的表决权呈正相关关系。一股一权结构的正当性在于股权作为一种典型的复合了表决权与收益权的"权利束",在具体行使时应当具有不可分离性,即股东权利内容与股份以复合的方式行使,控制权与所有权之间表现出"比例性"(proportionality)的特征。在传统公司法语境下,禁止股东权利分离的基本内涵主要为以下三个方面:第一,股东的经济性权利和参与性权利呈现结合状态;第二,以股东的经济性权利等比例配置他们的参与性权利;第三,股东的具体权利以成员资格为依托。[1]股东的表决权和经济收益权分别属于典型的参与性权利和经济性权利,因

---

[1]　汪青松:《论股份公司股东权利的分离——以"一股一票"原则的历史兴衰为背景》,载《清华法学》2014年第2期,第103页。

此,股东权利禁止分离规则可以自然衍生出表决权与收益权不得分离,且表决权与收益权比例性配置的结论。① 该结论的理论内涵进一步表现为:第一,拥有公司股东的身份是行使表决权和收益权的前提;第二,表决权与收益权不得分离而单独转让,即"表决权附随于公司剩余利益"②,表决权买卖禁止;第三,股东持股比重与表决权、收益权比例呈正相关关系并符合"比例性原则",即公司剩余利益的每一部分承载相等的表决权,表决权与经济收益权非比例配置的股权设计不应被允许。股东拥有的表决权应合理对应股东对投票结果的利益相关度,否则将导致投票结果无法全面客观反映股东的利益偏好。"比例性原则"在公司股份内容配置上表现为表决权与剩余利益索取权相适应,通过一股一权的公司股权结构治理安排,股东的表决权等比例配置表决权代表的利益,因此股东在公司中的利益大小能够通过其所持有的表决权进行准确测量,从而实现表决权与剩余利益索取权的完美结合。③ 然而在双层股权结构下,股东的表决权与剩余利益索取权非比例配置,导致拥有高倍数表决权股份的特别表决权股东无须等比例承担可能损失的同时,也无法等比例获得勤勉履行职责所带来的利益回报,这造成特别表决权股东可能不再以公司共同利益最大化为目标。同时,代理成本也会因为特别表决权股东拥有的高倍数表决权而提高,并导致股东利益在股东大会决策中被不合理地反映,造成股东真实的利益偏好无法被真实、准确表达的后果。出于对代理成本的控制及对恰当表达股东利益的诉求,一股一权结构受到传统公司法的认可。

在金融创新的冲击下,以股东权利不得分离规则为遵循的一股一权结构被进一步动摇。在现代公司治理实践下,表决权的工具主义色彩日益凸显,并衍生出多种具体权利分离现实样态。第一,不断推陈出新的表决权行使方式导致股东权利行使与其成员资格逐渐分离。其中最为典型的表决权行使方式——代理权征集(proxy solicitation)④、股东投票协议(voting

① 李安安:《股份投票权与收益权的分离及其法律规制》,载《比较法研究》2016 年第 4 期,第 19 页。
② Easterbrook F H, Fischel D R. The Economic Structure of Corporate Law[M]. Cambridge: Harvard University Press, 1991: 73.
③ 冯果:《股东异质化视角下的双层股权结构》,载《政法论坛》2016 年第 4 期,第 128 页。
④ 指公司外部人士将记载有必要事项的空白授权委托书交付给公司股东,劝说股东委任该外部人士或者指定第三人代表其行使投票权或表决权的行为,这种方式在美国得到广泛应用。

agreement)①、投票权代理②、投票权信托(voting trust)③——将表决权与股东资格分离,并演变为争夺公司控制权的工具。第二,非比例配置表决权的股份在公司内部通过强化或者弱化某类股份具体权利的方式创设。一方面,公司通过赋予某些股份每股两票或者两票以上的表决权设置多重表决权股份,发行优先权股(priority shares)④甚至带有特别投票权的黄金股(golden shares)⑤以实现部分股份权利的强化;另一方面,部分股份的具体权利,比如表决权被剥夺形成无表决权股份,即劣后股。第三,通过购买新型投票权(new vote buying),股份的表决权与收益权直接实现分离的样态,对冲基金等机构投资者通过金融衍生工具产生"隐性/变异所有权"(hidden/morphable ownership)⑥以及"空洞投票"(empty voting)⑦,实现不同主体行使与配置股份的收益权与表决权,收益权与表决权逐步分离,并表现出独立性色彩。第四,限制股东权利行使的非股权安排也导致股份权利逐渐分离。金融衍生品和结构性金融工具在现代公司治理中被各参与方广泛运用,从而重新配置股东权利,并创制出"有负担的股份"(encumbered shares),包括有法律负担的股份(legally encumbered shares)和有经济负担的股份(economically encumbered shares)。⑧

　　但随着公司控制权集中需求与防范敌意收购需要的增加,部分公司将股份所附有的表决权与收益权分离,突破传统公司一股一权结构的默认规则,开始发行具有不同投票权的股份。19 世纪 90 年代末,美国国际银业公

---

① 指股东与股东或者股东与公司外部人士(非股东)就指定事项或者一类公司事务表决所达的投票权行使协议。这类协议也被称为表决权拘束协议。参见梁上上:《股东表决权:公司所有与公司控制的连接点》,载《中国法学》2005 年第 3 期,第 116 页。

② 也叫表决权代理,由指定第三人根据授权,在授权范围内代为在股东大会行使表决权,是民法代理制度在公司法律制度上的延伸。

③ 指股东根据签署协议将其所持有股份的权利予以一定拆分,将投票权转让给相应受托人,受托人为实现合法目的而在协议约定或法律确定期限内持有该股份并行使表决权的一种信托。

④ 优先股一般通过限制或者放弃股份的经济性权利而获得特别的参与性权利。参见 Burkart M, Lee S. The one share-one vote debate:A theoretical perspective[J]. Corporate Governance:Decisions,2007(1):51-91。

⑤ 黄金股是一种带有特别投票权安排的优先权股票。附随于黄金股的一般权利是否决权,即阻止其他任何股东获得超过特定比例普通股的能力或者阻止某种收购的能力等。黄金股通常是由公司的创设人在引入外部资本时设立,或者是由政府在对国有企业进行私有化时引入。

⑥ Hu H, Black B. The new voting buying:Empty voting and hidden (morphable) ownership[J]. Southern California Law Review,2006(4):811-908.

⑦ "空洞投票"是指对冲基金通过股份出借市场借入股份,进而拥有比所对应股份更多但不享有经济利益的投票权。

⑧ Martin S P, Partnoy F. Encumbered shares[J]. University of Illinois Law Review,2004(3):778-780.

司(International Silver Company)发行 0.9 亿股优先股和 1.1 亿股无投票权普通股的实践推动双层股权结构制度开始滥觞。[①] 20 世纪 20 年代,双层股权结构在美国逐渐流行起来。其中最著名的例子就是 1925 年道奇兄弟公司以双层股权结构在纽交所上市,其控制权人以不到 2% 的出资额控制了全部表决权,但这种处于同一清偿地位的股份却享有不同表决权的股权架构直接挑战了美国的民主、平等理念,被认为是剥夺普通股东通过出资实现对公司控制权目标的一种不当行为,因而受到各界的广泛批评。[②] 鉴于此,1926 年,纽交所首次表示要对同股不同权公司的上市加以限制。不过,一直到"大萧条"之前,美国上市公司采用此种股权架构的激情并未减退。据统计,1927—1932 年,总计有 288 家上市公司采用同股不同权的股权架构,数量几乎与纽交所转变政策之前的 1919—1926 年相当。这一时期采用双层股权结构主要是出于家族企业同时实现公开募资和确保家族控制权的需要。[③] 由于纽交所于 1940 年决定全面限制同股不同权公司上市,采用双层股权结构的公司数量急剧减少,1940—1978 年,仅有 30 家采用双层股权结构的公司上市。[④] 1980 年之后,伴随敌意收购在美国的流行,双层股权结构作为一种抵御收购的措施再次流行起来。研究显示,1962—1984 年采用双层股权结构的公司有近 85% 是在 1980 年之后采用这种架构的,而 1986年 3 月到 1987 年 5 月短短 14 个月内就有 34 家上市公司新加入同股不同权的行列。[⑤] 2000 年以后,随着科技创新企业的蓬勃发展,谷歌在纳斯达克成功上市开创了科技公司采用双层股权结构上市的新时代,美国资本市场凭借其对双层股权结构制度的开放态度成为大量双层股权结构高科技公司的首选上市地。同时,交易所间的竞争使越来越多的国家逐渐放弃对上市公司需采用一股一权结构的坚持,开始允许上市公司发行非比例配置表决权的类别股份,从而建立起双层股权结构制度。

如今,各个国家和地区对于双层股权结构的接受程度仍然存在较大差异。例如,美国、加拿大、瑞典、新加坡等国家允许双层股权结构公司上市;

---

① 马一:《股权稀释过程中公司控制权保持:法律途径与边界——以双层股权结构和马云"中国合伙人制"为研究对象》,载《中外法学》2014 年第 3 期,第 715 页。

② 张舫:《美国"一股一权"制度的兴衰及其启示》,载《现代法学》2012 年第 2 期,第 153 页。

③ Bainbridge S. The short life and resurrection of SEC rule 19c-4[J]. Washington University Law Quarterly, 1991(2): 565-634.

④ Lease R, McConnell J, Mikkelson W. The market value of control in publicly-traded corporations[J]. Journal of Financial Economics, 1983(11): 439-472.

⑤ Partch M. The creation of a class of limited voting common stock and shareholder wealth[J]. Journal of Financial Economics, 1987(2): 313-339.

英国、澳大利亚允许公司采用双层股权结构,但禁止采用双层股权结构的公司上市;德国、西班牙等国家全面禁止公司采用双层股权结构;俄罗斯、印度、韩国等国家通过强行法规定公司的股权结构为"一股一票"。禁止双层股权结构的国家也并非一直是禁止态度。例如,德国在最开始允许特别表决权股的存在,甚至一度出现特别表决权每股享有高达上千票甚至上万票的表决权,导致代理成本极高,出现了严重的表决权滥用现象,随即德国立法禁止发行超级表决权股。虽然德国商务机关曾允许经特殊批准发行超级表决权股,然而此条规定也于1998年彻底禁止。有研究显示,在选取的七个国家(丹麦、芬兰、德国、意大利、挪威、瑞典和瑞士)中,采用双层股权结构的公司占所有上市公司的比重从1996年的22%下降到2002年的4%,许多公司顺应"一致性"(unification)的趋势将双层股权合并成了单一股权。其中,瑞典采用双层股权结构的公司数量占到了这七个国家双层股权结构公司总数的71%,而拥有最少双层股权公司的德国仅占有3%。[①] 由于防御结构的不同而担心自己会成为外国公司收购攻击目标的德国政府在2001年底通过了一项收购协定,赋予被收购公司的管理层极大的权利来反对恶意收购,特别是允许监事会在公司被竞价时启动强有力的反收购措施,而不需要获得股东的批准。然而,出于保护少数股东权益的目的,这项法规仅仅要求对同一类别的股票给予相同的价格,而不要求对不同类别的股票给予相同的价格。这个"法律漏洞"在2003年美国宝洁公司收购威娜公司的时候被利用,他们给予非投票权优先股的价格比投票权股票的价格低了30%。此举引起了包括美国和德国对冲基金等少数股东的反对,尽管少数股东在官司中落败,但他们引起的骚动却让收购推迟了一年多。该事件加深了德国社会对双层股权结构的失望程度,使德国对双层股权结构持消极态度。

　　但随着资本市场需求多元化的演进趋势,股东具体权利分离已成为现实,以股东权利不得分离为出发点的一股一权结构逐渐无法满足股东异质化与差异化的偏好需求。而双层股权结构将股东权利分离,非比例配置表决权与收益权,这种安排与金融创新的背景相契合,使物质资本与非物质资本在公司治理话语权分配上达成新的平衡,推动股份公司股份类型多样化。

① Pajuste A. Determinants and consequences of the unification of dual-class shares[EB/OL]. (2005-03-09)[2023-04-27]. https://www.econstor.eu/bitstream/10419/152899/1/ecbwp0465.pdf.

第二节　中国双层股权结构制度梳理

一、双层股权结构制度的法律依据

(一)现行法律体系存在的问题

梳理双层股权结构制度规则设计,法律条文呈现分散、众多的特征。众多文件从双层股权结构公司的公司治理规则,设置特别表决权公司的章程必要内容、差异化表决权配套安排,双层股权设置的主要矛盾和重要方面、信息披露、控股股东信义义务和日落条款等方面对双层股权结构制度作出正面回应。但以上的双层股权结构制度规则零散分布于各主体发布的法律文本中,缺乏统一编排,并且法律位阶不一,在具体适用上存在一定难度。此外,关于双层股权结构的监管、立法以及司法等方面的制度规则存在一些空白,导致双层股权结构在具体实践运用中存在一定障碍。

具体而言,调整公司内部法律关系的《公司法》及调整证券发行、交易、服务、证券市场监管等法律关系的新《证券法》尚未明确双层股权结构的法律地位,因此双层股权结构在实践运用过程中,在合法性依据上存在一定的推导问题。《公司法》与双层股权结构制度具有关联性的条款主要反映在第四十二条、第一百零三条、第一百二十六条以及第一百三十一条。其中《公司法》第四十二条①明确公司股东以出资比例为标准行使其表决权,但是公司章程有权就表决权行使方式作出例外规定。但该条款的约束对象是有限责任公司,而本书以股份有限公司实施的双层股权结构制度为研究对象,因此并不适用该条款,应当适用《公司法》第一百零三条②第一款的规定,即股份有限公司的股东所持有的每一份股份仅有一份表决权,且公司持有的本公司股份没有表决权。《公司法》第一百二十六条③明确了公司发行的相同

---

① 《公司法》第四十二条:股东会会议由股东按照出资比例行使表决权;但是,公司章程另有规定的除外。
② 《公司法》第一百零三条:股东出席股东大会会议,所持每一股份有一表决权。但是,公司持有的本公司股份没有表决权。股东大会作出决议,必须经出席会议的股东所持表决权过半数通过。但是,股东大会作出修改公司章程、增加或者减少注册资本的决议,以及公司合并、分立、解散或者变更公司形式的决议,必须经出席会议的股东所持表决权的三分之二以上通过。
③ 《公司法》第一百二十六条:股份的发行,实行公平、公正的原则,同种类的每一股份应当具有同等权利。同次发行的同种类股票,每股的发行条件和价格应当相同;任何单位或者个人所认购的股份,每股应当支付相同价额。

种类的股份权利相同、同次发行的同类股份的发行条件和价格相同,并且认购所需支付的对价也相同。《公司法》第一百三十一条①则明确了国务院有权就其他种类股份的发行作出例外规定。以上条款确立了股份有限公司强制性一股一权股权结构的基础性地位,强调每一份股份对应权利的同等配置。但这在实质上也确认了类别股制度,预留了公司自主建立双层股权结构的空间,即公司可以根据自身运行需要发行类别股份,在满足同一类别股份权利相同的前提条件下建立起双层股权结构。

现行的新《证券法》尚未针对双层股权结构制度作出专门规定,因此有关双层股权结构公司的监管、规制仍有待进一步细化。

2018年,《国务院关于推动创新创业高质量发展 打造"双创"升级版的意见》第二十六条②给科技企业实行"同股不同权"的治理结构提供了政策支持。该条款一方面与《公司法》第一百三十一条的赋权性规定相呼应,另一方面也为科技创新企业采用双层股权结构提供了合法性依据。

证监会公布的《科创板实施意见》第五条③、《科创板上市公司持续监管

---

① 《公司法》第一百三十一条:国务院可以对公司发行本法规定以外的其他种类的股份,另行作出规定。

② 《国务院关于推动创新创业高质量发展 打造"双创"升级版的意见》第二十六条:拓宽创新创业直接融资渠道。支持发展潜力好但尚未盈利的创新型企业上市或在新三板、区域性股权市场挂牌。推动科技型中小企业和创业投资企业发债融资,稳步扩大创新创业债试点规模,支持符合条件的企业发行"双创"专项债务融资工具。规范发展互联网股权融资,拓宽小微企业和创新创业者的融资渠道。推动完善公司法等法律法规和资本市场相关规则,允许科技企业实行"同股不同权"治理结构。

③ 《科创板实施意见》第五条:允许特殊股权结构企业和红筹企业上市。依照公司法第一百三十一条规定,允许科技创新企业发行具有特别表决权的类别股份,每一特别表决权股份拥有的表决权数量大于每一普通股份拥有的表决权数量,其他股东权利与普通股份相同。特别表决权股份一经转让,应当恢复至与普通股份同等的表决权。公司发行特别表决权股份的,应当在公司章程中规定特别表决权股份的持有人资格、特别表决权股份拥有的表决权数量与普通股份拥有的表决权数量的比例安排、持有人所持特别表决权股份能够参与表决的股东大会事项范围、特别表决权股份锁定安排及转让限制等事项。存在特别表决权股份的境内科技创新企业申请发行股票并在科创板上市的,公司章程规定的上述事项应当符合上交所有关要求,同时在招股说明书等公开发行文件中,充分披露并特别提示有关差异化表决安排的主要内容、相关风险及对公司治理的影响,以及依法落实保护投资者合法权益的各项措施。符合《国务院办公厅转发证监会关于开展创新企业境内发行股票或存托凭证试点若干意见的通知》(国办发〔2018〕21号)规定的红筹企业,可以申请发行股票或存托凭证并在科创板上市。红筹企业发行存托凭证的,按国家有关税收政策执行。

办法(试行)》第七条①、《上市公司章程指引(2022年修订)》第十六条第二款②就特别表决权股份的特别要求、特别表决权制度的设置要求、特别表决权股份持有人的权利义务以及特别表决权股份的交易限制、转让、转换作出具体规定,但以上文件的法律性质为证监会部门规章及规范性文件,效力位阶整体偏低,缺乏较高位阶法律的支撑,甚至可能与上位法冲突。

上交所公布的《科创板上市规则》第四章第五节和深交所公布的《深圳证券交易所创业板股票上市规则(2020年12月修订)》(以下简称《创业板上市规则》)第四章第四节设置专节就双层股权结构设立、特别表决权股份的持有主体及持股份额、特别表决权股东的权利义务、特别表决权股份的表决权倍数及转换、双层股权结构公司的内部监督机制、信息披露等方面进行限制与规范。《上海证券交易所科创板股票发行上市审核规则(2020年修订)》(以下简称《科创板发行上市审核规则》)第二十四条③就双层股权结构公司的规模、市值、估值设置最低要求。以上规则构成关于双层股权结构的制度性安排,但这些规则均属于证券交易所的业务规则,文件效力较低,并且规则内容集中于设置对特别表决权的约束制度,在具体适用上可能存在障碍。

最高人民法院印发的系统性、综合性司法文件《关于为设立科创板并试

---

① 《科创板上市公司持续监管办法(试行)》第七条:存在特别表决权股份的科创公司,应当在公司章程中规定特别表决权股份的持有人资格、特别表决权股份拥有的表决权数量与普通股份拥有的表决权数量的比例安排、持有人所持特别表决权股份能够参与表决的股东大会事项范围、特别表决权股份锁定安排及转让限制、特别表决权股份与普通股份的转换情形等事项。公司章程有关上述事项的规定,应当符合交易所的有关规定。科创公司应当在定期报告中持续披露特别表决权安排的情况;特别表决权安排发生重大变化的,应当及时披露。交易所应对存在特别表决权股份科创公司的上市条件、表决权差异的设置、存续、调整、信息披露和投资者保护事项制定有关规定。

② 《上市公司章程指引(2022年修订)》第十六条第二款:存在特别表决权股份的公司,应当在公司章程中规定特别表决权股份的持有人资格、特别表决权股份拥有的表决权数量与普通股份拥有的表决权数量的比例安排、持有人所持特别表决权股份 能够参与表决的股东大会事项范围、特别表决权股份锁定安排及转让限制、特别表决权股份与普通股份的转换情形等事项。公司章程有关上述事项的规定,应当符合交易所的有关规定。

③ 《科创板发行上市审核规则》第二十四条:存在表决权差异安排的发行人申请股票在科创板IPO上市,其预计市值应不低于人民币100亿元,或不低于50亿元且最近一年营收不低于人民币5亿元。

点注册制改革提供司法保障的若干意见》第六条①肯定了双层股权结构公司股东大会决议的效力,但同时也强调禁止特别表决权股东滥用权利,防止制度功能异化,界定双层股权结构公司内部"同股不同责"的法律责任分配规则,为双层股权结构制度提供司法政策支持。

(二)双层股权结构法律体系完善

由于资本市场一般奉行法无明文规定即禁止,较低位阶的部门规章、其他规范性文件、交易所规则及司法文件无法为双层股权结构制度提供有力的合法性支持。双层股权结构的实践有待上位法的修订及相关法律规定的整合以明确双层股权结构的合法性与正当性,亟须提高配套法律制度的完整性、系统性以及协调性,为双层股权结构制度运行提供全面的法律支持。

首先,在上位法《公司法》的顶层设计上,可以作出如下优化。

一是可以将《公司法》第一百零三条第一款中"每一股份"的表述替换为"每一相同种类股份",即规定每一相同种类股份有相同数量的表决权。如此规定,一方面与《公司法》同股同权的股权分配规则相适应,另一方面为双层股权结构公司设置特别表决权提供正当性基础。

二是可以在《公司法》第一百二十六条后增加但书规定,允许公司根据自治原则在公司章程中就特别表决权股份作出例外规定,如对特别表决权股份的发行条件和价格、权利义务等作出特殊规定,能够为双层股权结构公司根据公司运营特殊性差异化设置特别表决权预留意思自治空间,缓和《公司法》的强制性规定与具体实践中的冲突。

三是可以将《公司法》第一百三十一条修改为:"发行本法规定以外其他种类股份的公司,公司章程应当对类别股的种类、名称、股权内容等相关事项进行明确记载和公示,类别股的发行程序、股份权利内容的配置与变更的具体规定由国务院制定。"②如此修改,能够在坚持同股同权的基础上,使公司股权结构设计更加开放、包容。除此之外,对《公司法》第一百三十一条的理解可以开展以下两点探讨:一方面,其他种类的股份应如何理解。由于优

---

① 《最高人民法院关于为设立科创板并试点注册制改革提供司法保障的若干意见》第六条:尊重科创板上市公司构建与科技创新特点相适应的公司治理结构。科创板上市公司在上市前进行差异化表决权安排的,人民法院要根据全国人大常委会对进行股票发行注册制改革的授权和公司法第一百三十一条的规定,依法认定有关股东大会决议的效力。科创板上市公司为维持创业团队及核心人员稳定而扩大股权激励对象范围的,只要不违反法律、行政法规的强制性规定,应当依法认定其效力,保护激励对象的合法权益。

② 冯果、诸培宁:《差异化表决权的公司法回应:制度检讨与规范设计》,载《江汉论坛》2020年第5期,第109页。

先股在会计处理上为固定收益型,与债券处理相似,仅表决权差异的股份除表决权存在差异,在会计处理上并无差异,是否能将优先股理解为《公司法》所理解的"其他种类的股份"存在争议。但《科创板实施意见》第五条明确,依照《公司法》第一百三十一条规定,科技创新企业有权发行具有特别表决权的类别股份。因此应将特别表决权股份明确为其他种类股份中的一类股份。另一方面,关于对《公司法》第一百三十一条中公司"发行"的理解,有观点认为,公司发行即为公司发行新股,因此特别表决权股的来源就是发行的新股。即认为,公司需直接发行特别表决权股,才能设置双层股权结构。以这样的方式理解将产生以下几个问题:①现实问题。双层股权结构本就是通过放大创始人股东现有股份的表决权倍数以实现公司控制权稳定的结构,要求创始人股东再认购一笔新的股份并支付对价将偏离制度设计初衷。②监管问题。发行特别表决权股份存在定价机制和管理逻辑的问题,由于特别表决权股份拥有高倍数表决权,监管方难以判断发行价格是否公允,这将会给监管带来困难。③国际实践。纵观世界各国,尚无公司采用发行新股的方式设立双层股权结构,采用双层股权结构的公司均在 IPO 时或 IPO 之前的某一个转换日进行特别表决权股份设置,从而建立双层股权结构。以京东为例,京东在 IPO 时将创始人刘强东所持有的 A 类股票以一定比例转换成 B 类股票,从而实现特别表决权股份的转换以建立双层股权结构。

其次,在新《证券法》中应当明确双层股权结构的法律地位,并在相关章节增加关于双层股权结构上市公司的特殊规定,比如双层股权结构公司应履行更为严格的信息披露义务;鉴于双层股权结构公司更大的公司治理风险,投资者权益保护制度应相应强化以防范公众投资者的合法权益受到侵害;制定更为严格的违法违规法律责任,从而对双层股权结构公司形成有效的威慑作用,进而为双层股权结构制度实践提供监管和司法制度层面的支撑。

当然,在具体制度安排上,《公司法》和新《证券法》对双层股权结构制度的规定及配套制度规则设计应以强制性规范和赋权性规范相结合,从而保持法律的稳定性与简明性。可以借助国务院发布的相应行政法规、证监会公布的部门规章、交易所制定的规则及其他规范性文件对双层股权结构制度的监管、司法规则具体细化,完成"最后一公里"的法律目标。

二、中国双层股权结构制度纵向发展

(一)中国内地双层股权结构制度发展时间轴

目前,中国内地广义的双层股权结构制度构建经历了公司法预留创设空间、优先股制度试点、表决权差异安排三个主要演进阶段。

结合《公司法》第一百零三条第一款及第一百三十一条的规定,可见《公司法》对于股份公司发行类别股份创设同股不同权结构采取原则限制、例外允许的态度。因此,股份公司原则上采用一股一权的结构设计,但是国务院可以就其他种类的股份作出规定,即承认股份公司可以根据国务院发布的相关法律规定设置不同投票权的类别股,为双层股权结构预留了一定的创设空间。① 但是在资本市场中,中国内地的证券交易所不允许设置有双层股权结构的公司上市,采用双层股权结构的公司大多选择赴美国上市。2004 年,艺龙旅行网成为境内首个采用双层股权结构在美国上市的公司。② 此后陆续有采用双层股权结构的公司赴美上市③,并且数量不断增加。

2013 年 11 月 30 日,《国务院关于开展优先股试点的指导意见》标志着优先股制度试点实践的正式开始。④ 该指导意见从优先股的含义、发行与交易、组织管理和配套政策的角度作出指引性规定,并明确优先股享有分红权和清算权的优先性,但在参与公司运营管理的权利受到一定限制。随后,证监会在 2014 年 3 月 21 日公布的《优先股试点管理办法》中,就优先股的发行条件及程序、优先股交易转让及登记结算等规则作出具体规定,进而为优先股制度在上市公司和非上市公众公司的实践作出规则指引。优先股制度的运用一方面丰富了公司治理结构多样性,另一方面也化解了企业债权融资筹资风险大、股权融资资本成本高的难题,提供了融资新路径。2018 年 8 月,国家发展改革委、中国人民银行等五部门印发的《2018 年降低企业杠杆率工作要点》第十条,要求开展非上市非公众股份公司债转优先股的试点实践,由此将优先股的试点范围从上市公司和非上市公众公司拓展到非上市非公众股份公司。⑤

---

① 葛伟军:《论类别股和类别权:基于平衡股东利益的角度》,载《证券法苑》2010 年第 2 期,第 579 页。

② 根据艺龙旅行网公司章程(2004 年 10 月 7 日存盘的 F-1 表格附件 EX-3.1)第 53(3)条规定,持有特别表决权的股东享有普通股东 15 倍的表决权。

③ 据统计,2004—2014 年赴美国上市的 168 家内地公司中,共有 34 家(20.24%)采用双层股权结构,他们的市值已超过所有赴美国上市的内地公司市值的 70%。这些公司遍布互联网、媒体、医疗、教育等行业,占赴美国上市内地公司总数的 85.29%。参见高菲:《新经济公司双层股权结构法律制度研究》,法律出版社 2019 年版,第 104-106 页。

④ 在 1993 年《中华人民共和国公司法》正式出台之前,我国已有上市公司发行优先股。如深发展曾在 1990 年发行了 1148 万股优先股,但这不属于法定类别股。参见马庆泉主编:《中国证券史:1978—1998》,中信出版社 2003 年版,第 41 页。

⑤ 《2018 年降低企业杠杆率工作要点》,http://www.gov.cn/xinwen/2018-08/08/5312514/files/14da000a89b0403182c25cbbe3a536b3.pdf,访问于 2021 年 6 月 2 日。

为防止境内新经济公司进一步外流，2018 年证监会公布《关于开展创新企业境内发行股票或存托凭证试点的若干意见》，规定已经在境内上市的大型红筹企业以及尚未在境内上市的创新企业，可以申请在境内资本市场发行存托凭证①上市②，说明双层股权结构的公司可以借道发行存托凭证的方式在我国境内上市交易发行股份。2018 年 6 月 11 日，证监会披露《小米集团公开发行存托凭证招股说明书》，小米集团成为首个在我国境内发布存托凭证招股说明书的公司。6 月 15 日上交所公布《上海证券交易所试点创新企业股票或存托凭证上市交易实施办法》。同日深交所也公布了《深圳证券交易所试点创新企业股票或存托凭证上市交易实施办法》。上述交易所规则为创新企业股票存托凭证在本所上市和交易、保护投资者合法权益、维护证券市场秩序提供了法律依据。虽然这并非允许双层股权结构的新经济公司直接在我国境内上市，但可见证监会也已经开始考虑制定有关"同股不同权"的法律规则。2018 年 8 月，证监会表示其正在推进《公司法》的配套修改，拟考虑提出在继续坚持同股同权原则的前提下，增加公司可以发行具有不同表决权普通股法律安排的修改建议，满足初创企业维持控制权的要求。2018 年 9 月，国务院印发《关于推动创新创业高质量发展　打造"双创"升级版的意见》，提出要推动完善公司法等法律法规和资本市场相关规则，允许科技型企业实行"同股不同权"的治理结构。

2018 年 11 月，上交所设立了独立于主板市场的科创板。2019 年 1 月 28 日，证监会公布的《科创板实施意见》第三条规定，科创板主要服务于符合国家战略、突破关键核心技术、市场认可度高的科技创新企业。并且，科创板的推出并非仅仅是板块的增加，更重要的是制度创新，创新之一就是允许表决权差异安排企业上市。③ 2019 年 3 月，证监会公布《科创板上市公司公司持续监管办法（试行）》，从双层股权结构公司的公司治理、章程规定、信息披露、投资者保护等方面提出具体要求，并授权证券交易所制定具体规则。随后，上交所对《上海证券交易所科创板股票上市规则（2019 年 4 月修订）》进行修订，在第四章设专节对双层股权结构公司的治理进行了细致规定。设置各项规则以矫正双层股权结构下特别表决权股东利益与普通股东

---

① 存托凭证是指由存托人签发、以境外证券为基础在中国境内发行、代表境外基础证券权益的证券。

② 《国务院办公厅转发证监会关于开展创新企业境内发行股票或存托凭证试点若干意见的通知》（国办发〔2018〕21 号）明确，"允许试点红筹企业按程序在境内资本市场发行存托凭证上市；具备股票发行上市条件的试点红筹企业可申请在境内发行股票上市"。

③ 蒋小敏：《双层股权结构与国际金融中心的制度竞争》，载《上海金融》2020 年第 9 期，第 45 页。

利益的失衡,在肯定控制权集中的同时强化控制权的约束机制。上交所2019年4月1日受理了优刻得科技股份有限公司(UCloud Technology Co.,Ltd,以下简称优刻得)的上市申请,2020年1月20日,优刻得正式在科创板上市,成为科创板首家双层股权结构公司,标志着中国内地资本市场的双层股权结构实践正式落地。

2019年12月20日,证监会公布修订后的《非上市公众公司监督管理办法》,明确了股票公开转让的科技创新公司设置特别表决权股份的要求,并授权全国中小企业股份转让系统对非上市公众公司双层股权结构制度的设置、存续、调整、信息披露等事项制定具体配套制度。全国中小企业股份转让系统在2020年1月3日公布的《全国中小企业股份转让系统挂牌公司治理规则》、2020年4月9日公布的《全国中小企业股份转让系统挂牌公司治理指引第3号——表决权差异安排》以及2020年6月19日公布的《全国中小企业股份转让系统表决权差异安排业务指南》中,对挂牌公司实施表决权差异安排的相关业务流程及操作要求进行细化明确,为双层股权结构在新三板的实践正式落地提供制度支持。

2020年6月12日,证监会与深交所分别公布《创业板上市公司持续监管办法(试行)》以及《深圳证券交易所创业板股票发行上市审核规则》和《创业板上市规则》,为表决权差异安排实践提供规范性支持。与《科创板上市规则》规定的拟采用双层股权结构上市的发行人应满足的条件相比,《创业板上市规则》制定了更为严格的要求。在《科创板上市规则》规定的发行人市值、估值要求的基础上,《创业板上市规则》增加了最近一年净利润为正的要求。随后,深圳市积极推进双层股权结构制度的实践,2020年11月1日起施行的《深圳经济特区科技创新条例》在地方立法上突破性地对股份有限公司的表决权安排作出变通规定,该条例第九十九条①规定,在深圳登记的股份有限责任公司类型的科技企业具有设置特别表决权建立双层股权结构的权利。为进一步细化双层股权结构科技企业商事登记等配套制度,深圳市市场监督管理局于2021年3月5日发布并实施《深圳经济特区商事登记

---

① 《深圳经济特区科技创新条例》第九十九条:在本市依照《中华人民共和国公司法》登记的科技企业可以设置特殊股权结构,在公司章程中约定表决权差异安排,在普通股份之外,设置拥有大于普通股份表决权数量的特别表决权股份。有特别表决权股份的股东,可以包括公司的创始股东和其他对公司技术进步、业务发展有重大贡献并且在公司的后续发展中持续发挥重要作用的股东,以及上述人员实际控制的持股主体。设置特殊股权结构的公司,其他方面符合有关上市规则的,可以通过证券交易机构上市交易。

若干规定》以对接《深圳经济特区科技创新条例》,其中第四条①规定,双层股权结构的科技企业应当在公司章程中明确表决权差异安排,从而为科技企业具体落实双层股权结构制度提供操作指引。深圳市首先修订商事登记规则以支持双层股权结构制度的实践,打通了科技企业创始人以及其他对公司发展有重大影响的股东在各阶段掌握公司控制权的制度实现路径,并优化营商环境。深圳市的双层股权结构制度实践摒弃了传统公司法绝对意义上的一股一权结构,公司股权结构从法律干预主义逐渐向公司股东自治决定转变,公司股权结构的规定从强制性规范向引导性规范跃迁,公司股东权利配置从实体同权向程序公正转变,并引领全国商事立法的改革潮流。

(二)中国香港双层股权结构制度发展时间轴

中国香港的双层股权结构实践经历了不断变化的过程,香港联交所对双层股权结构的态度并非一开始便是消极的,而是经过资本市场需求与政府监管的博弈,经历了放松监管到全面禁止再到逐渐放开的发展历程。

1. 允许到禁止阶段

由于历史原因,中国香港的公司法和证券法在很大程度上继承了英国的公司和金融制度,在整体上对双层股权结构持消极态度,即在公司法层面允许采用,在证券法层面不允许公开上市。② 在法律层面,香港《公司条例》(Companies Ordinance)允许在香港注册的公司在章程中对股份设置作出另行规定,允许公司在发行"一股一票"的普通股份之外发行具有不同投票权的类别股份以建立双层股权结构。并且,1987 年之前香港联交所上市规则中并没有禁止双层股权结构。根据早期的香港《公司条例》,公司可以发行不同类别的股份,只需要在公司章程中说明该类别股份拥有的权利即可。1972 年 1 月,老牌英资公司会德丰董事局宣布,将已发行的 32175 万股普通股改为 A 股,另每两股 A 股可供一股 B 股。虽然每股 B 股面值为 A 股的十分之一,却拥有与 A 股相同的投票权。1972 年 7 月和 1974 年,会德丰又先后两次大量发行 B 股。另外两家公司 Local Property Co. Ltd 与太古股份有限公司也跟随会德丰,先后在 1972 年和 1973 年发行 B 股。截至 1987

---

① 《深圳经济特区商事登记若干规定》第四条:商事主体备案包括下列事项:(一)章程或者协议;(二)经营范围;(三)董事、监事、高级管理人员;(四)商事登记管理联系人。商事登记机关应当根据前款规定,按照商事主体类型,分别规定各类商事主体备案事项的具体内容。公司依法设置特殊股权结构的,应当在章程中明确表决权差异安排。

② Huang F. Dual class shares around the top global financial centres[J]. Journal of Business Law,2017(2):137-154.

年初,已有五家公司[①]先后通过发行具有不同投票权的 B 股[②],实现在资本市场获得融资扩大经营的同时保证控制权不被稀释。1987 年 3 月底,怡和控股有限公司(以下简称怡和公司)[③]等公司为了抵御敌意收购,宣布将发行 B 股以实现管理层控制权稳定,实施企业长期经营战略,从而为公司提供稳定的发展环境以促进公司持续快速发展。怡和公司曾向香港联交所提出申请,要求通过特别分红的方案。按照该方案,一股怡和 A 股送四股 B 股,B 股面值为 0.2 港元,仅相当于怡和 A 股面值的十分之一,但可以拥有与 A 股相同的投票权,借此巩固大股东凯瑟克家族的控制权。此后由李嘉诚控制的长江实业及和记黄埔以及一众中小型上市公司均效仿此种做法,开始发行 B 股。[④] 控制权争夺乱象在双层股权结构公司愈演愈烈,资本市场上的公众投资者对不同投票权股份产生恐慌情绪,并出现股民抛售潮,导致恒生指数明显下跌[⑤]。

为应对市场震荡,维护投资者合法权益,香港联交所和当时的证券监理专员办事处发布联合公告[⑥],认为 B 股不应被允许上市,从而紧急叫停双层股权结构的实践,随后恒生指数反弹明显[⑦]。其后,香港公司法改革常务委员会对上市公司发行 B 股问题进行研究,并于 1987 年 7 月公布研究结果。常委会指出,公司发行 B 股的目的是防范敌意收购。由创办人家族或企业家控制的公司必然希望在保留管控权之余仍然有机会在需要时进行股本融资,这是可以理解之事。但是很难透过立法有效管控不同投票权,而且这样做将严重偏离固有的立法政策。此等法例所蕴含的非灵活性也可能带来其

[①] 这五家公司分别为会德丰旗下的香港置业信托(后更名为会德丰地产有限公司)、联邦地产有限公司、连卡佛有限公司、太古股份有限公司、Local Property Co. Ltd(后更名为格兰酒店集团有限公司)。

[②] B 股拥有每股一票的投票权利,表面上 B 股与 A 股的每股股票附带投票权利一致,但 B 股面值低于 A 股,B 股在股息上仅为 A 股的五分之一或十分之一,因此相应的成交价格亦同比例低于 A 股。

[③] 怡和公司是一家大型英资上市公司,占当时香港联交所股票市场值的 12%,是当时香港最大的私人雇主,具有较强的实力与香港联交所展开谈判,要求其同意发行不同表决权股的请求。参见 Chan R, Ho J. Should listed companies be allowed to adopt dual-class share structure in Hong Kong? [J]. Common Law World Review,2014(2):155-182。

[④] 《港股"同股不同权"被否背后你不知道的故事》,http://stock.qq.com/a/20151007/008162. hm,访问于 2022 年 1 月 20 日。

[⑤] 当时恒生指数跌 37%,最低跌至 2665 点。参见香港交易与结算所有限公司:《概念文件——不同投票权架构》,2014 年 8 月。

[⑥] 香港联合交易所证券月刊(Securities Bulletin)1987 年 5 月号。

[⑦] 公告后恒生指数上升 4.5%。参见香港交易与结算所有限公司:《概念文件——不同投票权架构》,2014 年 8 月。

他不可预见的问题。因此,常委会反对滥发这种类型的股票,但允许基于特殊情况,可根据上市规则对个别情况给予批准而进行管控。① 联合公告以及公司法改革常务委员会的多数建议在 1989 年香港联交所修改《综合主板上市规则》时被广泛吸纳并在第 8.11 条②中体现。当时的《综合主板上市规则》第 2.03 条第四项③和《GEM 上市规则》第 2.06 条第四项④,《综合主板上市规则》第 8.11 条与《GEM 上市规则》第 11.25 条⑤共同构成香港联交所对一股一权原则的坚持。

由于香港联交所禁止双层股权结构,怡和公司于 1991 年将主要上市地转为伦敦,但仍然保留香港作为第二上市地。1994 年,怡和公司将其亚洲上市地从香港转为新加坡,正式退出香港证券市场。而对于五家已采用双层股权结构的上市公司,由于香港联交所并非强制性要求所有公司均采用"一股一票"原则,所以这些公司可以自愿选择是否将双层股权结构转变为单一股权结构。截至 2017 年 12 月,市场上仅剩下太古股份有限公司仍保留双层股权结构,太古(Swire)家族在持有 29%股权的情况下拥有大约52%的表决权。其余四家上市公司均在 2004 年前被私有化或从香港联交所退市。

2. 搁置阶段

香港联交所《综合主板上市规则》第 8.11 条自发布以来一直未被修改,并一直保持对双层股权结构的消极态度,但香港联交所在拒绝阿里巴巴上市后逐渐转变对双层股权结构的态度。2013 年,有关香港联交所是否应当

---

① 香港交易与结算所有限公司:《概念文件——不同投票权架构》,2014 年 8 月,附录一:《公司法改革常务委员会第三份中期报告:B 股》,1987 年 7 月。

② 《综合主板上市规则》第 8.11 条:新申请人的股本不得包括下述股份:该等股份拟附带的投票权利,与其于缴足股款时所应有的股本权益,是不成合理比例的[「B 股」(B Shares)],本交易所不会批准上市发行人已发行的新 B 股上市,亦不会允许上市发行人发行新 B 股(无论该等股份寻求的是在本交易所或其他证券交易所上市),但下列情况则作别论:(1)本交易所同意的特殊情况;(2)如该等拥有已发行 B 股的上市公司,通过以股代息或资本化发行的方式,再次发行在各方面与该等 B 股享有同等地位的 B 股;但经此次发行后的已发行 B 股的总数,与已发行的其他有投票权股份总数的比例,须大致维持在该次发行前的水平;或(3)按《上市规则》第八 A 章或第十九 C 章所批准。

③ 《综合主板上市规则》第 2.03 条第四项:上市证券的所有持有人均受到公平及平等对待。

④ 《GEM 上市规则》第 2.06 条第四项:上市证券的所有持有人均受到公平及平等对待。

⑤ 《GEM 上市规则》第 11.25 条:新申请人的已发行股本,不得包括该等拟附带投票权利与其于缴足股款时所应有的股本权益成不合理比例的股份[「B 股」(B Shares)]。本交易所不会批准上市发行人已发行的新 B 股上市,亦不会允许上市发行人发行新 B 股(无论该等股份寻求的是在本交易所或其他证券交易所上市),但本交易所同意的特殊情况则作别论。

允许双层股权结构公司上市的讨论复燃。一方面,阿里巴巴的高层认为香港联交所未能积极地迎合公司股权发展的未来趋势和变化,如果香港联交所拒绝放弃对一股一权结构上市规则的坚持,可能导致其现有的亚洲金融中心地位旁落。^① 另一方面,阿里巴巴在港上市申请的拒绝不仅导致香港金融界大约 3 亿美元咨询费收益的预期损失,也损害了香港联交所的交易体量和声誉,香港联交所可能会在全球交易所竞争中落后。^② 由此,香港联交所面临着改变《综合主板上市规则》第 8.11 条的压力。事实上,香港联交所错过的不仅仅是阿里巴巴一家公司。据统计,在美国上市的中国内地公司有 116 家,其中有 33 家(28%)采用双层股权结构,合计市值高达 5610 亿美元,占所有在美国上市的中国内地公司市值总和的 84%,相当于香港市场总市值的 15%。这 33 家采用双层股权结构的公司中,有 18 家(市值占比84%)正是香港市场缺少的信息科技公司,这也引起了资本市场的积极关注与激烈讨论。^③ 为了吸引信息科技公司,香港联交所于 2014 年 8 月 29 日公布了长达 108 页的概念性文件^④,征求市场对双层股权结构制度的意见。该概念性文件考虑了投资者保护原则、现行监管框架、香港特别行政区作为世界顶级上市场所之一的竞争力以及其他法域关于双层股权结构的实践等因素,旨在对双层股权结构公司是否应该被允许上市的争论进行评价。香港联交所在审查各界对概念性文件的回应后,于 2015 年 6 月 19 日公布征求意见结论书^⑤,表示支持双层股权结构公司在香港联交所上市,并设计了一系列投资者保护措施草案以减小双层股权结构的风险。但香港证券期货委员会(Securities and Futures Commission,SFC)在征求意见结论书公布6 日后声明拒绝香港联交所的建议,表示虽然香港联交所的草案提供了多项投资者权益保障措施以防止控制权滥用,但其草案中的保障措施是否足

---

① Chan R,Ho J. Should listed companies be allowed to adopt dual-class share structure in Hong Kong? [J]. Common Law World Review,2014(2):155-182.

② Huang F. Dual class shares around the top global financial centres[J]. Journal of Business Law,2017(2):137-154.

③ 香港交易及结算所有限公司:《框架咨询文件:建议设立创新板》,2017 年 6 月。

④ HKEX. Concept paper:Weighted voting rights[EB/OL]. (2014-08-29)[2021-02-17]. https://www. hkex. com. hk/-/media/HKEX-Market/News/Market-Consultations/2016-Present/cp2014082. pdf? la=en.

⑤ HKEX. Consultation conclusions:To concept paper on weighted voting rights[EB/OL]. (2015-06-19)[2021-02-17]. https://www. hkex. com. hk/-/media/HKEX-Market/News/Market-Consultations/2016-Present/cp2014082cc. pdf? la=en.

够有效仍存疑问。因为香港证券期货委员会的职能是"维护市场公平与透明"①,如果双层股权结构变得司空见惯,香港的声誉将受到损害。至此,香港联交所关于双层股权结构的尝试被搁置。

3. 重获新生阶段

2017 年 6 月,香港联交所发布《有关建议设立创新板的框架咨询文件》,再次开展允许双层股权结构公司上市的尝试。该咨询文件建议设立创新板,该创新板定位为吸引新经济行业,以及允许同股不同权。具体而言,该咨询文件建议将创新板分割为两个部分,分别为创新初板和创新主板,以兼顾不同类别发行人和不同投资者的需要。创新初板仅开放给专业投资者,且不设业绩记录或最低财务要求,拟上市的发行人可以采取双层股权结构上市;创新主板则面向专业投资者及散户开放,且拟上市的发行人需满足主板规则规定的三项财务资格标准中的至少一项,也允许拟上市的发行人以双层股权结构上市。咨询文件还从香港整体市场估值的角度,对仅在创新板允许双层股权结构公司上市作出解释,认为如果允许公司采用双层股权结构上市变得普遍,投资者对香港市场的估值可能降低约 13%,因此仅在创新板开放双层股权结构公司上市。② 除此之外,咨询文件还建议强制要求拟采用双层股权结构上市的发行人实施限制持有超级表决权股份人士的类别、设置日落条款等保障公司治理的内部约束规定。在配套机制方面,咨询文件还从加强披露规定、加强企业管治、规范公司的组织章程文件以及规则执行等角度强化了对双层股权结构公司的约束机制规定。③ 香港联交所再次发布的咨询文件得到了市场的积极响应,香港证券期货委员会也改变原有的反对态度,转而支持香港联交所关于设立创新板的建议。

2018 年 2 月,香港联交所发布《新兴及创新产业公司上市制度咨询文件》,声明放弃采用新设立创新板的方式开展双层股权结构实践,而是通过新增章节并修订相应条款的方式规定例外情况。2018 年 4 月,香港联交所

---

① SFC statement on the SEHK's draft proposal on weighted voting rights[EB/OL]. (2015-06-25)[2021-02-17]. https://apps. sfc. hk/edistributionWeb/gateway/EN/news-and-announcements/news/doc? refNo=15PR69.

② HKEX. Concept paper: New board[EB/OL]. (2017-06-16)[2021-06-02]. https://www. hkex. com. hk/-/media/HKEX-Market/News/Market-Consultations/Concept-Paper-on-New-Board/cp2017061. pdf.

③ HKEX. Consultation conclusions: New board concept paper[EB/OL]. (2017-12-15)[2021-06-02]. https://www. hkex. com. hk/-/media/HKEX-Market/News/Market-Consultations/2016-Present/June-2017-Concept-Paper-on-New-Board/Conclusions-(December-2017)/cp2017061cc. pdf.

宣布修订《综合主板上市规则》,增订第八 A 章股本证券"不同投票权"章节,接纳双层股权结构的新经济公司在主板上市,为管理层掌握超级表决权以及公司在持续融资后仍能掌握控制权提供制度支持。[①]

2020 年 1 月,香港联交所发布《有关法团[②]身份的不同投票权受益人的咨询文件》[③],拟允许法团股东持有特别表决权股,进一步扩大股东资格。香港联交所认为,禁止法团股东持有特别表决权股可能会削弱证券交易所竞争力。香港联交所也提示了扩大股东资格的风险,包括股东与管理层的利益不一致,特别是该法团也采用双层股权结构制度安排、不受诚信责任约束、无期限等。但对以上风险,香港联交所准备制定额外的保障措施来防范风险,以确保股东权益得到适当保障。

2022 年 1 月 1 日起,香港联交所开始接受海外公司采用双层股权结构进行第一上市或者第二上市,从而改变以往仅允许双层股权结构公司在香港第二上市的规则限制。当前,采用双层股权结构上市的公司需满足以下条件:①是创新公司(即经营互联网或其他高科技业务);②在符合资格的交易所拥有至少两个完整财政年度的良好监管合规记录;③市值至少为 400 亿港元,以及最近一个财政年度的市值至少为 100 亿港元,收入至少为 100 亿港元。[④]

(三)中国内地双层股权结构代表性公司

上交所科创板首家过会及注册上市的双层股权结构公司为优刻得。优刻得的上市申请被受理后,该公司共经历了四轮上交所问询。2019 年 9 月 27 日,该公司的发行上市被正式审议同意。2019 年 12 月 24 日,优刻得成

---

① HKEX. Consultation Conclusions：A Listing Regime for Companies from Emerging and Innovative Sectors［EB/OL］.（2018-04-24）［2021-05-17］. https://www. hkex. com. hk/-/media/HKEX-Market/News/Market-Consultations/2016-Present/February-2018-Emerging-and-Innovative-Sectors/Conclusions-(April-2018)/cp201802cc. pdf.

② 法团指某一实体,该实体可以是公司,也可以是其他非法人组织。

③ 2020 年 10 月 30 日,香港联交所就《有关法团身份的不同投票权受益人的咨询文件》刊发咨询总结,将符合以下两项条件的大中华发行人,视为目前就《综合主板上市规则》第十九 C 章在香港第二上市而言获豁免的大中华发行人:(a)由法团身份不同投票权受益人控制,及(b)于 2020 年 10 月 30 日或之前于合资格交易所作第一上市的大中华发行人("合资格法团不同投票权发行人")。https://www. hkex. com. hk/-/media/HKEX-Market/News/Market-Consultations/2016-Present/January-2020-Corporate-WVR/Conclusions-(Oct-2020)/cp202001cc_c. pdf,访问于 2021 年 4 月 16 日。

④ HKEX. Finalizes new rules on listings for overseas issuers［EB/OL］.（2021-12-13）［2022-07-25］. https://www. skadden. com/insights/publications/2021/12/hkex-finalizes-new-rules-on-listings-for-overseas-issuers.

功通过证监会注册并于 2020 年 1 月 20 日在科创板成功上市。

优刻得的《招股说明书》披露:公司创始人及共同实际控制人季昕华、莫显峰、华琨对于公司当前发展具有重大贡献,并且对公司未来发展也将具有重要意义,出于保持控制权稳定及适应公司发展的需要,赋予三人特别表决权股份,每份特别表决权股份具有 5 份表决权,创始人三人通过持有特别表决权股份与普通股份①,以 20.12% 的持股比例合计掌握公司 64.71% 的表决权比重,从而对公司的运营管理决议形成绝对控制权。② 为进一步保护公司创始人及股东的利益,三位创始人还签署了《一致行动协议》③及其相应的补充协议以对所持有的股份作出锁定承诺,从而保证创始人控制权稳定及公司平稳运行,避免在公司上市后不断增发新股而导致创始人的股权被稀释造成控制权旁落,对公司的发展产生不利影响,进而保护公司共同创始人及其全体股东的利益。这样的特别表决权制度设计,使季昕华、莫显峰和华琨三人凭借 A 类股份的表决权就能决定优刻得股东大会的普通决议。

为实现特别表决权股份的表决权倍数合乎理性,优刻得对特别表决权倍数进行精密的设计,经测算发现在每份 A 类股份拥有的表决权数量为每份 B 类股份 5 倍的情况下,上市后三位创始人合计持有表决权比例为55.75%,与优刻得科创板上市前的境外红筹架构期间创始人拥有的表决权比例相当,可实现较好平衡。若每份 A 类股份对应 B 类股份表决权份数设置低于 5 倍,则上市后三位创始人合计持有表决权比例低于二分之一(最高为 49.04%),但若高于 5 倍,则上市后三位创始人合计持有表决权比例超过三分之二(最低为 59.08%),因此最终公司将特别表决权倍数设置为 5 倍,在更容易获得股东大会决议通过的同时也减少监管层的进一步问询和反对。

优刻得通过对特别表决权的适用范围进行一定限制,以达到防止实际控制人滥用高表决权以及平衡不同类型股份股东的目的。虽然优刻得的 A 类股份表决权具有 5 倍于 B 类股份的权重,但是在修改公司章程、改变 A 类股份享有的表决权数量、聘请或者解聘公司的独立董事、聘请或者解聘为

---

① 季昕华、莫显峰、华琨分别持有 5083.12 万股、2342.85 万股、2342.85 万股 A 类股份,三人合计持有的特别表决权股份达 9768.82 万股,剩余的约 2.66 亿股为普通股份。通过持有特别表决权股份与普通股份,创始人季昕华、莫显峰、华琨分别掌握 33.67%、15.52% 和 15.52% 的表决权。

② 傅穹、卫恒志:《表决权差异安排与科创板治理》,载《现代法学》2019 年第 6 期,第 93 页。

③ 协议规定:三人作出一致性的表决意见;在三人意见不统一的时候,三人之间按照少数出资额服从多数出资额的原则商议投票,也可以共同作出一致性的意见。在公司股票上市后的 36 个月内,三人均不可以退出《一致行动协议》,如果在 36 个月后有退出的,则所持的 A 类股将自动转变成 B 类股。

公司定期报告出具审计意见的会计师事务所及公司合并、分立、解散或变更公司形式等重大事项上，每一 A 类股份享有的表决权数量与每一 B 类股份的表决权数量相同。从这些特殊事项的定义来看，这方面的限制是对表决权滥用在极端情况下的一种防护，几乎没有降低 A 类股份在公司业务经营层面的控制力。

优刻得还对 A 类股份的交易与转让做了严格规定。A 类股份的交易与转让只能在一级市场进行，如果 A 类股东随意转让股份或虽未转让股份但实际表决权转由他人掌握，则 A 类股份将直接变为 B 类股份。公司章程还规定，由为公司发展作出重大贡献的，持有超过 10% 份额并且持续担任公司董事的人员持有 A 类股份。如果该股东无法满足以上条件或丧失履职能力、离职、死亡等，则 A 类股份转换成 B 类股份，无法行使高投票权。如果公司整体控制权发生变更，公司已发行的全部 A 类股份也将按照 1：1 转换为 B 类股份。

优刻得股份有限公司还设置了独立董事与监事会对特别表决权进行监督。优刻得公司章程规定，董事会中占三分之一席位的独立董事由股东大会任免，且独立董事的任免表决中，高表决权的股东不能行使特别表决权，任免其他董事成员是由股东大会通过的。也就是说在双层股权结构下，如果不做特别的约束，实际控制人一旦掌握了过半的表决权，就相当于掌握了董事会内部的表决权，董事会也会沦为实际控制人的"一言堂"。优刻得还规定，公司监事会由六名监事组成，包括四名股东代表和两名职工代表，职工代表由公司内部民主选举产生，股东代表则由股东大会选举产生。这样的规则设计极大地提高了监事对管理层的依附性，因为职工代表在任职中受限于管理层。此外，由于公司的实际控制人占有股东大会表决权的过半票数，因此，股东代表往往也由实际控制人直接选出。由于股东代表并不直接参与公司经营，他们主要通过管理层传达的方式获得有关公司治理状况的第二手信息。公司法将监事限定于自然人的规则设置阻断了法人担任监事的可能性，导致监事因欠缺独立性以及信息不对称而难以发挥应有的监督作用。[1]

为寻求特别表决权股东控制权集中与普通股东权益保护之间的平衡，

---

[1]　张帏、黄冠琛、赵南迪：《双层股权结构的公司制度安排——科创板首家案例企业分析》，载《清华管理评论》2020 年第 Z2 期，第 47 页。

优刻得的公司章程就一股一权表决事项范围①较《科创板上市规则》的规定更为严格,要求改变 A 类股份享有的表决权数量应当经过不低于出席会议的股东所持表决权的三分之二以上通过。另外,该公司还通过一系列章程文件建立起内控机制②,完善公司治理,防范特别表决权权利滥用以保障中小股东的合法权益。

(四)中国香港双层股权结构代表性公司

2018 年 7 月 9 日,小米集团成为首家在香港联交所上市的双层股权结构的高科技公司,并被认为是 2018 年全球规模最大的 IPO。

根据小米集团披露的《小米集团公开发行存托凭证招股说明书》,公司发行超级表决权股份 A 类股份和普通股份 B 类股份以建立起双层股权结构,其中每份 A 类股份具有 10 票表决权,而每份 B 类股份仅有 1 票表决权。招股说明书还规定了特定事项采用"一股一票"的表决方式。公司的所有 A 类股份被创始人雷军和林斌持有,其中,雷军持有 20.51% 的 A 类股份和 10.90% 的 B 类股份,持股比例虽有 31.41%,但通过 A 类股份的表决权放大效应,雷军拥有 55.70% 的表决权,除此之外,还有 2.20% 的 B 类股份被委托给雷军行使表决权,故雷军的最终表决权比重为 57.90%。③ 公司的另一创始人林斌持有的 A 类股份和 B 类股份分别为 11.46% 和 1.87%,通过合计为 13.33% 的持股比例,林斌获得了 30.00% 的公司表决权。通过发行 A 类股份和 B 类股份建立起双层股权结构,小米集团的创始人团队拥有公司超过 87.90% 的投票权,在股东大会决定公司经营管理等决策时,创始人对公司重大事项和一般事项决策具有绝对控制权。

小米集团制定的双层股权结构相关规则与香港联交所《综合主板上市

---

① 对下列事项行使表决权时,每一 A 类股份享有的表决权数量应当与每一 B 类股份的表决权数量相同:①对《公司章程》作出修改;②改变 A 类股份享有的表决权数量;③聘请或者解聘公司的独立董事;④聘请或者解聘为公司定期报告出具审计意见的会计师事务所;⑤公司合并、分立、解散或者变更公司形式。股东大会对上述第②项作出决议,应当经过不低于出席会议的股东所持表决权的三分之二以上通过。

② 章程文件及内控机制包括:《股东大会议事规则》《董事会议事规则》《监事会议事规则》《信息披露管理制度》《控股股东和实际控制人行为规则》《独立董事工作制度》。为了保障中小股东合法权益,优刻得还采取了以下具体措施:①充分保障中小股东分红权益;②设置独立董事;③符合一定条件的股东有权提名公司董事;④符合一定条件的股东有权提议召开董事会临时会议;⑤发行人设置监事会,其对表决权差异安排的相关事项出具专项意见;⑥建立健全信息披露制度;⑦拓展投资者沟通渠道等。

③ 《小米集团公开发行存托凭证招股说明书》,http://www.csrc.gov.cn/pub/zjhpublic/G00306202/201806/P020180614615014857905.pdf,访问于 2021 年 6 月 2 日。

规则》中有关不同投票权制度的规定保持基本一致。小米集团的公司章程规定,小米集团就香港联交所《综合主板上市规则》规定的超级表决权行使限制范围有所放大①以平衡超级表决权行使与中小股东权益保护。除此之外,小米集团还就香港联交所《综合主板上市规则》关于不同投票权的转让限制②进一步限定:若 A 类股份持有人将其持有的 A 类股份转让给非关联第三方,被转让的股份将自动转换为每股仅有一份表决权的 B 类股份。该限定将超级表决权股转换为普通表决权股的范围扩展到非关联第三方,从而加强对 A 类股份持有人的约束。

三、各板块双层股权结构制度横向比较

通过比较与分析《科创板上市规则》《创业板上市规则》《全国中小企业股份转让系统挂牌公司治理指引第 3 号——表决权差异安排》关于双层股权的设置条件、受益股东的资格、表决权倍数限制、特别表决权股东最低持股限制、同股同权范围、特别表决权股份转换为普通股份情形、专项意见内容、披露等条款的规定,可见,各板块对于双层股权结构的制度规定存在差异(见表 2-1)。

表 2-1　科创板、创业板及新三板有关双层股权结构的规定

板块	科创板	创业板	新三板
设置条件	发行人具有表决权差异安排的,市值及财务指标应当至少符合下列标准中的一项: (一)预计市值不低于人民币 100 亿元; (二)预计市值不低于人民币 50 亿元,且最近一年营业收入不低于人民币 5 亿元	发行人具有表决权差异安排的,市值及财务指标应当至少符合下列标准中的一项: (一)预计市值不低于人民币 100 亿元,且最近一年净利润为正; (二)预计市值不低于人民币 50 亿元,最近一年净利润为正且营业收入不低于人民币 5 亿元	挂牌公司设置表决权差异安排,还应当符合下列财务条件之一: (一)市值不低于 6 亿元,最近 2 个会计年度经审计的净利润均不低于 1500 万元,加权平均净资产收益率平均不低于 8%,或者最近 1 个会计年度经审计的净利润不低于 2500 万元,且最近 1 年加权平均净资产收益率不低于 8%。 (二)市值不低于 6 亿元,最近 2 个会计年度经审计的营业收入平均不低于 1 亿元,且最近 1 个会计年度经审计的营业收入增长率不低于 30%;最近 1 年经营活动现金流量净额为正。

---

① 具体事项包括:①修订章程或细则,包括修改任何类别股份所附的权利;②委托、选举或罢免任何独立非执行董事;③委托或撤换公司会计师;④公司主动清算或结算。

② HKEX Listing Rule 8A. 18.

续表

板块	科创板	创业板	新三板
设置条件			(三)市值不低于 8 亿元,最近 1 个会计年度经审计的营业收入不低于 2 亿元,最近 2 个会计年度合计研发投入占合计营业收入的比例不低于 8%。 (四)市值不低于 15 亿元,最近 2 个会计年度研发投入累计不低于 5000 万元。 挂牌公司市值应当以下列方式确定(以孰低为准): (一)按照最近 12 个月内有机构投资者参与的发行价格计算的公司市值。 (二)12 个月内有成交的最近 20 个交易日的平均市值
受益股东的资格	持有特别表决权股份的股东应当为对<u>上市公司发展或者业务增长等作出重大贡献</u>,并且在公司上市前及上市后持续担任公司董事的人员或者该等人员实际控制的持股主体。 持有特别表决权股份的股东在上市公司中拥有权益的股份合计应当达到公司全部已发行有表决权股份 10%以上	持有特别表决权股份的股东应当为对<u>上市公司发展作出重大贡献</u>,并且在公司上市前及上市后持续担任公司董事的人员或者该等人员实际控制的持股主体。 持有特别表决权股份的股东在上市公司中拥有权益的股份合计应当达到公司全部已发行有表决权股份 10%以上	特别表决权股东应当为挂牌公司董事,在公司中拥有权益的股份达到公司有表决权股份的 10%以上,并对挂牌公司发展具有重大贡献。存在下列情形之一的,不得成为特别表决权股东: (一)最近 36 个月内被证监会采取证券市场禁入措施; (二)最近 36 个月内受到证监会行政处罚,或者最近 12 个月内受到证券交易场所的纪律处分; (三)因涉嫌犯罪被司法机关立案侦查或者涉嫌违法违规被中国证监会立案调查,尚未有明确结论意见; (四)属于失信联合惩戒对象; (五)全国中小企业股份转让系统有限责任公司认定的其他情形
表决权倍数限制	每份特别表决权股份的表决权数量应当相同,且不得超过每份普通股份的表决权数量的 10 倍	同科创板	同科创板

板块	科创板	创业板	新三板
特别表决权股东最低持股限制	持有特别表决权股份的股东在上市公司中拥有权益的股份合计应当达到公司全部已发行有表决权股份10%以上	同科创板	同科创板
同股同权范围	(一)对公司章程作出修改； (二)改变特别表决权股份享有的表决权数量； (三)聘请或者解聘独立董事； (四)聘请或者解聘为上市公司定期报告出具审计意见的会计师事务所； (五)公司合并、分立、解散或者变更公司形式。 上市公司章程应当规定，股东大会对前款第二项作出决议，应当经过不低于出席会议的股东所持表决权的三分之二以上通过，但根据第4.5.6条、第4.5.9条的规定，将相应数量特别表决权股份转换为普通股份的除外	(一)修改公司章程； (二)改变特别表决权股份享有的表决权数量； (三)聘请或者解聘独立董事； (四)聘请或者解聘监事； (五)聘请或者解聘为上市公司定期报告出具审计意见的会计师事务所； (六)公司合并、分立、解散或者变更公司形式。 上市公司章程应当规定，股东大会对前款第一项、第二项、第六项事项作出决议，应当经出席会议的股东所持表决权的三分之二以上通过	(一)修改公司章程中与表决权差异安排相关的内容； (二)合并、分立、解散或者变更公司形式； (三)选举和更换非由职工代表担任的监事； (四)决定非由职工代表担任的董事、监事的报酬事项； (五)选举或罢免独立董事； (六)聘请或解聘为挂牌公司定期报告出具审计意见的会计师事务所； (七)终止股票在全国股转系统挂牌； (八)公司章程规定的其他事项

续表

板块	科创板	创业板	新三板
特别表决权股份转换为普通股份情形	（一）特别表决权股东不再符合本规则第4.5.3条规定的资格和最低持股要求，或者丧失相应履职能力、离任、死亡； （二）实际特别表决权股东失去对相关持股主体的实际控制； （三）特别表决权股东向他人转让所持有的特别表决权股份，或者将特别表决权股份的表决权委托他人行使； （四）公司的控制权发生变更。 发生前款第四项情形的，上市公司已发行的全部特别表决权股份均应当转换为普通股份。 发生本条第一款情形的，特别表决权股份自相关情形发生时即转换为普通股份，相关股东应当立即通知上市公司，上市公司应当及时披露具体情形、发生时间、转换为普通股份的特别表决权股份数量、剩余特别表决权股份数量等情况	（一）特别表决权股东不再符合本规则第4.4.3条规定的资格和最低持股要求，或者丧失相应履职能力、离任、死亡； （二）实际特别表决权股东失去对相关持股主体的实际控制； （三）特别表决权股东向他人转让所持有的特别表决权股份，或者将特别表决权股份的表决权委托他人行使，但转让或者委托给受该特别表决权股东实际控制的主体除外； （四）公司的控制权发生变更。 发生前款第四项情形的，上市公司已发行的全部特别表决权股份应当转换为普通股份	特别表决权股东可以申请将特别表决权股份按照1：1的比例转换为普通股。 出现下列情形之一的，特别表决权股份应当按照1：1的比例转换为普通股： （一）特别表决权股东丧失相应履职能力、离任或者死亡； （二）特别表决权股份因司法裁决、离婚、继承等原因需要办理过户； （三）特别表决权股东以特定事项协议转让方式向他人转让所持有的特别表决权股份； （四）表决权差异安排的实施期限届满或者失效事由发生； （五）特别表决权股东不再符合本指引第七条规定的资格和最低持股要求； （六）挂牌公司实际控制人发生变更； （七）挂牌公司股东大会做出取消表决权差异安排的决议，或者挂牌公司不再符合本指引第五条第一款的要求。 发生前款第（四）（六）（七）项情形的，挂牌公司全部特别表决权股份均应当转换为普通股份。 发生本条所述情形的，自相关情形发生时即应当申请办理特别表决权股份的转换，相关股东应当立即通知挂牌公司，挂牌公司应当及时披露具体情形、发生时间、转换为普通股份的特别表决权股份数量、剩余特别表决权股份数量等情况

板块	科创板	创业板	新三板
专项意见内容	上市公司具有表决权差异安排的,监事会应当在年度报告中,就下列事项出具专项意见: (一)特别表决权股东是否持续符合本规则第4.5.3条的要求; (二)特别表决权股份是否出现本规则第4.5.9条规定的情形并及时转换为普通股份; (三)上市公司特别表决权比例是否持续符合本规则的规定; (四)特别表决权股东是否存在滥用特别表决权或者其他损害投资者合法权益的情形; (五)公司及特别表决权股东遵守本章其他规定的情况	同科创板	监事会、独立董事(如有)应当在年度报告、中期报告中,就下列事项出具专项意见: (一)特别表决权股东是否持续符合本指引第七条的规定; (二)特别表决权股份是否出现本指引第十九条规定的情形并及时转换为普通股份; (三)挂牌公司特别表决权比例是否持续符合本指引的规定; (四)特别表决权股东是否存在滥用特别表决权或者其他损害投资者合法权益的情形; (五)公司及特别表决权股东遵守本指引其他规定的情况

续表

板块	科创板	创业板	新三板
披露	上市公司具有表决权差异安排的,应当在定期报告中披露该等安排在报告期内的实施和变化情况,以及该等安排下保护投资者合法权益有关措施的实施情况。 前款规定事项出现重大变化或者调整的,公司和相关信息披露义务人应当及时予以披露。 上市公司应当在股东大会通知中列明特别表决权股东、所持特别表决权股份数量及对应的表决权数量、股东大会议案是否涉及第4.5.10条规定事项等情况	上市公司具有表决权差异安排的,应当在定期报告中披露该等安排在报告期内的实施、股份变动、表决权恢复及行使情况等,特别是风险、公司治理等信息,以及该等安排下保护投资者合法权益有关措施的实施情况。 出现下列情形之一的,相关股东应当立即通知上市公司,公司应当及时披露: (一)特别表决权股份转换成普通股份; (二)股东所持有的特别表决权股份被质押、冻结、司法拍卖、托管、设定信托或者被依法限制表决权; (三)其他重大变化或者调整。 相关公告应当包含具体情形、发生时间、转换为普通股份的特别表决权股份数量、剩余特别表决权股份数量等内容	挂牌公司设置、变更表决权差异安排的,应当经董事会审议通过后提交股东大会审议。 董事会审议通过后,挂牌公司应当按照全国中小企业股份转让系统业务规则的要求披露董事会决议、设置或变更表决权差异安排方案的公告。公告内容应当包含具体设置或变更方案、异议股东回购安排或其他救济措施等。 主办券商应当就挂牌公司设置、变更的表决权差异安排方案是否符合本指引相关要求的情况发表专项意见,并与董事会决议、设置或变更表决权差异安排方案的公告同时披露。 挂牌公司应当在披露设置、变更表决权差异安排公告的同时,一并披露关于召开股东大会的相关安排。股东大会召开日期与董事会决议披露日期的时间间隔,除符合法律法规、中国证监会及全国股转系统的相关规定外,还应当不低于10个交易日。 股东大会做出设置表决权差异安排的决议,应当经出席会议的股东所持表决权的三分之二以上通过,拟特别表决权股东及其关联方应当回避表决。拟特别表决权股东应当对设置表决权差异安排的异议股东做出回购安排或者采取其他救济措施。相应回购安排应当考虑异议股东的利益保护。 拟特别表决权股东拥有权益的股份存在被质押、冻结情形的,应就被质押、冻结情况进行专项说明

由表 2-1 可知,创业板与科创板有关双层股权结构的规定基本一致,创业板在双层股权结构公司的设置上就市值要求、特别表决权股份持有人资格、同股同权表决范围较科创板制定更为严格的要求,将双层股权结构制度的实施细则具体化以适应实践需要。新三板则根据非上市公众公司的特殊性对双层股权结构公司的准入门槛制定更为灵活的标准,并就特别表决权股东资格及信息披露制度设置更高要求以实现特别表决权约束与普通股东权益保护。

第三节　国外双层股权结构制度比较

一、美国双层股权结构制度发展

双层股权结构制度最早起源于美国,并在总体上经历了四个发展阶段:1926 年之前,双层股权结构制度处于萌芽阶段;1926—1984 年,双层股权结构制度被严格禁止;1984—1990 年,美国三家主要交易所对双层股权结构制度持僵持的态度;1990 年后,全面放开对双层股权结构制度的监管并广泛运用。[①]

(一)萌芽阶段

双层股权结构滥觞于美国国际银业公司在 19 世纪 90 年代末发行 0.9 亿股优先股和 1.1 亿股无表决权普通股的实践。[②] 四年后,该公司进行将股份的经济性权利和参与性权利分离的尝试,赋予原本无表决权的普通股以一定表决权,即当股东持有每两份无表决权的普通股时,其可以行使一份表决权,从而丰富双层股权结构的制度内涵。[③] 20 世纪 20 年代后,双层股权结构开始出现两种主要模式:一种是发行无表决权的股份;另一种是发行表决权在实质上被剥夺或限制的股份,比如仅在特定事项上(例如不分配股利),表决权受限制股东的表决权回归。20 世纪 20 年代,不同投票权的股权安排广受青睐,据统计,至少有 184 家美国公司发行具有不同投票权的股

---

① 袁碧华、吴嘉文:《双层股权结构下特别表决权人的法律规制》,载《公共治理研究》2022 年第 1 期,第 85 页。

② 马一:《股权稀释过程中公司控制权保持:法律途径与边界——以双层股权结构和马云"中国合伙人制"为研究对象》,载《中外法学》2014 年第 3 期,第 715 页。

③ Berle A A. Non-voting stock and "bankers' control"[J]. Harvard Law Review, 1926(6):673-693.

票建立起双层股权结构,这类公司的内部人根据"一股一票"原则拥有表决权,公众股东仅能获得无表决权股票,从而帮助公司在获得大量资金的同时保持公司内部人的控制权稳定。①

(二)禁止阶段

随着双层股权结构的广泛运用,开始出现对该制度的批评。1925年,美国道奇兄弟公司(Dodge Brothers, Inc.)发行了1.5亿股无表决权的A类股份、债券以及优先股,获得约1.3亿美元的融资以促进公司发展,该行为引起了公众和学者的抨击。而当时的一家投资银行狄龙瑞德公司(Dillon,Read & Co.)却通过拥有约25万股有表决权的B类股份(以不到225万美元的对价获得)掌握了对道奇兄弟公司的控制权。② 在 Industrial Rayon Corporation 案中,该公司发行了59.8万股无表决权的A类股份,而公司的控制权却被仅拥有2000股有表决权的B类股份的持有人所掌控。③ 无表决权股份的发行及特别表决权股份的存在引起轩然大波。里普利(Ripley)教授发表观点认为,双层股权结构公司发行无表决权股份是剥夺普通股东通过出资实现对公司控制权目标的一种不正当行为,损害股东民主,导致经济力量过度集中④,并强调联邦贸易委员会等机构的权力和活动需要延伸以避免实体企业"被金融资本——最普遍是银行资本"所绝对控制。⑤ 与此同时,伯利(Berle)以及史蒂文斯(Stevens)教授认为,双层股权结构是一种自相矛盾的制度,会产生严重的利益冲突。⑥ 但也有学者对双层股权结构持肯定态度,卡梅尔(Karmel)教授认为,就公司资本结构决定问题,股东应有较大的自由度。虽然同股不同权架构可能影响公司长期经营,但其他保护制度,如纽交所规定的独立审计委员会以及独立董事制度将充

---

① 蒋小敏:《美国双层股权结构:发展与争论》,载《证券市场导报》2015年第9期,第71页。

② 朱慈蕴、神作裕之、谢段磊:《差异化表决制度的引入与控制权约束机制的创新——以中日差异化表决权实践为视角》,载《清华法学》2019年第2期,第7页。

③ 张欣楚:《双层股权结构:演进、价值、风险及其应对进路》,载《西南金融》2019年第6期,第38页。

④ Ripley W Z. Two changes in the nature and conduct of corporations[J]. Proceedings of the Academy of Political Science in the City of New York, 1926(4): 143-146.

⑤ Seligman J. Equal protection in shareholder voting rights: The one common share, one vote controversy[J]. George Washington Law Review, 1985(5): 687-694.

⑥ Ripley W Z. Main Street and Wall Street[M]. Boston: The New Republic Press, 1927: 360-368; Berle A A. Corporate powers as powers in trust[J]. Harvard Law Review, 1931(7): 1049-1074; Stevens W H S. Voting Rights of Capital Stock and Shareholders[J]. The Journal of Business of the University of Chicago, 1938(4): 311-348.

分保障公司治理机制平稳运行。学者与公众对于双层股权结构的批判引起政府和证券交易所的注意,以致当时的美国总统柯立芝(Coolidge)就该问题与里普利教授商议是否应当对无表决权股票进行法律规制。

1926 年 1 月 18 日起,纽交所逐步收紧对双层股权结构的监管,以"禁止无表决权股票上市交易"作出回应,并于 1940 年开始正式拒绝双层股权结构公司的上市申请。但是纽交所的监管态度转变并未浇灭美国上市公司对双层股权结构的热情。据统计,1927—1932 年,共有 288 家上市公司采用同股不同权结构,几乎与纽交所转变政策之前 1919—1926 年的双层股权结构公司上市数量相当。这一时期采用双层股权结构的公司主要为家族企业,该股权结构在实现公开募资的同时确保了家族控制权稳定。[1] 家族企业多采用双层股权结构的现象在"大萧条"之后出现根本性转变,特别是 1940 年纽交所宣布禁止发行人以双层股权结构上市,大大降低了双层股权结构公司在纽交所上市的数量[2],但仍有少量公司作为例外在纽交所上市。其中,福特汽车公司(Ford Motor Company)作为少数例外以双层股权结构上市公司的代表,该公司为确保家族对公司的控制权稳定,发行了次等表决权股份,通过不同投票权股份的发行,福特家族以 5.1% 的持股比例获得公司 40% 的表决权,从而掌握公司控制权,并由公众股东持有公司 60% 的表决权以获得充分的融资。[3] 20 世纪 80 年代以后,资本市场上的敌意收购逐渐流行,而双层股权结构作为一种能够有效抵御敌意收购同时避免股权稀释与控制权旁落的股权结构再次被越来越多的公司青睐。据统计,1986 年 3 月到 1987 年 5 月短短 14 个月的时间内就有 34 家上市公司新加入双层股权结构的行列。[4]

相较于纽交所对双层股权结构的消极态度,美国证券交易所(American Stock Exchange,AMEX)和纳斯达克对双层股权结构采取更为开放的态度,因此吸引了更多公司选择在美国证券交易所或纳斯达克上市。例如,王氏实验室(Wang Laboratories,Inc.)在 1976 年向公众投资者发行表决权和董事会成员选举权利受限制的 B 类股份,以实现双层股权结构,并在纽交所

[1] DeAngelo H, DeAngelo L. Managerial ownership of voting rights: A study of public corporations with dual classes of common stock[J]. Journal of Financial Economics,1985(14): 33.

[2] 据统计,1940—1978 年,仅有 30 家公司在美国证券市场上市。

[3] Lease R, McConnell J, Mikkelson W. The market value of control in publicly-traded corporations[J]. Journal of Financial Economics,1983(11): 439-472.

[4] Bainbridge S. The short life and resurrection of SEC rule 19c-4[J]. Washington University Law Quarterly,1991(2): 565-634.

申请上市。但纽交所因为其同股不同权结构而拒绝其上市申请,于是王氏实验室转投美国证券交易所上市。起初,美国证券交易所与纽交所相同,也对发行无表决权股的公司上市申请持消极态度,但经过王氏实验室与美国证券交易所的博弈,美国证券交易所有所让步,并灵活化处理了上市规则,允许发行人在满足"王氏准则"(Wang Formula)①的前提下在该交易所上市。美国证券交易所的态度转变吸引了大量双层股权结构公司在该交易所上市。至 20 世纪 80 年代,美国三家主要证券交易机构对双层股权结构的监管态度各不相同。其中,纳斯达克持全面开放的监管态度,美国证券交易所仅在拟发行人符合王氏准则的情况下允许双层股权结构的公司上市,而纽交所对双层股权结构持全面禁止的态度,既禁止采用双层股权结构 IPO,又强制要求以股权重组(recombination)的方式实现双层股权结构效果的公司退市。可见,美国三家主要证券交易所对双层股权结构制度的监管态度呈现从宽松准入到严格禁止的样态。②

(三)僵持阶段

交易所间的"逐底竞争"③使上市规则较为严格的纽交所日渐处于竞争劣势地位,迫于压力,纽交所于 1984 年 6 月宣布暂停对采用股权重组方式实现双层股权结构的公司实施强制退市。随后,纽交所开始对是否应允许公司采用双层股权结构上市进行讨论,而后纽交所向美国证券交易委员会(United States Securities and Exchange Commission,SEC)提了修改上市规则的议案,建议放宽对事后通过股权重组实现双层股权结构的限制,即已上市公司同时满足两个前提条件时,可以转变为双层股权结构公司,这两个前提条件一是经独立董事大多数表决同意股权重组方案,二是经外部股东多数同意公司建立双层股权结构。④ 随着双层股权结构被美国的三大证券交易所广泛接受,这种股权结构被越来越多的公司采纳以强化公司治理

---

① 王氏准则具体包括:①限制投票权的股权至少可以投票选举董事会的 25%;②限制投票权的股票与优先投票权的股权之间的投票权比例不得低于 1∶10;③如果限制投票股权份额已经确定,那么就不能再发行新股票来稀释该份额;④对优先投票权股权有一定比例要求,如果控制人的优先投票权跌破了那个比例,那么优先投票权将失效;⑤强烈建议限制投票的股权具有优先分红的权利。

② 到 1985 年,双层股权结构公司数量(60 家)在美国证券交易所上市公司总数(785 家)中占比 7.6%,而同年,在纳斯达克上市的 4101 家公司中,有 110 家是多层股权结构公司。

③ 逐底竞争也叫监管竞争,是指为了避免上市资源全部流向某一家可以向公司管理层"剥削"投资者提供最佳条件的交易所,其他竞争对手不得不降低各自的上市门槛,最终导致所有交易所都采用类似"亲管理者、反投资者"的规则。

④ Math T. Big board ends equal vote rule[N]. New York Times,1986-07-04.

并保持在证券市场上的竞争力。据统计,截至 1988 年,美国证券市场上有 336 家双层股权结构公司,占上市公司总数的 6.7％。[1]

双层股权结构制度的广泛运用引发美国国会部分成员的忧虑,他们认为双层股权结构制度应当受强制性法律规范的约束。美国国会能源和商务委员会主席丁格尔(Dingell)和美国国会参议院证券小组委员会主席达马托(D'Amato)向美国三大证券交易所的高层询问设置自愿性的同股同权结构上市规则的可能性。[2] 当时的华盛顿大学法学院教授塞利格曼(Seligman)等也发表了反对双层股权结构制度广泛运用的意见,他们认为双层股权结构会导致大型企业运行低效,并且会损害公众股东的合法权益,甚至导致公司股价因为潜在的收购溢价消失而降低,因此 SEC 或者国会应当禁止在大型企业中适用双层股权结构制度。[3]

对双层股权结构制度的存废讨论及限制措施的讨论也直接推动了双层股权结构制度的研究深入。学者的研究重心逐渐转向资本重组实现双层股权结构背景下公司现有股东实际上被迫放弃表决权的现象。格林豪斯(Greenhouse)提出"若管理层掌握了公司 55％的股份比重,并通过表决权优势推行双层股权结构制度,这种行为对公司其他股东是否公平"[4]的疑问。莱恩(Lehn)针对这种现象,认为:"解决问题的途径是禁止双层股权公司的大股东滥用凭借双层股权结构制度获得的控制权以及压制外部股东以损害其权益的行为,而不是严格禁止双层股权结构制度作为一种保持控制权稳定情况下保障公司获得融资的工具的适用。"[5]哥伦比亚大学的吉尔森(Gilson)教授通过比较研究双层股权结构和作为替代品的杠杆收购,认为应当禁止的是双层股权结构交易,即应禁止采用削弱、取消已发行的股份表决权的方式建立双层股权结构,而非禁止在公司初始时设立双层股权结

---

[1]　Ang J S, Megginson W L. Restricted voting shares, ownership structure, and the market value of dual-class firms[J]. Journal of Financial Research, 1989(12): 301-318.

[2]　Seligman J. Equal protection in shareholder voting rights: The one common share, one vote controversy[J]. George Washington Law Review, 1985(5): 687-694.

[3]　Seligman J. Equal protection in shareholder voting rights: The one common share, one vote controversy[J]. George Washington Law Review, 1985(5): 687-694.

[4]　Greenhouse S. Unequal voting rights in stock[N]. New York Times, 1985-03-19.

[5]　Lehn K. Consolidating corporate control: Dual-class recapitalizations versus leveraged buyouts[J]. Journal of Financial Economics, 1990(2): 557-580.

构。① 之后,SEC 以四比一的投票结果通过了 Rule19c-4②,Rule19c-4 没有禁止拟上市的公司在 IPO 阶段发行不同表决权股份,但禁止公司上市后发行每股高于一票表决权的股份,同时又允许公司上市后发行每股少于一票表决权的股份上市交易。换言之,已上市的公司不得通过股权重组的方式限制或剥夺现有股东的表决权以实现事后的同股不同权。1994 年,在 SEC 的督促下,三大证券交易所终于达成协议采用仿效 Rule19c-4 的上市规则。但 Rule19c-4 也引发了争议,由于纳斯达克和纽交所属于自律性组织,具有选择制定规则的权利,SEC 无权强迫交易所制定规则。因此,商业圆桌会议组织认为 SEC 超出国会对其的授权范围,并提起诉讼。1990 年 6 月 12 日,哥伦比亚特区联邦巡回上诉法院的三名法官就 Business Round Table v. SEC ③一案组成的审判庭一致认为 SEC 对上市公司的治理以及股东的表决权问题没有监管权限,SEC 的这条法令超过了其权限范围,予以废止。④

(四)放松阶段

虽然美国哥伦比亚特区联邦巡回上诉法院废止了 Rule19c-4,但是纳斯达克证券市场和纽交所自愿发布了将 Rule19c-4 落实的上市规则政策,即仅允许上市公司采用双层股权结构的形式 IPO,而禁止上市公司在 IPO 后通过股权重组的方式建立双层股权结构。⑤ 1991 年 6 月,美国证券交易所修改了该所的上市规则以向 Rule19c-4 原则靠近,但略有不同的是,美国证券交易所仅允许上市公司在同时满足公司股东三分之二以上同意且非内部股

---

① Lowenstein L. Shareholder voting rights:A response to SEC rule 19c-4 and to Professor Gilson [J]. Columbia Law Review,1989(5):979-1014.

② Rule19c-4 规则具体如下:①证券交易所应制定如下规定:国内发行人发行新股或者采取其他公司行为,进而剥夺、限制或减少已依本法第 12 条登记在册的股东持有的每一股票的投票权的,本所的规则、政策、惯例、解释将不允许它上市交易或继续上市交易。②证券交易机构联合会应制定如下规定:在经纪人自动报价/交易系统上,证券交易机构的规则、政策、惯例、解释不得允许交易机构、国内发行人交易旨在剥夺、限制、减少每一股权的投票权的普通股或股权证券。③以下行为属于前述规定禁止的剥夺、限制、减少股东权利的行为:其一,公司以通过股东会决议的方式对已登记在册的普通股东,以所持有的股票数量为依据,对其投票权进行限制的行为;其二,公司以通过股东会决议的方式对已经登记在册的普通股东,以所持有股票的时间长度为依据,对其投票权进行限制的行为;其三,发行人通过发行投票权超过或少于普通股投票权的股票,来换取已经登记在册的股东的投票权;其四,如果发行的股票的投票权超过市面上流通的普通股的投票权,则应当对其分红、分配权进行限制。

③ Business Roundtable v. SEC,905 F. 2d 406 (1990).

④ 马一:《股权稀释过程中公司控制权:法律途径与边界——以双层股权结构和马云"中国合伙人制"为研究对象》,载《中外法学》2014 年第 3 期,第718 页。

⑤ Charlie X W,Hu A J. Every sunset is an opportunity to reset:An analysis of dual-class share regulations and sunset clauses[J]. Journal of Corporate Law Studies,2022(1):571-603.

东二分之一以上同意的前提条件下,才能发行低表决权股份以创设双层股权结构。①

1993 年 12 月,SEC 主席莱维特(Levitt)提出了美国各交易所对表决权的限制应采用统一政策的建议。② 在该建议下,美国证券交易所和纳斯达克很快对上市规则作出了相应调整,1994 年 5 月,纽交所也最终接受了该提议。至此,美国三大证券交易所对双层股权结构制度的态度为:允许公司以双层股权结构 IPO,但是禁止公司采用分阶段表决权计划(time phased voting plans)、有上限的表决权计划(capped voting rights plans)、发行超级表决权股份(super voting rights)、通过转换要约(offer)发行表决权低于现有股份表决权的股份等方式削弱公司现有股东的表决权。③

一项以 1995—2002 年在美国上市的公司为研究对象的调查发现,在这八年间,约有高于 6% 的上市公司发行了超过一种类别的股份,这些公司的市值占同期美国上市公司总市值的 8%。并且,多数公司采用高倍数表决权股份的表决权倍数为低表决权股份表决权的 10 倍的设计。高倍数表决权股份的持有人能够以大约 40% 的现金流权利掌握公司大约 60% 的表决权。但同时这些高倍数表决权股份一般不在证券市场流通,即使转让也需要经过复杂的程序。到 21 世纪初,美国资本市场主要有两类企业采用双层股权结构:一是个人创办的、以自己的名字命名的企业,例如斯图尔德(Steward)创立的《玛莎斯图尔特生活杂志》(*Martha Steward Living*)和劳伦(Lauren)创立的拉夫劳伦(Ralph Lauren)时装品牌;二是新闻媒体企业,例如《纽约时报》《华盛顿邮报》等。④

金(Kim)和米凯利(Michaely)开展的研究显示,美国双层股权结构上市公司比例从 20 世纪 80 年代初的 3% 左右增长到在 20 世纪 90 年代初的 6.5% 到 7%⑤,总体呈增长趋势。而 1980—2015 年,采用双层股权结构

① College T. AMEX files plan for holders' votes on classes of stock[N]. Wall Street Journal, 1991-06-13.
② Foremski. NYSE approves shareholder voting rights policy[N]. Dow Jones News Service, 1994-05-05.
③ 马一:《股权稀释过程中公司控制权:法律途径与边界——以双层股权结构和马云"中国合伙人制"为研究对象》,载《中外法学》2014 年第 3 期,第 718 页。
④ Gompers P A, Ishii J, Metrick I A. Extreme governance: An analysis of dual-class firms in the United States[J]. Review of Financial Studies, 2010(3): 1051-1088.
⑤ Kim H, Michaely R. Sticking around too long? Dynamics of the benefits of dual-class voting [EB/OL]. (2018-10-26) [2021-02-14]. https://www. bwl. uni-mannheim. de/media/Lehrstuehle/bwl/Area_Finance/Finance_Area_Seminar/HWS2018/Michaely_Paper.pdf.

IPO 的上市公司整体比例为 7.2％。① 同时,S&P 500 Index(标准普尔 500 指数)也印证了这个现象,2007 年 S&P 500 Index 中双层股权结构公司的比重仅为 5％,而在 2017 年,该比重迅速增长到 12％。② 调查显示,2010 年以后,美国采用双层股权结构 IPO 的公司比例在总体上呈现上升的趋势。据统计,2017 年前 9 个月,采用双层股权结构 IPO 的公司为 20 家,而同期美国的 IPO 公司总量为 112 家,占比 18％。而在 2010 年当年 170 家在美国交易所上市的公司中,采用双层股权结构上市的公司有 20 家,占比 12％。③

2004 年,谷歌采用双层股权结构在纳斯达克成功上市,成为互联网公司采用何种股权结构形式上市的分水岭事件。在谷歌上市之前,美国的互联网公司,比如微软(Microsoft)、网飞(Netflix)、苹果(Apple)、亚马逊(Amazon)均采用一股一权结构 IPO,而在 2004 年后,几乎所有的美国高科技公司均采用双层股权结构 IPO,比如脸书(Facebook)、高朋(Groupon)、领英(LinkedIn)、美国商户点评(Yelp)、辛加(Zynga)。

(五)现行美国双层股权结构公司上市规则

2009 年,美国证券交易所被纽交所并购后,美国的两大证券交易所有关双层股权结构制度的规定表现出一致性。纳斯达克市场上市规则(The NASDAQ Stock Market LLC Rules)和纽交所的《上市公司手册》(NYSE Listed Company Manual)分别在第 5640 条和第 313 条对双层股权结构制度作出规定,以下以纳斯达克市场上市规则为例。

第一,纳斯达克上市公司现有股东的表决权不得被公司以任何形式削弱或者剥夺,禁止的公司行为包括但不限于:分阶段表决权计划(time phased voting plans)、有上限的表决权计划(capped voting rights plans)、发行超级表决权股份(super voting rights)、通过转换要约(offer)发行表决权低于现有股份表决权的股份等方式削弱公司现有股东的表决权。

第二,纳斯达克以 Rule19c-4 构建的各项规则为基础制定有关双层股权结构制度的规制政策,但纳斯达克以资本市场的变化和自身发展的需要对

① Cremers M, Lauterbac B, Pajuste A. The life-cycle of dual class firms valuation[EB/OL]. (2018-12-05)[2021-02-15]. https://www. ecgi. global/sites/default/files/The%20Life-Cycle%20of%20Dual%20Class%20Firm%20Valuations-%20Paper. pdf.

② Winden A, Baker A. Dual-class index exclusion[J]. Virginia Law and Business Review, 2019 (2): 101-154.

③ CFA Institute. Dual-class shares: The good, the bad, and the ugly[EB/OL]. (2018-08-26) [2021-05-17]. https://www. cfainstitute. org/-/media/documents/survey/apac-dual-class-shares-survey-report. ashx.

规则的适用进行灵活把握。具体而言,纳斯达克允许企业符合 Rule19c-4 的措施和发行,也会评估和考虑不符合该原则的措施和发行。

第三,对于超级表决权股份的发行限制主要是针对发行新类别的股份。已采用双层股权结构上市的企业可以在符合相关规则的前提下增加发行新类型的股份。

由于快照公司(Snap Inc.)在 IPO 中发行无表决权股票引发机构投资者反对,富时罗素和标准普尔分别采取应对措施以保护投资者权益:富时罗素要求其给予投资者至少 5% 的表决权以避免投资者权利的过分剥夺;而标准普尔则宣布禁止双层股权结构。这意味着美国对双层股权结构制度开始施加限制。[①]

二、新加坡双层股权结构制度发展

(一)原则禁止、例外允许时期

曾作为英国殖民地的新加坡,其法律制度深受英国法影响,如其《公司法》长期以一股一权结构作为公司的默认股权结构。根据新加坡《公司法》第 64 条第 1 款的规定,公众公司(public company)发行的每一股份有且只有一票表决权。也就是说"一股一票"是公众公司股东行使表决权的强制性原则,立法禁止公众公司采用双层股权结构。而针对非公众公司(private company),2003 年《公司法》有条件地放开了"一股一票"原则,允许通过公司章程约定发行不同表决权股票。因此"一股一票"不是非公众公司股东行使表决权的强制性原则。在 2016 年修订之前,新加坡《公司法》规定:公司发行的每股股份应被赋予在公司股东大会上表决的权利,每股股份有且仅有一票表决权,除非该股份是报业公司根据《报业与印刷新闻业》发行的管理股份。[②] 上述规定通过立法禁止上市公司发行具有不同投票权的股份,进而限制公司建立双层股权结构。报业公司存在例外的原因在于大众传媒对国民思想观念的深刻影响,传媒企业的控制权稀释可能会对社会稳定性产生不利影响。因此,多数国家允许传媒企业发行不同类型的股份建立双层股权结构,高倍数的超级表决权股份由政府或者家族股东持有,普通表决权股份由公众投资者持有,从而在帮助企业获得多渠道融资的同时保持政

---

① 王文君:《IPO 双层股权结构平衡投资者保护与创始人自治的路径》,载《甘肃金融》2022 年第 2 期,第 19 页。

② The Singapore Companies Act, Section 64.

府对传媒企业的控制,并实现股权多元化与市场经营灵活性。如《纽约时报》控股股东苏兹伯格家族持有的 B 类股享有 10 倍于 A 类股的表决权,可以选举 70% 的董事,而 A 类股仅可以选举 30% 的董事。

因此,为了避免本国媒体被资本操控利用威胁到国家的稳定和安全,1974 年,新加坡在报业放开"一股一票"原则的限制,允许传媒企业发行不同表决权股份建立双层股权结构。① 新加坡《报业与印刷新闻业》(Newspaper and Printing Presses Act,NPPA)第 10 条对不同投票权股份作出了如下规定:①报业公司可以发行两类股份,即管理股和普通股。这两类股份除了在表决权层面存在差异外,在股息、红利、清算等获得剩余资产权利方面享有同等地位。②在 1975 年 1 月 1 日之后,每家报业公司应在实际可行的情况下尽快发行相当于其已发行和实收资本的 1‰ 或更多的管理股。③管理股持有人拥有的每一份管理股在有关任命或解雇董事等工作人员的任何决议中拥有 200 票的表决权,但在其他事项上仅有 1 票表决权。④管理股的流通受限制,不得在发行前向普通股东发售,在未获得部长批准的情况下不得买卖或以任何方式抵押。

(二)博弈阶段

新加坡《公司法》对"一股一票"原则的坚持在 2006 年出现松动,2006年财政部(Ministry of Finance,MOF)成立了审查《公司法》的指导委员会(Steering Committee,SC)。该指导委员会通过检视《公司法》并出具建议书以提高公司监管框架的效率和透明性,从而为企业在新加坡开展商业活动提供更为高效便利的监管环境,并使新加坡与国际资本市场的创新和发展同步,增强新交所的竞争力,保持新加坡作为国际金融中心的地位,吸引更多新经济公司上市。经过调查,该指导委员会于 2011 年 6 月出具咨询书,认为新加坡《公司法》第 64 条不符合当前公司多元化的治理需求,应当被废除。另外,部分被调查者表示在满足特定条件(比如投资者权益保护制度强化及双层股权结构风险能够得到有效控制等)的前提下,应该允许公众公司发行具有不同投票权的股份,建立双层股权结构。同时,该指导委员会提出新交所对于这类公司是否符合上市条件具有决定权,但建议发行人应

---

① 新加坡政府成立了新加坡报业控股集团公司(Singapore Press Holdings),新加坡本地主要的华文报纸大都隶属于该公司,同时引入双层股权结构发行具有不同表决权的股份,保证新闻媒体"政府控制、公众所有集团经营"的特点。

具备三类保障措施①以实现超级表决权制衡与投资者保护。

在这样的背景下,成立的指导委员会在 2007 年启动了新一轮的磋商 (the 2007 review)以审查新加坡《公司法》。该指导委员会在 2011 年 4 月提交了《公司法》修改草案议案,提出允许公司在章程许可并获得特定保障的情况下发行无投票权股份和多重投票权股份,旨在通过多样化股份发行有效实现公司在资本管理上的灵活性。随后,新加坡会计和企业发展局 (Accounting and Corporate Regulatory Authority,ACRA)和财政部于 2011 年 6 月 20 日起就新加坡《公司法》的修改草案进行公众咨询。其间,英国著名足球俱乐部曼彻斯特联队试图以双层股权结构谋求在新加坡上市被拒绝的事件加速了新加坡《公司法》对一股一权原则的放弃。当时,新交所出于增大治理风险与损害新加坡投资者治理声誉的考虑拒绝曼彻斯特联队上市,而后曼彻斯特联队转投纽交所上市,并募得 2.33 亿美元。该事件引发公众的广泛讨论,不少人质疑新交所是否因为较为严格的上市公司股权结构要求而错过吸引全球名企上市的机会。2014 年阿里巴巴在香港联交所上市受挫转投纽交所上市的事件再次引发人们对于新交所仅允许"一股一票"的公司上市导致错失大量优秀双层股权结构公司上市的追问。

(三)全面接受阶段

2012 年 10 月,新加坡财政部采纳了指导委员会的建议,财政部认为,实施该建议有利于新加坡法律与美国等发达国家接轨,并且关于双层股权结构的配套制度也与美国等发达国家具有一致性。同时,财政部要求引入特定保障措施,主要包括:①带有不同表决权的股份的发行必须经股东会特别决议批准;②每一类别股份所附表决权的信息必须在相应的会议召集通知中表明;③公司必须在其章程中规定不同类别股票的权利,明确划定不同类别的股份,以便股东了解任何特定类别股票的权利;④无表决权股份的持

---

① 三类保障措施具体包括:①当公司通过决议决定发行不同表决权股份(特别是超级表决权股)时,必须得到更高比例的股东同意,例如经过特别决议,而非普通决议;②持有无表决权股份的股东在公司破产及变更持有无表决权股份的股东的其他权利的决议中应拥有均等投票权[均等投票权是指当发行超级表决权股份时,英国公司法要求超级多数(四分之三),而发行无表决权股份时,只要求简单多数(二分之一)。而按照新加坡《公司法》规定,该特别决议须经三分之二以上持有表决权的股东同意。];③双层股权结构公司在召开股东大会对相关决议进行表决前,其会议通知应附有对各类股票是否有投票权及投票权倍数的解释信函。参见 Ministry of Finance. Reports of the Steering Committee for Review of the Companies Act Consultation Paper[EB/OL]. (2011-07-28)[2021-02-19]. https://www.mof.gov.sg/docs/default-source/default-document-library/news-and-publications/public-consultation/sc-rpt-preface-and-summary.pdf.

有人对于公司清算或者无表决权股份的权利变更等事项的决议享有平等的表决权。① 2013 年 5 月和 10 月,新加坡财政部会同会计与公司监管局就《公司(修订)条例(2013)》草案开展两轮公众咨询。2014 年 10 月,议会通过《公司(修订)条例草案》(第 25/2014 号),该修正案明确允许公众公司发行表决权受限的股份或者具有高倍数表决权的股份以建立双层股权结构。2014 年 10 月 8 日,新加坡议会通过了《公司法》修订的议案,其中关于公司股权结构的规定被修改为"公众公司的公司章程对不同类别股份的发行有规定,且规定每一类股份所附带的权利的前提下,公众公司的股份可以被赋予特殊、有限或附条件的表决权或不赋予表决权。但以上不同类别股份的发行需经过公司特别决议批准"②。以上条款的修订为双层股权制度在新加坡的实践提供了上位法法律支撑。

尽管新加坡《公司法》修正案为双层股权制度实践提供了合法性支撑,但该修正案关于双层股权制度在上市公司运用的态度仍较为谨慎。修正案规定将在证券交易所联合金融管理局就是否允许上市公司发行不同投票权股份的问题进行公开咨询后再作出最后决定。新交所上市咨询委员会在 2016 年 8 月 30 日向新交所提交报告,建议在制定一系列制衡机制③以平衡不同类型股东利益,特别是强化公众投资者利益保护的前提下,允许双层股权结构公司上市。

(四)现行双层股权结构规则

2018 年 6 月 26 日后,新交所对双层股权结构制度采全面开放的态度,有观点认为,新交所态度转变的主要诱因为香港联交所在当年 4 月修改《综合主板上市规则》以接纳双层股权结构公司上市,新交所为保持自身在国际资本市场上的竞争力而加速了对双层股权结构制度的接纳。

虽然新交所在制度层面放开了对双层股权结构制度的限制,但仍不断强调风险控制,并公布一系列约束条件及保障措施以实现不同类型股东间

---

① 高菲:《新加坡双层股权结构立法改革及其对中国的启示》,载《广西政法管理干部学院学报》2019 年第 2 期,第 31 页。
② The Singapore Companies Act, Section 64A.
③ 制衡机制具体包括:①申请上市的企业必须具备采用双层股权结构的强烈理由(compelling reason),而是否符合"强烈理由"可以由交易所以"个案判断"的方式进行;②只有新发行人可以采用双层股权结构;③当超级表决权的持有人(一般为创始人及其管理团队)转让超级表决权股,或不再担任公司管理层时,该超级表决权股应当转换为"一股一票"的普通股;④超级表决权股的表决权倍数不能超过普通股的 10 倍,规定超级表决权股票在特定条件下转换为普通股股份的"日落条款",以及选聘独立董事等人员的事项适用"一股一票"的投票规则;等等。

的利益平衡,具体包括以下几个方面。

第一,公司准入限制。仅允许新发行人以双层股权结构 IPO,禁止已在主板上市的公司发行新的具有不同投票权的股份或者通过股权重组等方式实现事后的双层股权结构制度。新交所有权从公司的商业模式、业绩记录、市值、发展前景、特别表决权股东为公司所作出的贡献等方面评判公司采取双层股权结构上市的可行性。

第二,表决权特殊规则。仅负有信义义务的董事有权持有公司 IPO 时发行的超级表决权股份,每一份超级表决权股份拥有最高 10 倍的表决权数量,且在公司上市后超级表决权股份数量的变更仅为单向度的降低,而且必须通过投票表决和新交所的许可。并且,即使公司增发股份,特别表决权股份比例不得上升,但允许被稀释而降低。允许特别表决权股东设置"特许持股集团",但该"特许持股集团"最少任命一名董事,如果该董事不再担任双层股权结构公司董事,那么集团就要重新提名任命一名新的董事,否则该"特许持股集团"的特别表决权将被转换。并且普通表决权股份的持有人拥有的表决权总数最低为 10%。

第三,加强表决程序(enhanced voting process)。新交所对需采用"一股一票"表决方式表决的特定事项作出规定,具体包括:公司章程或者其他组织文件的变更、审计师的任免和除名、任何股份类型的权利变更、公司的解散及退市等,从而增强普通股东在重要事项上的话语权。

第四,日落条款。采取双层股权结构的发行人必须规定自动转换条款,在发生以下特定事件后,特别表决权股将转换为普通表决权股:①特别投票权股出售或转让给任何人,在持有人是群体的情况下,该特别表决权股出售或转让给该群体以外的任何人;②新交所规定当特别表决权股东不再担任董事(无论因为死亡、丧失行为能力或者退休、辞职等),其持有的超级表决权股票将自动转换为普通股股票。

第五,公司治理的约束。新交所特别强化了双层股权结构公司董事会的独立性,要求董事会中的提名委员会、薪酬委员会、审计委员会的多数成员以及各委员会的会长必须为独立董事,从而加强独立董事对公司治理的监督。[①]

在双层股权结构制度在新交所得到广泛接受后,2019 年 1 月,《新加坡

---

① 夏雯雯:《新加坡上市公司双层股权结构限制性条款研究》,载《金融市场研究》2018 年第 11 期,第 126 页。

收购与合并准则》迅速修订以免除在特定情况下,双层股权结构公司在发生特别表决权股份转换为普通股份或者降低每股特别表决权股份导致公司的投票权总数减少的情况下股东的全面要约义务。以上特定情况包括:一是关联方股东独立于股份的转换或者表决权削减;二是自其知道转换或削减即将发生之日起,没有获得公司的任何额外投票权;三是从转换或缩减之日起,没有行使过超过《新加坡收购与合并准则》第 14.1 条规定的强制要约门槛的表决权。由此,实现了对收购法规下的股东平等待遇与双层股权结构制度下的股东差别待遇的调和。①

三、日本双层股权结构制度发展

双层股权结构制度在日本总体上经历了从萌芽到全面禁止,而后随着经济社会发展的需要逐渐放宽限制并有条件认可的曲折发展过程。早在1899 年日本制定商法之初,日本公司就在优先分红及分配剩余财产等方面开展种类股(又称优先股)的实践。20 世纪 50 年代之前,日本《公司法》明文规定公司有权就股份的表决权进行限制,但在此之后,该条款被删除,并规定若公司拟发行种类股,对种类股的权利内容及股份数量必须在公司章程中进行明确规定;否认仅在特定事项上享有表决权股份的合法性,以及若公司发行优先股或劣后股,该两种种类股的发行目的仅限于促进公司融资多样化,从而确立起一股一权公司股权结构的主流态度。②

2005 年日本修改《公司法》,通过国家立法的方式对股票类别的规定进行了一些根本性的改变,不仅扩充了种类股的内容及种类,而且放松了对种类股的限制,从而为双层股权结构制度提供合法性支持。日本《公司法》规定,股份公司有权发行具有不同权利内容的股份,这些股份可以就剩余资产分配、盈余红利分配、表决权等事项作出例外规定,但表决权受限或者无表

---

① You C, Tjio H. Reconciling the principle of equal treatment of shareholders with dual class share struct-ures in Singapore[EB/OL]. (2022-02-21)[2022-07-19]. https://www.law.ox.ac.uk/business-law-blog/blog/2022/02/reconciling-principle-equal-treatment-shareholders-dual-class-share.

② 平力群:《日本公司法修订及其对公司治理制度演化的影响——以种类股制度和股份回购制度为例》,载《日本学刊》2010 年第 5 期,第 79 页。

决权股份的数量应低于公司已发行股份总数的二分之一。① 日本公司法实践中,与表决权有关的类别股常和优先股组合在一起使用,典型的例子是盈余分配优先股往往是无表决权股。例如,伊藤园作为发行优先股且上市的唯一实例,发行附表决权复活条款的无表决权优先股且该优先股可以上市交易。② 日本《公司法》还就单元股制度③(unit share system)作出规定,允许股份公司在章程中规定,持有少于一个单元股的股东不得对其所持有的股份全部或部分行使权利④,由于构成一个单元股所需的股份数量属于公司自治的范围,若公司设置了较高的持股数量才能构成一个单元股,则持股比例或者持股数较低的普通股东的表决权可能会被剥夺,可见单元股制度设计在一定程度上能够实现双层股权结构制度的部分功能,也表明日本《公司法》实质上允许设立双层股权结构。

　　2008 年以前,东京证券交易所(Tokyo Stock Exchange,TSE)对双层股权结构公司上市持消极态度,因此日本的上市公司多采用一股一权结构。其中唯一的例外是国际石油开发帝石控股公司(INPEX Holdings Inc.),这家公司在 2004 年 11 月发行了一种由日本政府持有否决权的股份(即所谓的黄金股)从而开展双层股权结构制度的实践。⑤ 日本学者和监管者在《公司法》的修改、上市公司创始人日益增长的控制权集中需求与防范敌意收购需求的背景下,提出了有条件接纳双层股权结构公司上市的建议。随后,东京证券交易所进行了发行不同表决权股份的可行性及双层股权结构制度配套规则的讨论,并直接推动东京证券交易所修订上市规则以与理论和实践发展相呼应。2008 年 7 月,东京证券交易所公布修订后的《有价证券上市

① 日本《公司法》第 108 条规定了九种类别股,允许公司可以围绕九个种类的事项设计内容各异的股份。①盈余分配;②剩余财产分配;③可行使表决权的事项;④转让限制;⑤股东向公司请求回购股份;⑥以发生一定事由为条件,公司向股东请求赎回股份;⑦公司通过股东大会决议赎回全部股份;⑧股东大会、董事会等决议事项中,除一般决议外,还须经该类别股的类别股东大会决议;⑨由该类别股的类别股东大会选任董事、监事。不过,委员会设置公司或公开公司不能发行⑨的类别股。The Japanese Companies Act,Article 108.

② 关于伊藤园的优先股,参见葉玉匡美=高原逹弘『宮下央『上場種類株式の設計・発行に関する実務上の留意点』商事法務 1811 号 37 頁。

③ 单元股是指将一定数额的公司股份规定为一个单元,每一个单元仅有一份表决权,持有不满一个单元股的股东不享有表决权。日本法务省规定了每一单元中的股份必须同时满足两个条件:一是每一单元中的股份不得超过 1000 股;二是每一单元中的股份不得超过发行股份总数的二百分之一。

④ The Japanese Companies Act,Article 188.

⑤ 日本法务省和经济产业省发布的《防御指针》认为,否决权股超出了必要性和适当性的界限。随后东京证券交易所在其自主规制中规定,原则上不允许发行黄金股的公司上市。

规程》(Securities Listing Regulations),从而为拟采用双层股权结构上市的发行人提供具体规则指引。首先,对拟发行人采用双层股权结构制度 IPO 持肯定态度,但禁止上市公司以事后股权重组的方式建立双层股权结构,可见该上市规则对双层股权结构制度的态度有所放松。其次,就相关概念进行明确,"关于表决权的类别股份"被界定为没有表决权的股份、具有超过其他类别股票的表决权的股份,以及具有投票权的股份少于其他类别的股份。再次,申请上市公司采用双层股权结构的适当性将采用个案判断的方式由东京证券交易所具体考量。其中《有价证券上市规程》第 805 条规定,拟发行人若计划发行优先股的,证券交易所应就以下事项对发行人进行审查:一是盈利能力,申请 IPO 的发行人应有充足的利润财务记录以证明有能力支付该股份相关的股息红利;二是公司信息披露的适当性,拟发行人应以合适的方式披露公司信息;三是交易所从公众利益或保护投资者的角度认为有必要的其他事项。

东京证券交易所出于进一步平衡双层股权结构利弊的考虑,提出了以下对双层股权结构上市公司的具体要求:一是"打破规则"(breakthrough rule),若公司的要约收购方持有被收购公司的股份达到一定比例,则该公司的高表决权股份将转换为低表决权股份;二是日落条款,当高表决权股份被转让给第三方持有或者持有高表决权股份的自然人死亡时,高表决权股份将转换为低表决权股份;三是双层股权结构公司应制定内部规则以防范利益冲突,比如另行成立一个由外部董事组成的委员会,关联交易等涉及利益冲突的事项应获得该委员会的许可。①

2014 年,东京证券交易所迎来了首家以双层股权结构申请上市的公司——赛百达因(Cyberdyne)股份有限公司(以下简称赛百达因)。该公司由筑波大学的三阶吉行(Yoshiyuki Sankai)教授设立,主要从事外骨骼机器人制造。赛百达因的《招股说明书》披露,该公司建构双层股权结构的原因在于保证公司创始人三阶吉行教授的控制权,同时避免外骨骼机器人技术被错误地运用于军事及其他破坏性领域而违背公司的经营目的。赛百达因共发行两类股份,分别为 A 类股份和 B 类股份,采用股份单元的方式行使表决权。其中 100 股 A 类股份或 10 股 B 类股份构成一个股份单元,代表一票表决权。根据这种股权及表决方式安排,三阶吉行教授通过持有 41.7%

---

① Toshima K. Cyberdyne's dual-class IPO[J]. International Financial Law Review, 2014(12): 10-43.

的 B 类股份能够获得 87.7％的表决权。根据东京证券交易所的《关于上市审查等的指引》，当经济利益与控制权产生较大分离时，要求"当产生以极小出资比例控制公司的情形时，无表决权股或者少表决权股的结构是能够撤销的"，"该 IPO 上市申请发行的有关股份是少表决权股的，应当规定当多表决权股转让时转换为少表决权"。为满足东京证券交易所的双层股权结构公司上市审查标准，赛百达因在公司章程内部就 B 类股份持有者的权利行使限制及公司内部治理规范作出进一步规定：一是设置打破条款（breakthrough provision），即当外部要约收购者获得公司发行的股份比例达到 75％时，B 类股份全部转换为 A 类股份；二是设置日落条款（sunset provision），当三阶吉行教授不再担任公司高管、死亡或转让 B 类股份给非 B 类股份持有者时，其 B 类股份转换为 A 类股份；三是公司成立一个由外部董事和审计师组成的特别委员会，专门针对三阶吉行教授和筑波大学的交易进行合法性及合理性的审查；四是对于公司合并分立、并购重组等事项，A 类股份和 B 类股份应当分组表决，并享有平等表决权。但实际上三阶吉行教授已通过持有 41.7％的 B 类股份掌握了 87.7％的表决权，要求外部要约收购者获得公司发行的股份比例达到 75％的"打破条款"几乎是不可能实现的，除非三阶吉行教授自己出售、处分股份，或者自行同意触发日落条款等，否则就不可能触发 B 类股到 A 类股的转换。

2014 年 7 月，结合赛百达因上市审查的经验，东京证券交易所再次修改上市规则，进一步要求申请上市的双层股权结构公司不仅需要符合上市规则规定的客观性标准，还需要从普通股东利益出发证明设置双层股权结构制度的合理性。2014 年以后，日本采用更为包容的态度开展双层股权结构实践，并吸纳了更多双层股权结构的公司上市。

四、加拿大双层股权结构制度发展

加拿大《商业公司法》第 140 条规定："除非章程另有规定，公司每股股东在股东大会上享有一份表决权"，可见，加拿大公司法确立了"一股一票"的默认性股权结构，但允许公司章程及其他文件对该股权结构有所突破。①

同美国一样，加拿大最初也是根据公司的类型实行不同的表决权规则。直到 19 世纪 50 年代中期，大部分私人公司实行"一股一票"原则，后来才允

---

① 加拿大《商业公司法》第 6（1）（c）及 24（3）（4）条规定，公司可以在章程细则中规定多重类别股份，并列明赋予每个股份类别的权利、特权、限制及条件，每股股份可附带的票数并无限制。

许公司章程或法律对"一股一票"原则作出例外规定。例如,1874 年安大略省合股公司专利特许证法案规定,除非专利特许证或法律特别规定,否则股东按照持股数量进行投票。但加拿大双层股权结构迅速发展的原因并非源自证券交易所竞争的压力,员工持股计划及员工退休金计划和政府对外国投资者的限制是促使加拿大双层股权结构制度发展的主要助推力。20 世纪 40 年代起,大量公司开始发行无表决权股份以开展双层股权结构的实践,其中最具代表性的是 Molson 啤酒公司,该公司于 1949 年 12 月发行了 100 万份有表决权的 B 类股份和 100 万份无表决权的 A 类股份,从而建立起双层股权结构。20 世纪 60 年代,员工持股计划及员工退休金计划使双层股权结构制度再次被广泛应用,通过发行无表决权股份,将公司发展与员工利益绑定在一起,在保障公司员工能够获得更高退休金的同时避免公司控制权被稀释。根据安大略证券委员会(Ontario Securities Council, OSC)的报告,1953—1970 年,多伦多证券交易所(Toronto Stock Exchange, TSX)有 21 家上市公司发行了无表决权股。随着双层股权结构的广泛运用,1970 年加拿大安大略省的《商业公司法》(Ontario's Business Corporation Act)明确公司可发行两种类型的股份:普通股份(common shares)和特殊股份(special shares),特殊股份可以在权利优先①、权利限制②等方面作出特殊规定。同时,该法案第 28 条还规定,同种类别的股份权利相同。③ 1975 年,《加拿大商事法》(Canadian Business Corporation Act)规定:除非法律另有规定,否则公司所有类型股份表决权相同。④ 可见,以上两部法律均以单一股权结构作为公司的默认股权结构,确立起"一股一票"表决规则作为公司法的缺省性规则⑤,而发行不同投票权股份建立双层股权结构为公司股权结构配置的例外情形。除了联邦立法,各省的公司立法也重申了"一股一票"原则,但是公司章程可以规定不同类别的股份,

---

① 例如,在分红和剩余财产分配时享有优先权利的优先股。
② 例如,限制表决权股、无表决权股。
③ 1967 年,安大略省在起草《商业公司法》的过程中,公司法选择委员会作为立法咨询机构发布临时报告,质疑公司是否有权发行无表决权股。委员会收集到的反馈意见表明,市场不支持公司发行无表决权股。最终,委员会建议不允许公司发行无表决权股,因为这违背了公司法的基本原则,公司剩余索取权人(股东)应当掌握公司的最终控制权。但是,1970 年安大略省《商业公司法》拒绝了委员会的建议。参见高菲:《新经济公司双层股权结构法律制度研究》,法律出版社 2019 年版,第 75-77 页。
④ Ben-Ishai S, Puri P. Dual class shares in Canada:An historical analysis[J]. Dalhousie Law Journal,2006(29):125.
⑤ 缺省性规则是任意性规则的一种,也就是可由当事人排除适用的公司法规则。

其在权利优先、权利限制等方面存在区别。例如1981年,阿尔伯塔省《商业公司法》修改时,规定公司原则上只能发行一种类别的股份,每一股份应当拥有平等的权利,在公司任何会议上均享有平等的表决权,但公司章程可以规定不同类别的股份,它们在权利内容、行使条件等方面存在区别。1982年安大略省《公司法》也采取了此种类似的做法。

　　另外,政府对外国投资者的限制也推动了加拿大双层股权结构制度的发展。从20世纪初到20世纪50年代,外国投资者在加拿大的投资稳步增长,其中来自美国投资者的投资比重从1900年的13.6%上升到1950年的75.5%。并且外国投资者在加拿大工业及能源方面的重要地位引发公众对国家关键产业被外国投资者控制、威胁加拿大政治独立性的忧虑。20世纪60年代末70年代初,美国投资者收购加拿大企业的潮流进一步加剧了加拿大政府及公众对外国投资者全面控制加拿大的担忧,其中,格雷(Gray)在其研究成果中指出,政府应当建立审查机构以规制外国投资者在加拿大的投资。[1]

　　随后,加拿大联邦政府在1973年通过的《外国投资审查法案》中对格雷的建议进行回应,该法案设立了外国投资审查机构(Foreign Investment Review Agency,FIRA),并规定任何通过"非合格"(non-eligible)人员[2]获得加拿大企业的控制权、对新企业直接投资,或者现有的外国公司向新的领域或不相关的领域扩张的情况,均需经过严格的审查程序。为得到政府的许可,外国投资者须向外国投资审查机构提交申请,表明即将进行的交易将对加拿大产生重大利益。由于审查的标准主观性较强,外国投资者为降低审查结果的不确定性,往往选择将其自身持有的股份转换为无表决权股份,从而在建立双层股权结构的同时强化公司的"加拿大身份",并有效规避政府部门的审查。以Sulpetro公司为例,该公司引入双层股权结构制度的原因是保持"合格"人员的身份,通过将控制权股东的股份转换为无表决权股份,仅保留分红与清算的权利,从而将外国控制股东"加拿大化",以避免受到外国投资审查机构的审查。[3]

　　20世纪80年代后,关于双层股权结构制度可能会对经济发展及民主

---

① Gray H. Foreign Direct Investment in Canada[R]. Ottawa:Foreign Investment Division Office of Economics Department of Industry,Trade and Commerce,1972.
② "非合格"人员包括外国人以及由外国人控制的外国公司。
③ 高菲、周林彬:《上市公司双层股权结构:创新与监管》,载《中山大学学报(社会科学版)》2017年第3期,第48页。

制度产生负面影响的观点受到各监管部门的重视,这些观点认为,双层股权结构制度的固有缺陷与公司利益最大化及代理成本控制等公司核心价值相背离,因此应发布规范性文件规制双层股权结构制度。其中安大略证券委员会提出采用信息披露为导向的方案;而 TSX 采用新申请上市的双层股权结构公司必须包含强制性的"燕尾条款"(coat-tail provisions)的方案加强对双层股权结构公司的约束;自律组织投资人交易协会(IDA)也要求完全的信息披露。

1981 年 6 月,安大略证券委员会决定召开听证会商讨双层股权结构的监管问题。TSX 表示支持信息披露手段的同时,要求修改证券法中有关要约收购部分的条款以保护持有无表决权股份的股东。1981 年 11 月,安大略证券委员会公布新的规定,只要满足一定的信息披露以及持续信息公开的条件,发行限制表决权股就没有违反公共利益。魁北克、英属哥伦比亚地区等均制定了类似的规则。

安大略证券委员会主席戴伊(Dey)在 1984 年提出:当超级表决权股东明显损害普通股东利益时,安大略证券委员会应当进行干预。同时他还建议,证券监管部门不应仅仅强化双层股权结构公司的信息披露义务,还应当采取更积极的监管措施。随后,安大略证券委员会提出"合适的监管路径"应当增强投资者在公司治理中的话语权,并对投资者持有的股份设置最低标准以保证股东在公司被收购时能得到保护。[1] 因此,安大略证券委员会于同年公布了临时政策附加条款(1.3 条)征求意见稿[2],认为没有包含保证具有不同表决权股份面对要约收购条件时获得公平对待的"燕尾条款"将被视作违反法律。安大略证券委员会的这份征求意见稿收到了 46 份反馈意见,无论是支持者还是反对者均对上述意见提出批评,认为安大略证券委员会超越了其法定权限,对法律的修改必须征得立法部门的同意。因此,安大略证券委员会又举行了一次公开听证会。听证会后,安大略证券委员会删除了要求同等收购条件的"燕尾条款",仅保留了"少数中的多数"原则以及自愿性要约收购的监管要求,并重新回到信息披露导向的政策上。安大略

---

[1] Ben-Ishai S, Puri P. Dual class shares in Canada:An historical analysis[J]. Dalhousie Law Jorunal,2006(1):117-157.

[2] 安大略证券委员会认为:如果招股说明书中没有表明限制表决权股东和普通股股东享有公平的要约收购机会,那么公司将被禁止公开发行股份;如果发行人的资本结构即将发生重大变化,即将普通股转变为限制表决权股份,则需要获得少数股东中的多数同意,这也被称为"少数中的多数"原则;一旦向限制表决权股东作出自愿性收购要约后,公司应当遵守证券法有关要约收购部分的规定。

证券委员会认为,关于限制表决权股东的要约收购保护措施,是否实施"燕尾条款"最好留给私人协商决定。1984年12月21日,安大略证券委员会公布修订后的临时政策附加条款(1.3条),该条款规定:①表决权受限制股份持有人和该类股份的潜在购买者应被告知其持有的股份与发行人持有的超级表决权股份具有差异化的股份权利;②表决权受限制股份持有人和超级表决权股份持有人应同等地获得有关的公司信息资料;③表决权受限制股份持有人应被赋予在超级表决权股东召开的会议中发表意见的权利;④表决权受限制股份的发行以少数股东中的多数同意为前提条件。随后,加拿大其他省的证券监管委员会也以安大略省的监管政策为蓝本修订本省的监管制度以实现统一性。

虽然证券监管部门否决了强制性的"燕尾条款",TSX却在随后的加拿大轮胎公司要约收购案中提出了同等要约收购条件的要求。TSX的上市规则就不同投票权股份的发行制定了如下规定:允许次级表决权证券(subordinate voting securities)、受限制表决权证券(restricted voting securities)及无表决权证券(non-voting securities)上市。即公司可以发行表决权数低于同一公司所发行的另一股份类别的股份,也可以发行表决权受到若干限制的股份,还可以发行无表决权的股份。公司只有在满足向当前全体持有表决权股份的股东按持股比例发售的条件下,才能发行表决权高于已发行股份表决权倍数的股份(multiple voting securities)。该规定的目的是避免发行具有较高表决权的股份使现有股东拥有的表决权被削弱。

用以强化对表决权受限制股份持有人权益保护的"燕尾条款"成为拟采用双层股权结构制度在TSX上市发行人的必备条款。通过"燕尾条款"规则,能够有效防范超级表决权股东出售公司控制权以获得大量溢价,同时导致公司其他股东利益被剥削。1987年6月30日,TSX发布公告,将"燕尾条款"作为限制表决权股份上市交易的先决条件,任何人或者公司意图规避该条件将会受到惩罚。[1] 除此之外,其他不同类型股东利益平衡机制被提出,比如持有限制表决权股份的股东至少有权选举三分之一的董事、超级表决权倍数最高为4倍、创始人持有至少20%的股份等,以加强对公众投资者的保护。[2]

TSX现行《上市公司手册》第624条规定:①已上市公司通过股权重组

① 朱翔宇:《双层股权结构上市的潜在风险及其规制》,载《南方金融》2022年第3期,第78页。
② 高菲:《双层股权结构的国际经验及其对中国的启示》,载《中州大学学报》2018年第6期,第49页。

或者按比例分配有价证券发行表决权受限制的股份或者改变超级表决权股表决权倍数的，该项方案应当得到股东大会的少数批准（minority approval）①；②超级表决权股份的持有人限定于公司创始人、董事、高管及其他内部人；③双层股权结构公司上市时附着的"燕尾条款"应当符合 TSX 要求并得到交易所预先批准；④"存在限制表决权"应被特别标识。②

五、英国双层股权结构制度发展

与美国、加拿大不同，英国对双层股权结构的态度经历了从包容到严格监管的发展历程。1897 年，英国法院确立起了差异化设置股份的表决权、剩余资本请求权及分红权的合法性。法院通过判决确立公司可以通过修改公司章程以发行在分红权等权利上优先于公司已经发行股票权利的股票。③ 20 世纪 60 年代前中期，双层股权结构在英国上市公司中一度兴盛，但 20 世纪 60 年代中期后，机构投资者大量参与证券市场投资，因此对股东的合法权益保护制度及公司内部权力约束机制提出了更高要求。但机构投资者随后发现持有双层股权结构公司的股票无法保证他们对公司经营管理的参与，于是机构投资者逐渐减少对双层股权结构公司的投资，在市场压力及机构投资者的主动权影响下，英国的双层股权结构公司数量逐渐下降。④双层股权结构在 20 世纪 90 年代后再次得到广泛运用，同时政府也发布了一系列规则以加强对双层股权结构制度的监管。英国仅允许双层股权结构公司在伦敦证券交易所的部分板块上市。因为与美国的双层股权结构制度实施环境相比，英国资本市场的机构投资者具有超强实力，而他们强烈支持"一股一票"规则的适用，并且，《收购要约指令》中提出的突破性规则⑤被双层股权结构公司控制权股东视为对其不利的条款⑥，进而阻碍了公司控制

---

① 少数批准是指获得多数与该议案不具有利害关系股东的同意。

② TSX. TSX Company Manual: Part VI Changes in capital structure of listed issuers，（H）Restricted Securities，Sec. 624［EB/OL］.（2019-11-11）［2021-02-24］. https://decisia. lexum. com/tsx/m/en/454460/1/document. do.

③ 戴维斯、沃辛顿：《现代公司法原理》，罗培新、赵渊、胡改蓉译，法律出版社 2016 年版，第 848 页。

④ Ringe W G. Deviations from ownership-control proportionality-economic protectionism revisited ［EB/OL］.（2010-05-25）［2021-05-10］. https://papers. ssrn. com/sol3/papers. cfm? abstract_id =1789089.

⑤ 突破性规则的目的在于消除一些收购前的抗辩，具体内容包括：累计拥有 75% 股权的股东有权突破公司现有的表决权制度安排，并行使控制权，比如恢复"一股一票"的表决方式。

⑥ Faccio M，Lang L. The ultimate ownership of Western European corporations［J］. Journal of Financial Economics，2002(3)：365-395.

人采用双层股权结构制度治理公司。因为触发突破性规则会使已确立的双层股权结构被推翻或至少丧失其重要性。[①] 由于外部市场主体对一股一权结构的偏好以及公司创始人对控制权稳定的考虑，双层股权结构制度在英国的发展缓慢。

2010年，伦敦证券交易所的主板市场被分为高级板（premium tiers）和标准板（standard tiers），并分别采用高级上市（premium listing）标准和标准上市（standard listing）标准两套上市规则要求，其中高级上市标准要求发行人的信息披露程度必须符合超等同规则（super-equivalent rules）[②]，相较于标准上市标准要求较为严格，而标准上市则适用欧盟最低要求[③]，并且，无表决权股份正式被禁止在高级板上市交易。2014年后，英国上市管理署（United Kingdom Listing Authority，UKLA）对采用高级上市标准的公司制定了两项规则：一是禁止具有不同表决权的股份在高级板交易；二是要求已上市的双层股权结构公司将表决权受限的股份转移至标准板上市交易，从而加强对双层股权结构公司的监管。2017年英国金融行为监管局（FCA）发布讨论稿，考虑设立一个成熟的科技公司板块，并允许双层股权结构公司在该板块上市，从而提高英国资本市场的竞争力，并为科技公司长远发展提供空间。[④]

尽管英国对双层股权结构制度采取了开放的态度，部分市场乐观人士也提出以"遵守或解释"的路径实施双层股权结构，但双层股权结构仍很少被英国的上市公司所采用。仅有一家英国海淘电商公司（The Hut Group）在2010年后采用双层股权结构在标准板上市。该公司通过赋予创始人持有特殊股份的权利建立起反收购的机制，具体而言，该种股份使公司创始人在公司上市后三年掌握阻止公司被收购的权利。但双层股权结构制度并未在伦敦证券交易所的标准板得到广泛运用。有观点认为，造成标准板对双层股权结构发行人吸引力有限的原因主要有以下两点：一是标准板存在身份危机，它所要吸引的发行人的目标不明确，而且在上市标准较宽松的条件下，它与高级板的区别不大，而发行人与投资者多认为标准板劣于高级板，

[①] Huang F. Dual class shares around the top global financial centres[J]. Journal of Business Law，2017(2)：137-154.

[②] 超等同规则要求申请人能够证明自己是经营独立业务，提供三年业绩记录，有充足的营运资金及无保留意见的财务报表，从而给投资者更多信心。

[③] 巴曙松、巴晴：《双重股权架构的香港实践》，载《中国金融》2018年第11期，第76页。

[④] 王文君：《IPO双层股权结构平衡投资者保护与创始人自治的路径》，载《甘肃金融》2022年第2期，第19页。

因此发行人更倾向于在高级板上市。二是未在高级板上市的公司被排除在富时英国指数(富时 100 指数和富时 350 指数)之外,这也意味着发行人被排除在投资策略简单的被动投资者的投资范围之外,从而限制了股份流动性与股价上涨。出于鼓励采用双层股权结构的高成长性企业在英国本地上市的考虑,高级板为防范私人利益攫取的风险而采用"一股一票"上市规则的坚持开始逐渐动摇。2021 年 3 月 3 日,英国公布了英国上市审查(UK listing review)的总结性文件(hill review),并表明将逐步放松双层股权结构公司在伦敦证券交易所高级板上市的限制,适应全球主要交易所逐渐接纳双层股权结构公司上市的潮流。有关双层股权结构制度的讨论从是否应该允许发行人在高级板发行具有不同表决权的股票,发展至如何运用高级板充分实现双层股权结构的制度效用,从而促进英国的科技企业蓬勃发展。[①] 为防范双层股权结构公司表决权优势股东攫取私益的风险,该总结性文件提出应从以下几个方面限制特别表决权股东的权利以实现对风险的有效控制:一是特别表决权仅可用于确保特别表决权股份的持有人继续担任公司董事,以及阻止收购;二是双层股权结构制度的最长存续期间为五年;三是每股特别表决权股份的表决权倍数最高为普通股份表决权倍数的20 倍;四是特别表决权股份被转让、特别表决权股份持有人不再担任公司董事时,高倍数表决权的特别表决权股份转换为低倍数表决权的普通股份。但有学者认为,以上关于特别表决权股份的限制措施可能无法实现对双层股权结构制度风险的有效防范。因为特别表决权股份的最大投票比设置为20 倍使创始人只需持有 4.8% 的股权就可以保留多数表决权,这样的规则设计可能无法使创始人与公众股东的利益保持一致。并且期限为五年的时间日落条款,以及将特别表决权行使限制在阻止收购和创始人继续担任董事会成员的范围内,可能大大削弱了创始人采用双层股权结构以获得公司控制权的作用,影响其支配董事会的组成以及保持其在公司的主导作用的效用,进而阻碍发行人采用双层股权结构上市,可能无法实现提高伦敦证券交易所的高级板竞争力的目的。[②]

2021 年 12 月,FCA 确认伦敦证券交易所高级板接受双层股权结构制

---

① Reddy B V. Finding the British google: Relaxing the prohibition of dual-class stock from the premium-tier of the London Stock Exchange[J]. The Cambridge Law Journal, 2020(2): 315-348.

② Reddy B V. Up the hill and down again: Constraining dual-class stock and the UK listing review[J]. The Cambridge Law Journal, 2021(3): 515-551.

度,具体框架与英国上市审查的总结性文件相同。① 随着双层股权结构制度被广泛接受,2022 年 6 月 13 日,英国的机构投资者铁路养老金计划(Railpen)和美国非营利机构投资者委员会(Institutional Investor Committee,CII)发起反对双层股权结构的运动,他们认为缺乏期限型日落条款的双层股权结构可能导致长期投资者利用表决权优势操纵机构投资者,导致机构投资者的博弈能力被大大削弱。②

第四节　国内外双层股权结构制度分析

一、双层股权结构的适用条件与准入限制比较

由于双层股权结构制度具有降低公司治理效率、诱发控制权滥用以及投资者权益受侵害的潜在风险,而采用双层股权结构的上市公司更可能将该潜在风险放大,导致风险的涉众性,不利于证券市场稳定运行,因此,各法域和证券交易所均就双层股权结构公司的上市设置了严密的适用条件与准入门槛,严格设置双层股权结构公司的筛选标准,从而形成周密的事前防范制度安排。中国内地的双层股权结构公司上市需符合定量和定性两个方面的要求。其中《科创板上市规则》第 2.1.4 条③规定了双层股权结构上市公司的市值及财务指标的定量标准,要求采用双层股权结构上市的发行人需满足预计市值不低于人民币 100 亿元或者预计市值不低于人民币 50 亿元且最近一年营业收入不低于人民币 5 亿元的标准,从而保障双层股权结构公司的规模与成长能力,避免过小规模的双层股权结构公司以不正当的动

---

① FCA. Primary Market Effectiveness Review: Feedback and Final Changes to the Listing Rules [EB/OL]. (2021-12-01)[2023-04-27]. https://www.fca.org.uk/publication/policy/ps21-22. pdf.

② Wilkes T, Jessop S. Pension investors launch campaign against dual-class share structures[EB/OL]. (2022-06-13)[2022-07-19]. https://www.reuters.com/markets/funds/pension-investors-launch-campaign-against-dual-class-share-structures-2022-06-13/.

③ 《科创板上市规则》第 2.1.4 条:发行人具有表决权差异安排的,市值及财务指标应当至少符合下列标准中的一项:(一)预计市值不低于人民币 100 亿元;(二)预计市值不低于人民币 50 亿元且最近一年营业收入不低于人民币 5 亿元。发行人特别表决权股份的持有人资格、公司章程关于表决权差异安排的具体规定,应当符合本规则第四章第五节的规定。本规则所称表决权差异安排,是指发行人依照《公司法》第一百三十一条的规定,在一般规定的普通股份之外,发行拥有特别表决权的股份(以下简称特别表决权股份)。每一特别表决权股份拥有的表决权数量大于每一普通股份拥有的表决权数量,其他股东权利与普通股份相同。

机上市牟利,损害投资者权益。在双层股权结构公司的定性方面,《科创板上市规则》并未对双层股权结构公司作出特别规定,因此适用科创板上市公司的类型标准,即拟采用双层股权结构上市公司应是面向科技前沿、国家重大需求、符合国家战略、具有关键核心技术、市场认可度高、具有较强成长性的科技创新企业。香港联交所《综合主板上市规则》第 8A.06 条①就拟采用双层股权结构上市的发行人设置了定量标准,提供两套上市标准供发行人选择。在保证双层股权结构公司具有一定规模的同时,也为发行人上市提供便利。为进一步防范双层股权结构制度的潜在风险,香港联交所还规定拟发行人需要通过现金流测试以考察双层股权结构制度的合适性。在定性标准方面,香港联交所要求拟采用双层股权结构上市的公司为新发行人,且属于创新企业;具有高增长业务记录及能证明高增长轨迹预期可持续性;超级表决权股份受益人的技能、知识或者战略方针对公司业务发展具有实质性作用;超级表决权股东必须积极参与公司营运的行政事务,且是公司董事、公司上市前需得到至少一名资深投资者相当数额的第三方投资,且该等投资者于上市时仍未撤回投资、该等投资者在公司上市时的总投资额至少有 50% 要保留至 IPO 后 6 个月。② 相较于香港联交所,新交所对拟采用双层股权结构上市的公司设置的市值标准较低,仅为 3 亿新加坡元,但也将双层股权结构制度的适用严格限定在新发行人。并且新交所考虑拟采用双层股权结构上市的发行人是否为适格发行人的定性标准也仅在征询意见回复中进行列举,比如是否具有概念性的长期发展规划能够让该公司高速发展,公司的运营历史、经营业绩,拟任的特别表决权股东对公司经营的作用和贡献,特别表决权股东在公司治理中参与的积极程度。如果特别表决权股东是法人或者信托形式的团体,则需要考察该组织内部结构的适当性,考察是否有"日落条款"等投资者保护机制以及公司或者商业模式的其他特殊需要而采用双层股权结构。

二、监管理念与监管模式比较

从动态视角观察,越来越多的国家出于促进经济发展、提高国际竞争力

---

① HKEX Listing Rule 8A.06:新申请人寻求以不同投票权架构上市必须符合以下其中一项规定:(1)上市时市值至少为 400 亿港元;或(2)上市时市值至少为 100 亿港元及经审计的最近一个会计年度收益至少为 10 亿港元。

② HKEX. Guidance letter: suitability for listing with a WVR structure[EB/OL]. (2018-04-24) [2021-05-15]. https://en-rules.hkex.com.hk/sites/default/files/net_file_store/gl9318.pdf.

及保持国际金融中心地位等考虑,修改公司法以及交易所规则,放弃对仅允许单一股权结构公司上市原则的坚持,逐渐对拟采用双层股权结构上市的公司采取更为宽容的态度。部分法域从公司法修改角度切入,为公司建立双层股权结构提供上位法支持,并调整上市规则以吸引双层股权结构公司上市。但在双层股权结构下,超级表决权股东与普通股东在投票权方面的悬殊差距存在引发控制权滥用、监督机制失灵等的潜在风险,导致投资者权益受侵害的可能性增大。因此,各法域根据本地资本市场成熟度及投资者专业化程度采取不同的监管理念并制定了或宽松或严苛的双层股权结构配套制度。在双层股权结构制度的初始阶段,美国和加拿大均采用了"自由放任"的监管态度,随着双层股权结构制度逐渐发展,两地逐渐将监管政策向"适度监管"方向转变,目前,两地均采用底线监管模式。而新加坡和日本基于资本市场成熟度、投资者专业化程度等因素考虑采用全面监管模式。

　　各法域对双层股权结构监管态度的共同点是禁止在公司上市后通过股权重组的方式实现事后的双层股权结构。该监管理念的原理在于,拟上市公司在 IPO 时就设立双层股权结构,并向公众全面披露与双层股权结构制度相关的信息,能够让公众投资者在未购买股票成为公司股东前享有选择的机会,根据效率市场假说(efficient market hypothesis),市场价格机制会迅速响应公司采用双层股权结构的信息,并作出起伏变化。即假如市场认为特定公司采用双层股权结构将有助于公司长期发展或创始人特质愿景的实现,公司股票发行价格会上涨。反之,如果市场认为该公司不具有设置双层股权结构的必要性,公众认为特定公司的双层股权结构产生的消极影响大于该股权结构产生的积极影响,公司股票发行价格会相应下降,导致公司融资成本增加。因此,IPO 前的双层股权结构与公司创立者的利益紧密相连,创立者往往会认真权衡设立双层股权结构的积极影响和消极影响,以便建立更合理的股权结构。[①] 但是通过股权重组实现事后的双层股权结构背离股东平等原则。由于公司现有股东是基于对公司一股一权结构的认可购买股份成为公司股东,但若公司上市后,根据公司法规定,召开股东大会就公司股权结构作出变更决议,普通股东的合法权益极易遭受侵害。因为上市公司的股东往往持股分散且众多,并且股东间利益呈现异质化的发展趋势,导致在股东大会表决时不可避免地陷入集体行动困境。并且,在理性经

[①] 吴术豪:《双层股权结构:风险与法律监管》,载《东南大学学报(哲学社会科学版)》2020 年第 2 期,第 110 页。

济人及"理性冷漠"(rational apathy)思维的影响下,即使管理层提出的改变既有股权架构建立双层股权结构的议案将有损公司弱势股东的利益,他们也倾向于不作调查直接支持管理层的方案甚至直接放弃投票权利。[1] 并且,管理层提出的股权变更方案往往经过巧妙设计以更好利用弱势股东的集体行动困境,从而使弱势股东怠于反对对自身不利的股权架构转换议案。[2]

现行制度下,美国证券市场对双层股权结构公司持全面准入的态度,其倾向于认为公司设立双层股权结构是私法自治在公司法领域的具体体现,而表决规则的设计则是公司和股东贯彻私法自治原则的体现,因此股东应享有更大的自由。公司和股东可以根据各自的特质愿景追求和异质化的利益需求重新设计公司内部股权结构,法律对此应保留一定的自治空间。在公司治理规则层面,无论是美国律师协会起草的《示范公司法》(Model Business Corporation Act,MBCA)还是各州的公司立法,均明确双层股权结构的合法性。在上市规则层面,美国的三大证券交易所均在上市规则中为双层股权结构公司上市提供制度支持。同时基于资本市场成熟度较高的背景,美国的双层股权结构适用宽松的事前监管与严格的事后救济制度,主要包括多层次的信息披露制度、董事和控股股东的信义义务、自律监管机构的专业监督及交易所的原则性规定,比如严格禁止上市公司及管理层剥夺或限制现有的普通股东的权利,允许公司采用双层股权结构上市,但禁止发行人限制或剥夺现有股东在上市后的股东权益,从而形成事前防范制度。[3] 事中通过自律监管机构的专业监督强化对双层股权结构公司的规制,并以集团诉讼和胜诉酬金制度形成高效的事后救济机制。事前、事中、事后三大机制保障了投资者的事前知情权和事后追责权,增强了他们的博弈能力。美国证券市场宽松的准入规则辅之多层次的信息披露制度及影响广泛的集

---

① Bebchuk L A. Limiting contractual freedom in corporate law: The desirable constraints on charter amendments[J]. Harvard Law Review, 1989(8): 1820-1860.

② Gordon J. Ties that bond: Dual class common stock and the problem of shareholder choice[J]. California Law Review, 1988(1): 74-117.

③ 纽交所《上市公司手册》第 313 条(A 款):根据《交易所法》(Exchange Act)第 12 条登记的公开买卖普通股,其现有股东之投票权不得被任何公司行动或股份发行不公平地削弱或限制。该等公司行动或股份发行的例子包括(但不限于)采纳与持股时间长短挂钩的投票计划、采纳设有上限的投票权计划、发行附带超级投票权的股份,又或通过交换发售发行投票权少于现有普通股每股投票权的股份。纳斯达克市场上市规则第 5640 条:根据投票权规则,公司不得新增投票比率较现有证券类别高的证券类别,亦不得采取任何其他能限制或削弱现有证券类别的投票权的行动。

团诉讼制度能够有效预防公司高管实行自肥行为,并及时挽回投资者损失,与美国资本市场机构投资者占比高、博弈能力较强的投资者背景相契合。

与美国类似,加拿大也通过较为宽松的事前监管与严格的事后救济制度建立双层股权结构的约束框架。为减小双层股权结构制度的潜在风险与诉讼可能性,相较于美国,加拿大规则在信息披露和投资者保护方面要求更为严格。[①] TSX的《上市公司手册》规定,已上市的公司不得通过发行具有不同投票权股份损害现有股东利益的方式建立双层股权结构,并要求双层股权结构公司明确标明"存在限制表决权",为投资者提供警示,最为重要的是,通过"燕尾条款"实现对处于劣势表决地位的股东保护与限制超级表决权股东攫取私利行为。在事后救济方面,加拿大与美国类似,通过集团诉讼和胜诉酬金制度形成双层股权结构制度监管的最后防线。[②]

阿里巴巴转投纽交所上市以及大量独角兽企业因双层股权结构选择赴美上市的影响促使亚洲两大证券交易所(香港联交所和新交所)转变上市标准,放弃"一股一票"原则以吸纳更多高新企业在本地上市,保持自身的资本市场国际竞争力。但两者都存在散户占比高[③]、投资经验不足等内生性问题,投资者整体博弈能力不强,且缺乏双层股权结构公司上市的经验。据此两者采用全面监管模式,注重前端保护,重视对权利滥用的预防,而不是对权利滥用的矫治,因此就双层股权结构制度的适用加入诸多约束性条件以平衡投资者权益保护。在对双层股权结构的总体监管方向上,中国通过一系列定性或者定量标准限制双层股权结构适用范围及特别表决权的占比与倍数,并强化双层股权结构公司信息披露义务。其中,相较而言,香港联交所关于双层股权结构配套制度的规定更为细化,要求不同投票权发行人的股份名称结尾加上标记"W"为投资者提供警示[④],并要求公司成立完全由独立董事组成的治理委员会,由其每隔半年公布一次关于公司治理的报告

---

① Surjit T. Executive compensation disclosure and private control benefits: A comparison of US and Canadian dual class firms[J]. Journal of International Accounting, Auditing and Taxation, 2017(C): 32-51.

② Huang R H, Zhang W, Lee K. The (re)introduction of dual-class share structures in Hong Kong: A historical and comparative analysis[J]. Journal of Corporate Law Studies, 2020(1): 121-155.

③ 香港交易所《个人投资者调查 2014》的调查显示:36.4%的香港成年人口是散户投资者。https://www. hkex. com. hk/-/media/HKEX-Market/News/Research-Reports/HKEX-Surveys/Retail-Investor-Survey_2014/RIS2014.pdf? la=zh-HK, 5,访问于 2021 年 12 月 5 日。

④ HKEX Listing Rule 8A. 37.

等以平衡利弊①。在事后救济方面，一项关于是否引入集体诉讼的问询结果表明，中国香港目前的司法环境还不适合引入证券集体诉讼，因此中国香港主要采用不公平损害补救制度（unfair prejudice remedy）和衍生诉讼（derivative action）救济投资者的合法权益。前者是指公司经营决策导致公司股东的合法权益受损害的，权益受损的股东有权向法院提交书面文件，要求法院判令公司（包括注册地不在中国香港的上市公司）承担相应的责任；后者是指公司股东可代表公司向相应的过错方提起诉讼，以救济受侵害的权益。而中国内地则通过新建立的集团诉讼制度建构双层股权结构权力制衡体系。

相较香港联交所的《综合主板上市规则》与上交所《科创板上市规则》的规定，新交所《主板上市规则》的双层股权结构制度规定主观性更强。对于发行人拟采用双层股权结构上市的，仅设置符合主板上市条件的一般定量规则，并由新交所基于个案判断的方式决定申请上市发行人的适格性。针对超级表决权股东的权力制约机制主要集中于特殊信息披露义务和重要事项强化表决程序。与香港联交所类似，新交所也强调独立董事对公司治理的监督作用，并要求各关键治理委员会的会长为独立董事以避免董事会受超级表决权股东控制。但新交所规则缺失"时间日落条款"以及例外允许超级表决权继承的规定，恐怕难以有效实现对超级表决权股东的制衡。

日本主要采用事前防范的方式对双层股权结构制度进行约束。日本的双层股权结构规则相较新加坡的规则要求更为具体，与新加坡相同，日本仅允许符合一定条件的发行人采用双层股权结构上市而禁止以事后股权重组等方式构建双层股权结构。与其他证券交易所相比，东京证券交易所对公司是否有权发行不同投票权股份建立双层股权结构具有更多决定权，并采用结合客观的形式审查与主观性更强的个案审查方式综合判断双层股权结构公司上市资格以形成对控制权的约束体系。

通过比较美国、新加坡、日本、中国的监管实践，可以发现真正适合的监管举措都是从具体的市场实际情况出发，坚持监管强度与投资者博弈能力相互匹配。这一逻辑背后的理论根基包括私人秩序（private ordering）理论、投资者异质化理论、公司合同理论等②。私人秩序理论尊重不同公司和不同投资者之间的差异性，"期待每家公司都成为公司治理的实验室，来试

---

① HKEX Listing Rule 8A. 32.

② 郭雳、彭雨晨：《双层股权结构国际监管经验的反思与借鉴》，载《北京大学学报（哲学社会科学版）》2019 年第 2 期，第 138 页。

验不同的股东参与模式,并最终产生多种治理形式和实践"①。面对如今投资者异质化的现实需求,私人秩序理论认为,投资者与管理层等利益相关者通过自由博弈能够设置出满足投资者多样化需求的公司治理结构。但是此种假设建立在投资者拥有一定博弈能力的基础上。实践中,由于投资者与企业管理者信息不对称和能力不对称,其博弈很难达到理论预设效果,此时就必须借助监管者的介入干预,通过强制性规范为投资者赋能,增强其博弈能力。但是,强制性规范往往只是一种次优选项,因为它通常提供的是标准化的解决方案,对投资者的保护效果有限,无法满足异质化公司与股东的多样化需求。因此,公司治理层面的最佳监管策略应当将监管强度与投资者博弈能力相匹配,监管介入扮演辅助角色,随投资者博弈能力的强弱而发挥自己应有的作用。

三、双层股权结构重要规定比较

(一)表决权倍数

双层股权结构制度最本质、最根本的特征仍然在于其不同投票权,即超级表决权股份相较于普通股份的表决权倍数,不同法域就表决权倍数设定不同的最大倍数限制。中国和新加坡均规定特别表决权股份的表决权倍数最高为 10 倍,加拿大将超级表决权股份的最大表决权倍数设置为 4 倍。但部分国家,例如美国,对双层股权结构公司 B 类股份的表决权未施加任何限制。帝国房产信托公司(Empire State Realty Trust)B 类股份的表决权是 A 类股份的 50 倍;国际赛道公司(International Speedway)B 类股份的表决权是 A 类股份的五分之一;维萨(Visa)公司的 A 类股份每股具有一份表决权,而 B 类股份和 C 类股份仅在公司被兼并时享有表决权。

(二)双层股权结构的设置时限

无论是双层股权结构制度较为成熟的美国、加拿大还是双层股权结构实践经验有待积累的亚洲主要资本市场,都将双层股权结构的设置时限规定在公司 IPO 之前,禁止事后通过股权重组等方式建构双层股权结构。这样规定主要是出于保护普通股东的考虑,若上市公司的某些股东能够通过特别分红、交换要约、表决权转换等方式获得高倍数表决权,而其他股东通过持有股份获得的表决权维持不变,那么在本质上已经严重违反了股份平

---

① Smith D G, Wright M, Hintze M K. Private ordering with shareholder by laws[J]. Fordham Law Review, 2011(1): 125-170.

等原则,相当于其他股东的表决权被剥夺。

(三)"一股一票"表决事项范围

相较于美国和加拿大机构投资者占比较高、投资者专业化程度较高的资本市场环境,双层股权结构实施时间较短、经验有待积累、散户占比较高的亚洲资本市场同股同权表决的范围有所扩张。加拿大的"燕尾条款"规定,只有收购者以同等条件收购超级表决权股份和低级表决权股份,股份转让才具有效力,从而实现限制超级表决权股东转让股票获得大量溢价与表决权限制股份股东保护。中国、新加坡、日本均在上市规则等文件中就同股同权表决范围作出具体规定。上交所《科创板上市规则》第 4.5.10 条直接规定,在修改公司章程等特别决议事项中强制采用"一股一票"的表决方式。相较于美国和日本①的规则,《科创板上市规则》扩大了"一股一票"表决事项的范围以强化对普通股东的合法权益保护。但相较于香港联交所②和新交所③的规则,《科创板上市规则》中的第五项"公司合并、分立、解散或变更公司形式"为扩大的范围,但是却缺少了公司破产或者退市的事项。这些事项与公司股东利益紧密相连,排除"一股一票"表决规则的适用可能造成普通股东的权益无法得到全面维护。

(四)日落条款

美国和加拿大的双层股权结构制度规则关于日落条款并无明确规定,但上市公司可以根据自身经营战略在公司章程中设计与公司运营特殊性契合的日落条款范围以强化投资者保护,从而获得更多融资。上交所《科创板上市规则》、香港联交所《综合主板上市规则》、新交所《主板上市规则》及东京证券交易所《有价证券上市规程》均就超级表决权股份转换为普通股份的条件进行限定以防范双层股权结构制度风险并均衡不同类型股东间的利益。其中,各交易所均没有对期限型日落条款作出规定,各公司可以根据公司需求自行设置时间日落条款;而事件日落条款是各证券交易所规则和上市公司采用的主要类型。美国三大证券交易所的上市公司实践中的事件日

---

① 东京交易所要求公司章程规定,当要约收购者持有的股份超过一定数量时,公司超级表决权股转换为普通股;当超级表决权股满足被转让、其持有人原有身份丧失或死亡时,超级表决权股自动转换为普通股。

② 香港联交所规定,在章程修订、类别股相关权利变动、委任/罢免独立非执行董事、委聘/辞退审计师、清算等事项上,应当恢复同股同权表决。

③ 新交所规定,在修改章程等公司基础性文件、改变任何组别股票的权利、任免独立董事、任免审计人员、反向收购、主动解散上市公司、主动退市情形下,应当恢复同股同权表决。

落条款主要体现为死亡或不能履职型日落条款与转让型日落条款。香港联交所《综合主板上市规则》主要规定了股东资格型与转让型日落条款。其中股东资格型日落条款的触发条件包括股东离职、无能力等情形,而转让型日落条款的触发条件为特别表决权股份被转让给合法持有的自然人以外的人士,触发以上条件将导致特别表决权股份向普通股份转换。新交所《主板上市规则》与香港联交所《综合主板上市规则》规定的日落情形类似,但不会导致转让型日落条款的合法持有主体范围有所扩张,允许特许持股集团持有特别表决权股份,该集团成员间的股份转让不会触发日落条款。并且作为董事的特别表决权股东不再担任董事,若特许持股集团及时提名任命新董事,也不会触发日落条款。① 只有东京证券交易所《有价证券上市规程》就比例性日落条款作出相关规定。《科创板上市规则》主要以事件日落条款作为双层股权结构制度的退出机制,具体可以分解为四项日落情形②与两种日落后果③。综上所述,日落条款的设计模式应与资本市场成熟度与投资者博弈能力相契合,在市场成熟度较高的美国,市场自治与分权制衡的传统影响导致证券交易所未在上市规则中强制性要求双层股权结构公司设置日落条款。但来自机构投资者和市场自律机制的强大监督压力使多数上市公司主动设置了日落条款,以吸引外部投资者甚至机构投资者投资。散户占比较高、监管经验有待积累等因素导致新加坡、日本、中国采取了更为严格的监管态度,交易所在上市规则中要求拟上市的发行人在招股说明书中设置日落条款的规定,从而强化投资者权益保护措施。但关于日落条款的规定在严格程度上也存在一定差异。例如,东京证券交易所《有价证券上市规程》仅规定对上市公司日落条款的审查,而未在上市规则中强制规定日落条款的种类及内容④,而香港联交所《综合主板上市规则》除对日落条款作出

---

① 夏雯雯:《新加坡上市公司双层股权结构限制性条款研究》,载《金融市场研究》2018 年第 11 期,第 130 页。
② 四项日落情形具体表现如下,第一项日落情形包含两种情况:一是特别表决权股东丧失履行职责的能力、离任或者死亡;二是不再担任公司董事,且特别表决权股份数量低于公司已发行股份总数的 10%。第二项日落情形为特别表决权股份的实际持有人丧失了对该股东的实际控制权。第三项具体也包括两种日落情形;一是特别表决权股份持有人将特别表决权股份转让给第三人;二是将特别表决权股份的表决权被委托给第三人行使。第四项日落情形是公司控制权的变动。
③ 就两种日落后果而言,第一项、第二项、第三项规定的情形发生后,将发生特别表决权股份转换为普通股份的法律后果,并及时披露信息。第四项日落情形的法律后果是所有的特别表决权股份必须转换为普通股份,并且必须及时披露信息。
④ 陆宇建、黄卫华:《日本上市公司加权投票权制度及其对我国的启示》,载《现代日本经济》2020 年第 5 期,第 87 页。

详细规定外,还在上市规则中就董事的品格以及诚信作出了相应规定,其他证券交易所均未涉及此类事项。从各个交易所上市规则的演变历程,特别是上市资格与股东资格的持续性审查规则演变历程来看,双层股权结构制度中的日落条款实质上正在向定期审查机制的方向发展,围绕日落条款的双层股权结构退出机制正在逐步完善。

四、公司具体股权结构设计比较

随着科技创新领域公司的快速成长,双层股权结构受到互联网科技公司的广泛青睐,谷歌、脸书、京东、小米及优刻得均采用双层股权结构保证创始人的控制权稳定,避免创始股东的控制权因融资被稀释。不同公司根据各自经营运行特点制定了各具特点的特别表决权限制框架(见表 2-2)。

表 2-2   不同公司的特别表决权限制框架

公司名称	谷歌	脸书	京东	小米	优刻得
成立时间	1998 年	2004 年	1998 年	2010 年	2012 年
上市时间	2004 年	2012 年	2014 年	2018 年	2019 年
上市地点	纳斯达克	纳斯达克	纳斯达克	香港联交所	上交所
特别表决权倍数	10∶1	10∶1	20∶1	10∶1	5∶1
2019 年创始人持股比例/%	11.20	28.10	16.28	44.74	26.83
2019 年创始人表决权比重/%	51.00	58.00	80.00	85.70	64.71
2019 年营业收入/亿美元	1618.57	707.00	828.65	294.05	0.03

数据来源:各公司年报及招股说明书。

通过比较以上五家双层股权结构公司的数据,可以看出双层股权结构与互联网科技公司治理的特殊性相契合,有利于提高公司治理效率。同时,不同的监管态度与配套制度设计也直接影响双层股权结构公司的股权结构设计。

(一)谷歌的双层股权结构

2004 年,谷歌采用双层股权结构在纳斯达克上市,其《招股说明书》披露,该公司发行两种类型的股份,即 A 类股份和 B 类股份。其中,A 类股份每股具有 1 份表决权,B 类股份仅由首席执行官施密特(Schmidt)以及创始

人佩奇（Page）和布林（Brin）持有，每股具有 10 份表决权。通过拥有
86753907 股 B 类股份，谷歌的三名高管掌握了公司 66.2％的表决权，但以
上三人合计仅持有 31.3％的股份。[①] 基于所掌握的表决权，三名高管能够
对公司经营管理以及日常事务产生重大影响，他们通过行使高倍数表决权，
能够在股东大会关于董事会选举、公司并购、经营战略的调整以及公司资产
出售等事项的决议中产生重大影响。

在《给谷歌公司股东的手册》中，谷歌的联合创始人佩奇和布林写道，关
于公司双层股权结构制度的选择，创始人认为，谷歌选择双层股权结构旨在
保持公司股权结构的长期稳定，以保留谷歌独特的文化，并继续吸引和保留
作为谷歌生命之血的人才，从而贯彻谷歌上市时的经营理念，保持公司的创
新性，使公司不必牺牲长期的发展机会以满足季度市场预期。谷歌的工作
人员能够相信他们的辛勤工作、具有创造力的活动将得到一个专注于稳定
和长期发展公司的精心呵护。[②] 创始人布林还指出，一个运作良好的社会
应该有丰富的、自由的、不偏不倚的高质量信息，因此谷歌搜索引擎为搜索
者提供并整合世界上所有的信息是一项极其重要的任务，应该由一个值得
信赖和负有社会责任感的公司来运行，而双层股权结构有助于谷歌忠实履
行这项任务。[③]

在招股说明书中，谷歌对双层股权结构制度对普通股东可能产生的消
极影响及风险也进行了充分说明，创始人认为双层股权结构使其对公司的
决策和发展命运掌握更加集中的控制权，在谷歌 IPO 后，两位创始人将掌握
37.6％的表决权，而执行管理团队和董事作为一个团体将控制公司 61.4％
的表决权，公众投资者通过投资谷歌虽然具有充分分享谷歌长期经济前景
的可能性，但是几乎没有能力通过行使表决权影响谷歌的公司战略决策，但
是以上有关双层股权结构制度的风险提示丝毫不影响人们选择购买谷歌发
行的限制投票权或者无投票权股份。

---

① 谷歌招股说明书，https://www.sec.gov/Archives/edgar/data/1288776/000119312504143377/
d424b4.htm，访问于 2021 年 2 月 20 日。
② Letter from the founders-An Owner's manual for Google's shareholders[EB/OL]. (2004-04-29)
[2021-06-03]. https://www.sec.gov/Archives/edgar/data/1288776/000119312504073639/
ds1.htm.
③ Eechambadi K. The dual class voting structure, associated agency issues, and a path forward
[J]. New York University Journal of Law & Business, 2017(13): 504-534.

(二)阿里巴巴的类双层股权结构

阿里巴巴的"湖畔合伙人"制度属于非典型双层股权结构,与脸书不同,阿里巴巴并非从一开始融资时就与投资者签订协议以保持创始人控制权集中。在阿里巴巴上市前,创始人马云仅 7% 的持股比例和蔡崇信仅 3% 的持股比例无法实现对公司的有效控制。为保障创始人对公司控制权的稳定,阿里巴巴另辟蹊径,创设了类双层股权结构的"湖畔合伙人"制度,从而确保公司发展愿景、使命及价值观的稳定性。与传统双层股权结构公司发行不同类别股份建立双层股权结构制度不同,阿里巴巴在纽交所 IPO 时仅发行了单一类型的股份,但通过"湖畔合伙人"制度,董事的提名权实际上被掌控在公司合伙人手中,阿里巴巴合伙人能够有效掌控公司的经营与发展。阿里巴巴的《招股说明书》披露,二分之一以上董事会组成人员的提名权排他地被阿里巴巴合伙人拥有。若阿里巴巴合伙人提名的董事候选人未能在股东大会上以简单多数的方式通过,或现任董事离职,阿里巴巴合伙人有权任命另外人选进入董事会担任临时董事直至下一次股东大会。[①] 通过这样的制度设计,阿里巴巴合伙人实际上掌握公司董事的提名权,从而实现了掌握公司控制权的目的。虽然阿里巴巴对于其治理模式为双层股权结构持否认态度,但由于合伙人持有的股票享有董事提名权,而公众投资者并不享有,因此两类股票可以视为在人事任免方面的表决权存在差异,且合伙人持有的股票可以对公司的管理和控制产生决定性作用,因此公司在本质上仍属于双层股权结构公司。阿里巴巴的"湖畔合伙人"制度相较于谷歌放大创始人表决权倍数构建双层股权结构的制度设计,不仅更具合理性,也更能体现民主理念,因为通过"湖畔合伙人"制度的董事提名权优势获得对董事会的控制权,能够有效避免公司股东大会事项决策控制权过分地被特定主体掌控,从而降低公司外部股东的代理成本。如阿里巴巴所言,"湖畔合伙人"制度让管理层在作决策时更像是一个企业的主人而非一个代理人,从而能够有效提高公司决策理性。

(三)九号有限公司的双层股权结构

九号有限公司(以下简称九号公司)于 2020 年 10 月 29 日在上交所科创板上市,在成为首家在科创板发行中国存托凭证并上市的红筹企业的同

---

① 阿里巴巴招股说明书,https://www.sec.gov/Archives/edgar/data/1577552/0001193125 14347620/d709111d424b4.htm,访问于 2021 年 6 月 4 日。

时，也成为科创板第二家双层股权结构公司。① 九号公司的招股意向书披露，上市前的多轮融资使公司创始人的持股比例低于 50%，为保障创始人对公司的经营控制权，创始人与财务投资者协商，将公司的股权结构向双层股权结构转换。

九号公司发行普通股份和特别表决权股份两种类型的股份，其中特别表决权股份每股 5 票表决权，普通股份每股 1 票表决权。② 创始人高禄峰、王野分别持有 13.25% 和 15.40% 的 B 类普通股股份，合计控制公司 66.75% 的表决权，因此创始人能够在公司董事的提名和选举、经营管理等非"一股一票"表决事项上产生决定性影响，普通股份持有人即使反对议案，也可能因为持有的普通股份相对较低的表决权而无足够能力对股东大会的表决结果产生实质影响。九号公司规定的"一股一票"表决事项范围与《科创板上市规则》的有关规定相同，但要求经过出席会议的股东所持表决权的 85% 以上通过才能改变特别表决权股份享有的表决权数量，较《科创板上市规则》规定的三分之二以上多数通过更加严格，更为严格的通过比例规则在一定程度上对特别表决权股份的行使形成约束。关于日落条款的设置，九号公司在《科创板上市规则》第 4.5.3 条的基础上规定公司采用将股份变化情况登记在公司的股东名册上的方式提高信息披露的有效性，但并未就日落条款的类型进行扩张，公司章程中有关投资者保护制度的实效性仍待实践检验。

五、双层股权结构发展周期性规律

双层股权结构作为一种非典型股权结构吸引了各领域学者的研究，学者以经济学理论与数据分析为工具，对双层股权结构制度对公司治理影响的各方面开展实证研究，并验证了双层股权结构制度发展的周期性规律，为进一步优化双层股权结构制度及配套机制提供实证研究结论支持，具体研究结论如下。

(一)双层股权结构与公司发展规模

采用双层股权结构的公司多为高速发展的科技创新企业，这些企业通常具有持续性、大规模的融资需求，而创始人团队掌握公司控制权对实现特

---

① 《九号公司成功登陆科创板》，http://www.cs.com.cn/ssgs/gsxw/202010/t20201029_6106302.html，访问于 2021 年 6 月 4 日。

② 参见《九号有限公司公开发行存托凭证并在科创板上市招股意向书》。

质愿景、维护公司价值观至关重要。通过设立双层股权结构,创始人团队无须担心公司的多轮融资将稀释自身控制权,因此更倾向于通过融资扩大公司规模。有研究发现,美国证券市场的上市公司中,双层股权结构公司的平均资产规模更大、利润率及杠杆率较一股一权结构公司的数据更高。[①]

(二)双层股权结构存续期限与公司价值

双层股权结构对公司价值提升而言可能存在一定制度红利。有研究认为,双层股权结构公司的股价很可能在 IPO 时到达最高点,后期公司股价可能随着公司上市和企业日益成熟而不同程度地下降。这说明双层股权结构制度具有随着企业成熟,价值提升作用逐渐消失的趋势。另外一项采用经济附加值法分析双层股权结构制度对公司经营业绩影响的研究表明:在调查期间,尽管双层股权结构公司的五年平均经济增加值边际中位数高于一股一权结构公司,表明双层股权结构公司的利润率高于一股一权结构公司,但是双层股权结构公司的五年平均经济增加值动量中位数却低于一股一权结构公司,表明双层股权结构公司价值创造效率低于一股一权结构公司。[②]以上趋势说明双层股权结构制度本身产生的业绩优势可能在达到一定程度后消失。[③] 另外,一份以 1971—2015 年在美国上市的公司为样本的调查显示,年轻的双层股权结构公司(IPO 不满 12 年)的平均价值比一股一权的公司高 9%,但在成熟企业中,双层股权结构公司价值平均比一股一权的公司低 10%。[④] 由此可以看出,双层股权结构对处于上升期的朝阳企业尤其有效。但另一份研究得出了相异的结论,明晟(MSCI)发布的报告显示,双层

---

① Kim H,Michaely R. Sticking around too long? Dynamics of the benefits of dual-class voting〔EB/OL〕. (2018-10-26)〔2021-02-14〕. https://www. bwl. uni-mannheim. de/media/Lehrstuehle/bwl/Area_Finance/Finance_Area_Seminar/HWS2018/Michaely_Paper. pdf.

② 数据来源于 ISS Analytics,以 S&P 500 Index 记录的公司为例,双层股权结构公司的五年平均经济增加值边际中位数为 4.7%,一股一权结构公司的五年平均经济增加值边际中位数为 3.5%。双层股权结构公司的五年平均经济增加值动量中位数为 0.2%,而一股一权结构公司的五年平均 EVA 动量中位数为 0.6%。

③ Papadopoulos K. Institutional shareholder services Inc. ,Dual-class share:Governance risks and company performance〔EB/OL〕. (2019-06-28)〔2020-06-30〕. https://corpgov. law. harvard. edu/2019/06/28/dual-class-shares-governance-risks-and-company-performance/.

④ Kim H,Michaely R. Sticking around too long? Dynamics of the benefits of dual-class voting〔EB/OL〕. (2018-10-26)〔2021-02-14〕. https://www. bwl. uni-mannheim. de/media/Lehrstuehle/bwl/Area_Finance/Finance_Area_Seminar/HWS2018/Michaely Paper. pdf.

股权结构公司的年度总回报率高于市场平均水平①,说明投资双层股权结构公司可能比投资一股一权结构公司的年度回报率更高。有研究进一步分析了双层股权结构纯粹制度红利的存续期限,一项研究以 1980—2015 年美国上市公司为样本,统计发现在 IPO 后 6—9 年,双层股权结构公司较具有可比性的一股一权结构公司的估值优势逐渐丧失,说明双层股权结构带给公司业绩的正面效果会在 IPO 后 6—9 年逐渐衰退,甚至超级表决权股份的存在对股东财富具有 3% 的负面影响。②

(三)双层股权结构与代理成本

双层股权结构制度最为显著的问题即为代理成本问题,持有特别表决权股份的管理层可能在表决权比例稳定的前提下不断降低持股比例以谋求私利,普通股东为保证管理层勤勉管理公司需要支付高昂的代理成本。有研究发现,在公司 IPO 之后,双层股权结构公司中控制股东掌握的表决权比例与其占有的现金流权利比例差距不断扩大,从 IPO 一年后的 11% 增加到 IPO 五年之后的 26%。③ 这意味着拥有公司控制权的股东更可能以损害公司整体利益的方式攫取私利。除此之外,一项以 1994—2002 年设立的双层股权结构公司为研究对象的研究也验证了控制权股东实施机会主义行径的趋势。该研究表明,在双层股权结构公司中,随着控制权股东的表决权与经济性权利的背离程度加剧,公司持有的现金对外部投资者的价值下降,伴随管理层的报酬逐年上升,减损公司价值的收购活动增加,股东从公司资本性支出(capital expenditure)中获得的收益减少。④ 说明双层股权结构制度下,表决权与现金流的背离具有诱发特别表决权股东背弃信义义务的潜在可能,普通股东不可避免地需要承担代理成本以监督和保证管理层忠实勤勉履行职责。

(四)期限型日落条款与双层股权结构公司效益

虽然各交易所并未规定强制性期限型日落条款以避免双层股权结构的

① Cremers M,Lauterbac B,Pajuste A. The life-cycle of dual class firms valuation[EB/OL]. (2018-12-05)[2021-02-15]. https://www. ecgi. global/sites/default/files/The% 20Life-Cycle%20of%20Dual%20Class%20Firm%20Valuations-%20Paper. pdf.

② Ashton D C. Revisiting dual-class stock[J]. St. John's Law Review,1994(2):863-960.

③ Cremers M,Lauterbac B,Pajuste A. The life-cycle of dual class firms valuation[EB/OL]. (2018-12-05)[2021-02-15]. https://www. ecgi. global/sites/default/files/The% 20Life-Cycle%20of%20Dual%20Class%20Firm%20Valuations-%20Paper. pdf.

④ Masulis R W,Wang C,Xie F. Agency problems at dual-class companies[J]. The Journal of Finance,2009(4):1697-1727.

长期存续给公司发展造成的不利影响,但有研究证明,期限型日落条款的制度价值在短期内并不显著,但在双层股权结构的制度红利衰退后,该制度就显得尤为必要。SEC 开展的一项关于期限型日落条款对公司效益影响的调查研究显示:短期内,具有定期日落条款的双层股权结构公司与未设置定期日落条款的双层股权结构公司相比,在效益方面未表现出明显的区别,但是在公司上市七年后,具有定期日落条款的双层股权结构公司取得的收益明显高于没有采用定期日落条款的双层股权结构公司。

第三章　双层股权结构对公司治理的影响

随着双层股权结构制度被普遍接纳和广泛运用,有关双层股权结构制度的研究已从该制度的合法性转向如何充分发挥双层股权结构制度的积极效用并有效控制该股权结构给公司治理造成的潜在风险。本章主要从积极效用和潜在风险两个维度比较研判双层股权结构制度,以全景式展现双层股权结构制度对公司治理的影响。在双层股权结构制度的积极效用方面,由于科技创新企业多具有专业性较强的特点,且公司股东呈现异质化的趋向,特别表决权股东掌握表决权优势实现控制权集中能够有效满足股东异质化需求、保持创始人控制权稳定并为其提供特质愿景追求自由、降低被代理人成本并促进公司治理效率提升。但是双层股权结构制度将公司控制权固定在特别表决权股东手中也可能导致内部人掌控、创始股东利益输送、代理成本增加、控制权市场威慑作用减弱等问题。因此,双层股权结构制度的设计目标在于通过合理分配公司控制权,实现充分运用双层股权结构积极效用并显著控制双层股权结构制度的风险。

第一节　双层股权结构的积极效用

一、满足股东异质化需求

双层股权结构突破传统一股一权结构下股东同质化的假定前提,而采用表决权与剩余索取权等比例配置的股东权利配置模式,允许公司股东议价缔约,发挥股东自治对权利进行重新配置,满足新经济公司股东的异质化需求,与股东的多峰偏好相契合,在实现公司实质民主的同时促进公司治理效率提升并向帕累托最优状态靠近。相较于优先股股东仅在股份分红及公司清算方面享有优先权但无法在参与公司运营管理层面享有特别权利的安排,双层股权结构允许公司通过章程就股东的经济性权利与参与性权利作出差异性安排,在现代社会发展及金融衍生工具不断推陈出新的背景下,满足类别股东甚至同类别股东间多元化的流动性需求和偏好。双层股权结构与股东投资目标异质趋势相适应。根据投资目的不同,股份公司股东大致可以分为投资性股东、投机性股东和经营性股东。① 就投资性股东而言,他们关注公司的持续发展能力及内在价值,并通过挖掘高成长性公司进行长线投资,凭借公司实际业绩增长获得长期稳定的回报。以基金等典型的机构投资者为例,这类投资者往往具有一定专业能力,能够参与公司决策,并且倾向于长期持股,从而获得公司中长期成长带来的股价上涨回报以及公司发放的现金股利收益。但是,这类机构投资者也面临月度、季度等绩效考核的要求,不可避免地导致其投资目标短视化,倾向于公司选择多分红、减少长期投资的战略选项,这种选择不利于公司的长期发展。即使在机构投资者内部,不同类型的机构投资者在投资策略及投资目标方面也表现出不同的品位。就投机性股东而言,他们主要是散户和部分大户,持股量小且持股期限较短,他们以获得高额投资回报为目标,因此相较于参与公司日常经营活动,他们更关心公司股价上涨所产生的经济收益。以股票市场上的散户为例,他们往往利用资本市场股价快速波动的特点进行短线交易频繁购进卖出股票博取差价获得投资收益。他们普遍缺乏足够专业能力参与公司运营,因此怠于行使表决权对公司决策施加影响。就经营性股东而言,他们往往是公司的创始投资者,持股量多且持股期限较长,相较于短期内获得经济回报,他们更重视获得公司控制权利益,甚至愿意牺牲部分现金收益以掌控公司经营从而实现特质愿景。大量企业家为实现这一偏好,通过持有大量股份、采取一致行动人协议或者与其他公司交叉持股等形式实现控制权集中。双层股权结构与股东利益异质化的趋势相契合。在双层股权结构下,公司可以将机构投资者、中小投资者及创始人投资者各异的利益偏好与公司融资需求相结合,非比例配置股份权利。在保持股份的经济性权利稳定的前提下,限制或者提高股份的参与性权利,其中最为常见的为表决权,从而实现股权的非比例安排。股份表决权的差异化构造使公司建构起双层股权结构,甚至多重股权结构。为实现利益平衡,实际上每份股份所承载的经济性权利与参与性权利都呈现出此消彼长的格局。随着股份持有的表决权增加或减少,该股份相应的剩余索取权也将减少或增加。一项以1995—2002年双层股权结构公司的发展情况为研究对象的报告也印证了这一现象:双层股权结构公司向股东分派的股息与单一股权结构公司相比,更为丰

---

① 蒋学跃:《公司双重股权结构问题研究》,载《证券法苑》2014年第4期,第35页。

厚,条件也更为优越。① 对于更重视经济收益的投机性股东和投资性股东,他们通过让渡表决权获得更高股息特权、非股利、最高股息、累积股息等经济性权利,因此,表决权受限制的股份同时具有强式经济性权利和弱式参与性权利的特点。双层股权结构不仅可以满足其他类型股东对经济性权利的偏好,也能够满足经营性股东对掌握公司控制权的需求。在金融创新的背景下,金融衍生工具的迅速发展可能导致股东利益与公司利益产生偏移,也对冲了与表决权相对应的剩余利益索取权。比如,部分股东能够进行"空头投票"参与公司运营,即他们在投票时并不像其他股东那样拥有相同的财务利益。具体而言,这部分股东在购买公司的股票的同时"做空"该公司的股票。股票价格的下跌同时伴随着衍生品价值的上升。通过这样的行为,尽管"做空"头寸将使股票价格下跌,但股票仍有其剩余价值,如果空头头寸足够强大,则这部分股东实际上将被鼓励采取违背公司利益的行动,以引发股价下跌。在这部分股东的利益与公司的整体利益呈现如此错综复杂关系的情况下,仍然允许这部分股东行使表决权,很可能导致这些股东的利益追求与其他公司股东的利益追求相冲突。② 而在双层股权结构下,股份的经济性权利与参与性权利相分离并重新配置,仅由经营性股东享有公司控制权,通过集中控制权能够有效削弱在公司中经济利益为负值股东的表决权,从而遏制部分股东通过金融衍生工具实施"隧道挖掘"行为从而实现价值转移的目的。除此之外,双层股权结构也显著降低了股东利益偏好满足的成本。首先,特别表决权股份的高倍数表决权使经营性股东不必通过持有大量股票,或通过高成本的债务融资以实现对公司的控制,从而有效减轻经营性股东为实现控制权集中造成的资金流压力,同时也避免了大量持有股份产生的风险和成本。其次,普通股份受限制的表决权直接降低其发行价格,因此投机性股东及投资性股东可以以更低的成本购入股份,满足其经济性权利偏好,从而向帕累托最优状态靠近。双层股权结构与股东能力异质现象相适应,并为解决公司治理低效率提供新思路。股东间的利益异质直接导致股东在公司治理参与能力上的不同,在一股一权结构公司中,大量投机性股东参与公司决策的主动性及能力不强而怠于行使表决权,而经营性股东可能由于高昂的控制权集中成本而无法获得充足的表决权,导致公司内部股

---

① Jordan B D, Liu M H, Wu Q. Corporate payout policy in dual-class firms[J]. Journal of Corporate Finance, 2014(C): 1-19.

② Hayden G M. The false promise of one person, one vote[J]. Michigan Law Review, 2003(2): 213-267.

份权利配置呈现低效率的特征。而双层股权结构下,表决权与剩余索取权重新配置,不同类型股东根据自身偏好各取所需,特别表决权为需要控制权的经营性股东提供高效的控制权获取路径,减少资源错配的同时缓解公司治理中的集体行动和理性冷漠问题,从而充分发挥创始人才能,提升公司治理效率。不同类型股东及同类型股东间的多峰偏好导致以个体单峰偏好[1]假定为前提,避免"阿罗悖论"[2]的简单多数票规则在现代公司治理中失灵。而双层股权结构公司基于公司自治与契约自由理念,以股东偏好方向及偏好程度上的多层次差异为依据,对经济性权利与参与性权利的权利比例及权利维度进行差别化设计,以契合现代公司股东的异质化趋势。

二、保持创始人控制权稳定

双层股权结构制度下,创始人拥有特别表决权形成对公司的绝对控制,一方面使股权稀释风险与保持创始人控制权要求之间的关系形成"钢丝上的平衡";另一方面构筑起某种反收购的安全港,有效避免公司受到敌意收购的侵扰。

在一股一权结构制度下,公司通过不断融资扩大规模的同时也容易导致公司创始人的控制权被稀释,于是公司创始人陷入资金和控制权不可兼得的两难局面。科创公司的高成长特性使这类公司的发展壮大需要多轮新的资本注入以支持公司继续前进,一般而言,具有发展前景的公司在上市前就已经经历了多轮融资,创始人的股权已经被稀释到了一定程度,IPO能为公司带来大量资金流入,但这也意味着进一步稀释创始人或者大股东的股权,可能导致控制权被动摇,甚至可能导致控制权旁落。以阿里巴巴为例,该公司在上市前经过多轮融资,公司创始人马云、蔡崇信等的股权已分别降至7%和3%[3],无法掌握对公司的控制权。因此,尽管通过公开发行获得外

---

① 布莱克(Black)在其1958年出版的《委员会与选举理论》(*The Theory of Committees and Elections*)一书中提出了个体单峰偏好理论(single-peaked preference theory)。布莱克认为,如果假设各个选民的偏好都是单峰偏好,简单多数票规则一定可以产生出唯一的均衡解,那么最终投票的结果就可以避免"阿罗悖论",社会成员个人的偏好之和可以得出确定的、可递归的社会总体偏好。公司内部治理结构安排同理,在股东"同质化"假定下,简单多数票规则可以避免"阿罗悖论"。

② 公共选择学派的著名代表人物阿罗(Arrow)提出了"阿罗悖论"(arrow paradox),也称"阿罗不可能定理",是指在每个社会成员对一切可能的社会经济结构都各有其特定的偏好"序列"的情况下,要找出一个在逻辑上不与个人偏好序列相矛盾的全社会的偏好序列是不可能的。

③ 马一:《股权稀释过程中公司控制权保持:法律途径与边界——以双层股权结构和马云"中国合伙人制"为研究对象》,载《中外法学》2014年第3期,第725页。

部融资对成长性公司具有较大诱惑力,但是多数创始人出于保持控制权的考虑,只有在其可以获得某些免于失去控制权的保障时才愿意公开融资。如果创始人能够预见自身控制权的丧失,他们往往会寻求其他次优融资方案,比如高成本的债权融资以扩大公司规模。而在双层股权结构下,公司创始人通过持有高倍数表决权的特别表决权股份,形成绝对表决权优势地位并成为公司控制人,公众投资者只能通过股票市场购买低表决权甚至无表决权的股份,因此,公司在获得持续融资的同时避免了创始人控制权被稀释。

在股权分散的一股一权结构上市公司中,众多投机性股东持股数量较少且持股分散,他们出于理性经济人考虑怠于行使股东权利,因此公司管理层在很大程度上掌握了公司控制权,管理层与其他股东之间的关系呈现出委托代理关系的特点。基于委托代理关系的特性,管理层控制权的享有并非固有权利,在一定条件下可以被解除。例如,当股东认为管理层怠于履行职责时,可以随时通过资本多数决替换管理层,公司控制人的控制权具有不确定性。但是,在双层股权结构公司,公司创始人为保障自身控制权稳定,往往会在公司上市前通过股东大会决议等方式修订章程,并在章程中明确自己为特别表决权股东。由于《公司法》关于章程修改的规定在实践中程序较为烦琐,普通股东通过行使表决权修改公司章程进而剥夺特别表决权股东的特别表决权在实施上存在困难,因此,创始人及核心管理团队通过拥有特别表决权掌握表决权优势形成稳定的控制权,即使经过大量融资也能有效避免因股权过度稀释而被驱逐,以章程为盾牌的双层股权结构公司创始人及核心管理团队的控制权具有高度稳定性和独立性。①

双层股权结构不仅是一种能保证创始人在公司获得外部融资时不失去控制权的工具,更具有保护创始人特质愿景追求、打消潜在收购者短线干扰企图的功能。在一股一权结构下,管理层的控制权缺乏稳定性,来自资本市场的收购威胁可能导致管理层浪费人力资本及公司资源用于稳固控制权而非更有效地经营公司,进而造成"管理者短视"(公司管理者关注排除潜在收购者的短期目标)问题。而在双层股权结构下,创始人及核心团队对控制权的锁定能够有效削弱公司的控制权流动性。控制权集中使股东在面对敌意

---

① 汪青松、李仙梅:《差异化股权结构的控制权强化及约束机制——以科创板相关制度设计为视角》,载《南方金融》2020 年第 8 期,第 40 页。

收购①时握有谈判筹码,克服中小股东的"搭便车"心理。随着议价能力的增强和收购成本的增加,创始人可以专注于实现公司发展目标,而不是对资本市场敌意收购而导致自身的控制权被架空问题时刻保持警惕。② 此外,即使收购无法避免,公司管理层也能够凭借集中的控制权主动与收购者议价,从而使公司股东获得更高的控制权转让溢价,避免公司管理层因预见控制权被剥夺而实施关联交易攫取公司资产或者故意实施控制权转移,将公司让与给意图冻结中小股东利益的掠夺者以获得非法收益。在 2007 年的新闻集团(News Corps)收购道琼斯集团(Dow Jones)案中,班克罗夫特(Bancroft)家族和巴伦(Barron)的继承人通过拥有每股表决权为 10 票的 B 类股份掌握了道琼斯集团 64% 的表决权,新闻集团在收购过程中遇到了较大的障碍。为了促进收购,新闻集团的所有人默多克与多位班克罗夫特家族成员进行了谈判,最后班克罗夫特家族的某些成员以及为自己的利益而信托的受托人在共同拥有道琼斯约 37% 的有表决权股份的条件下,新闻集团以约 56 亿美元的价格收购了道琼斯。③

三、为创始人提供特质愿景追求自由

双层股权结构制度维护创始人控制权稳定并为其提供特质愿景追求自由,管理层在替代威胁弱化的情况下,能够根据公司和行业特殊性制定与公司发展需求相契合的经营战略,提升公司的治理效率。科技公司"轻资产、重人力资本"的发展特点使公司创始人及核心团队的人力资本价值日益彰显,公司成败与企业家能否充分实现经营理念从而获取高于市场水平的回报紧密相连。④ 但是特质愿景往往需要长期运营方能实现,这种无法被外界观察或者验证的特点可能导致外部投资者与创始人的意见产生分歧,外

---

① 以"宝万之争"(也称万科股权之争)为例,这是 A 股市场历史上规模最大的一场公司并购与反收购攻防战。2015 年 7 月起,宝能系开始从二级市场疯狂收购万科股份,并于当年 12 月成为最大股东。对此万科管理层公开表示不欢迎收购并组织反击,采取了如寻求华润帮助、引入深圳地铁进行重组等方式。随后,宝能系提出罢免王石等管理层,遭到董事会否定。2016 年 8 月,恒大地产异军突起收购万科近 5% 的股份。至此,万科股权之争愈演愈烈,陷入宝能、华润、万科及恒大等多方混战的局面。

② 朱慈蕴、神作裕之、谢段磊:《差异化表决制度的引入与控制权约束机制的创新——以中日差异化表决权实践为视角》,载《清华法学》2019 年第 2 期,第 10 页。

③ Jones D. News corp ink merger agreement[EB/OL]. (2013-06-14)[2021-06-04]. https://www. business-standard. com/article/press-releases/dow-jones-news-corp-ink-merger-agreement-107080101035_1. html.

④ Goshen Z, Hamdani A. Corporate control and idiosyncratic vision[J]. Yale Law Journal, 2016 (3): 560-795.

部投资者在短视主义和行动主义的影响下，更倾向于以牺牲长期发展红利为代价实施短期利益最大化发展战略。① 以激进的对冲基金为例，他们主要采用"肇事逃逸"(hit-and-run)的投资战略。当主动型对冲基金经理认为公司具有巨大的增长潜力时，会通过代理权争夺战获得对公司的掌控，强迫管理层以减少物质资本长期投资(比如工厂和设备、市场扩张以及科学研究与试验发展方面的投资)为代价实施能够短期提高公司股价的战略，进而实现快速盈利并退出公司。② 管理层在对冲基金的干预下，经营决策可能偏离预先设计的长远发展方向。③ 公司创始人出于上市后可能会控制权旁落而无法继续实施特质愿景的考虑不愿上市。换言之，部分科技创新企业的创始人可能以牺牲公司快速发展为代价，减少外部资本注入以保障控制权。④ 而双层股权结构制度以公司章程的形式确认创始人及核心团队的卓越才能及远大愿景，并赋予他们表决权倍数较高但流动性较弱的特别表决权股份，从而创始人无须过度迎合股东积极主义和对冲基金积极主义的需求以确保职位稳定。他们为实现特质愿景，并在远期收益的期待利益激励下，按照既定的公司发展方略投入高度匹配的资金、人力资本以掌握专属于该公司的核心技术，提高公司的经营灵活度(corporate agility)以适应市场环境变化⑤，优化公司治理结构，提升公司治理效率⑥。实证研究也表明，双层股权结构公司的短期市场压力和科学研究与试验发展方面的投资强度呈负相关的趋势，这意味着双层股权结构公司的管理层在对冲基金积极主义影响下被逐出公司的风险减小后，更有动力加大对科学研究与试验发展方面的投资和人力资本投入以实现公司长远发展，促进特质愿景实现。⑦

① Coffee J C, Palia D. The wolf at the door: The impact of hedge fund activism on corporate governance[J]. Annals of Corporate Governance, 2016(3): 104-148.

② Ahn A, Wiersema M. Activist hedge funds: Beware the new titans[J]. Academy of Management Perspectives, 2021(1): 96-122.

③ Bebchuk L A, Cohen A, Hirst S. The agency problems of institutional investors[J]. Journal of Economic Perspectives, 2017(3): 89-112.

④ Wasserman N. The founder's dilemma[J]. Harvard Business Review, 2008(2): 102-138.

⑤ Lehn K. Corporate governance and corporate agility[J]. Journal of Corporate Finance, 2021 (1): 65-72.

⑥ McKinnon C C. Dual-class capital structures: A legal, theoretical & empirical buy-side analysis [J]. Michigan Business & Entrepreneurial Law Review, 2015(1): 81-97.

⑦ Jordan B D, Kim S, Liu M H. Growth opportunities, short-term market pressure, and dual-class share structure[J]. Journal of Corporate Finance, 2016(C): 304-328.

四、降低被代理人成本

特别表决权股份设计将公司治理政策决定权集中于董事会,强化董事的有责性,实现向"董事会中心主义"的跃迁,从而有效降低被代理人成本,提升公司治理效率。在被代理人成本理论下,公司控制权的分配呈现零和结果,公司创始人及核心团队作为管理者行使权利产生的代理成本与外部股东行使权利产生的被代理人成本互为替代,管理者控制权集中导致外部股东控制权削弱,同时伴随代理成本提高与被代理人成本降低。[1] 过度强化科创公司外部股东对公司的控制权可能产生高昂的能力成本与冲突成本。人力资本在科创公司发挥日益重要的作用,以经营战略、经营理念、知识产权为表征的特质愿景形成创始人及核心团队对特定行业的黄金触觉,公司发展的人身依附性越发明显。而外部股东往往是投机性股东或者投资性股东,专业化程度较低并且处于信息获取劣势,投资目标异质化的外部股东受认知短视的影响没有动力,也无法胜任公司的日常经营管理,进而产生被代理人能力成本。并且,现代公司外部股东持股分散的特点使外部股东行使权利时可能遇到集体行动与理性冷漠问题,他们出于短期盈利的目的,往往希望公司在短期内实现利益最大化,而公司管理层出于特质愿景追求,倾向于专注公司长期发展,故在股东间形成利益冲突,管理层在市场短视主义压迫下可能会选择一条不利于远期目标实现的发展道路,故产生被代理人冲突成本。因此,委托创始人及核心管理层管理公司治理成为降低被代理人能力成本、提升公司治理效率的有效途径。而双层股权结构安排通过私人秩序安排,允许公司结合自身商业战略、经营特点及核心团队能力等因素将公司控制权转移至具有特质愿景且公司价值创造效率高于外部投资者的创始人及核心管理团队手中,明确董事职责范围,规避股东短视主义对公司治理的消极影响,管理者操纵收益报告以实现短期收益目标的动机降低[2],有效降低被代理人冲突成本与被代理人能力成本,实现潜在被代理人成本最小化,从而形成公司最佳治理安排[3]。

---

[1] Goshen Z, Squire R. Principal costs: A new theory for corporate law and governance[J]. Columbia Law Review, 2017(3): 767-796.

[2] Palas R, Solomon D. The quality of earnings information in dual-class firms: persistence and predictability[J]. Journal of Law, Finance, and Accounting, 2022(1): 127-164.

[3] Sharfman B S. A private ordering defense of a company's right to use dual class share structures in IPOs[J]. Villanova Law Review, 2018(1): 1-34.

五、促进公司治理效率提升

传统公司法奉行一股一权公司治理结构的合理性在于表决权平等的表决规则有利于达成形式上的股东平等,从而贯彻公司治理的民主原则。但公司治理属于商事法律调整的范围,商事法律以效率为价值取向,若能够通过恰当的规则设计优化传统的一股一权结构设计,将有效提升公司表决效率、决策效率及管理效率,从而提升公司整体治理效率,为公司股东创造更多收益。

双层股权结构制度通过允许科创公司就自身发展特点非比例配置表决权,提升表决权行使效率,提升公司治理效率。科技创新企业的高科技特征使这类企业的发展以人力资本为导向,创始人凭借其独特的经营理念及管理才能等优势,其对企业的价值高于仅仅提供物质资本的外部股东。而外部股东因为持股比重较低、表决权的有效行使成本较高等,普遍具有"搭便车"心理,大量缺乏公司治理能力与动机的外部股东在集体决策中怠于行使表决权,导致外部股东持有的部分表决权被浪费。[1] 与此同时,创始人若希望获得较高的表决权比例则需支付对价以获得相应的股权,因此产生高成本行使的表决权。而在双层股权结构安排下,外部股东部分未充分实现效用的表决权通过表决权差异安排让渡给创始人及核心团队,强化创始人对公司的控制权,而外部股东通过部分转让表决权获得更大的经济收益权。如此安排,一方面避免了外部股东"用脚投票"的消极表决行为,另一方面有利于充分发挥管理层的人力资本优势,提高决策科学性,同时实现控制权集中,加快信息流通速度,降低集体决策成本,防止由于股东能力差异性显著与信息传递成本过高而阻碍公司治理效率提升。实证研究也发现:相对于一股一权结构公司而言,双层股权结构公司创始人可以在获取较少现金流权的同时掌控较大比例的表决权,因此能够产生更高的公司治理效率和更低的托宾 Q 值[2]。[3] 这说明双层股权结构能够根据股东的异质化利益偏好灵活化分配表决权,允分发挥各类型股东的优势,从而促进公司治理效率高效化。

---

[1]　侯宗辰、沈国云:《恶意收购、双层股权结构与企业价值》,载《现代商业》2022 年第 12 期,第 108 页。

[2]　托宾 Q 值被定义为一项资产的市场价值与其重置价值之比,它也可以用来衡量一项资产的市场价值是否被高估或低估。

[3]　彭真明、曹晓路:《控制权博弈中的双层股权结构探析——以破解股权融资与稀释的困境为视角》,载《证券市场导报》2016 年第 7 期,第 70 页。

双层股权结构制度将公司控制权配置与关键资源相协调以提高决策效率。科技创新企业的高成长性依赖于持续的融资与专业知识的积累与创新。公司不断融资以充实公司资本意味着公司内部出现不同专业程度的股东,面对激烈的市场竞争,要求每个股东均具备行业专业素质、高决策效率等能力并不现实。而董事会往往由具有专业知识的管理人员组成,相较于分散的股东大会,董事会在决策方面具有明显的优势,更有可能实现决策效率最大化以适应瞬息万变的市场需求,为公司发展壮大博取机会。为降低被代理人成本、弥补异质化股东参与公司决策的非效率性,公司内部权力配置呈现出逐渐由"股东会中心主义"向"董事会中心主义"的跃迁。实际上,双层股权结构治理下,创始人在股东大会上通过表决权优势掌握董事会人选,进而有效控制公司经营管理权,把握公司发展方向,达成理论上的"人合性"企业,呈现出"董事会中心主义"的特征。该股权结构制度安排一方面,提高了人力资本配置效率,帮助创始人团队发挥专业性优势,使公司现金流充分运用财务杠杆;另一方面,能够有效提高决策效率从而帮助公司及时抓住成长机遇。另外,双层股权结构还使公司董事会的控制权稳定并建立起抵御敌意收购的安全港。通过赋予创始人及核心团队以高倍数表决权,外部股东与管理层由一股一权结构下的短期雇佣关系转变为长期合伙合约关系,因此管理层更有动力充分发挥独特智慧以实现公司治理效率的提高。与此同时,高度集中的控制权也使董事会无须伪造看似具有高回报率的投资计划形成公司发展态势良好的假象抵御潜在的敌意收购,从而使董事会能够免受市场短视主义行为的干扰。具有特质愿景的特别表决权股东往往更倾向于增加研发投入,以实现公司长远可持续发展为出发点规划公司发展路径,并组织生产研发周期较长但远期收益较好的产品,从而作出能够真正提升公司治理效率的决策。

第二节　双层股权结构的潜在风险

一、内部人掌控公司的风险增大

双层股权结构制度是对资本民主的背离,该股权结构打破股东平等的理论基础,赋予特别表决权股东高倍数表决权股份,使创始人团队以持有少数特别表决权股份取得公司的绝对控制权,公司控股股东的控制权强度与持股份额间的悬殊差距导致内部人掌控公司的风险逐步增大,而内部权力运行监督机制与外部市场竞争、控制权市场监督机制失灵难以对内部人的权力实现有效制衡，导致公司治理效率降低。

双层股权结构将表决权与现金流权重新配置，使特别表决权股东以不到多数的现金流权利完全锁定公司控制权，形成少数股东控制结构，并走向"人治"。① 外部股东通过拥有股份所有权产生的控制作用弱化，创始人作为特别表决权股东以穿透资本的表决权作为争夺控制权的载体与工具，因此外部股东通过拥有股权产生的控制力弱化，公司控制权逐渐从所有者掌控转向经营者掌控，股东大会议事规则从"资本多数决"转变为"表决权多数决"，创始人团队通过表决权优势获得对股东大会的控制。在这种情况下选举产生的管理层与经营者如果是一个有远见有能力的团队，公司及普通股股东将因此受益；但如果选举产生的是一个无能并牟求私利的团队，公司及普通股股东的利益必然会受损。双层股权结构一大潜在风险就是董事会寄希望于选出带领公司发展的"明君"，最终将出现"人治"而非"法治"的局面。而良好的公司治理依靠的是制度的建构与完善而非仅仅依赖于创始人的个人能力。

传统公司治理结构中，股东大会、董事会与监事会相互独立并形成有效的运行监督机制，控制股东及管理层的权力及行为能够受到良性规制，因此内部人控制问题能得到有效控制。但是在双层股权结构制度下，特别表决权的存在使股东大会表决程序极易受控制股东操控，多数通过成为已知结果，并成为议案合法的证明。② 特别表决权股东仅持有少部分股权即获得公司控制权③，却无法获得成比例的现金流或同等价值的财产收益，容易导致最终投票结果与投票者的实际利益追求出现误差。

双层股权结构公司创始人团队拥有特别表决权并且作为董事会主要成员的治理结构设计使公司内部监督机制失衡，约束内部人掌控机制的有效性受到考验。外部公众股东囿于普通股份"一股一票"的表决权劣势无法再

① 肖金锋、杨梦：《类别股的类型化分析及制度建构——以股权融资与控制权兼顾为视角》，载《证券法苑》2017年第2期，第331页。
② 以上交所科创板第二家特别表决权公司精进电动科技股份有限公司为例，该公司控股股东北翔新能源持有公司15.74%的股份，且所持股份每股拥有的表决权数量为其他股东所持股份每股拥有的表决权数量的10倍，公司实际控制人通过其在其他股东公司中的持股控制该公司67.47%的表决权，换言之，该公司实际控制人虽占股份较少，但通过高倍数表决权仍能对股东大会的表决事项握绝对的控制权。
③ 研究表明，有超过80%的双层股权结构公司股东仅持有低于10%的股份却锁定了公司控制权，甚至有的公司股东以低于5%的股权获得公司控制权。参见 Bebchuk L A, Kastiel K. The perils of small-minority controllers[J]. The Georgetown Law Journal, 2019(6):1453-1514。

对公司内部权力运行与监督机构的成员(如董事、监事)选聘产生实质性的影响。而创始人团队掌握特别表决权股份,凭借特别表决权股份的表决权放大效应在实际上基本掌握了聘任与解聘公司董事与监事等运营与监督主体的权利,于是董事会与监事会丧失独立性,防范内部人掌控的内部监督机制被削弱。与此同时,双层股权结构公司管理层的核心成员具有特别表决权股东和管理层的双重身份,这些成员出于管理层独立性考虑,更倾向于认同其特别表决权股东身份,因此董事会与管理层之间监督制约的关系变得模糊且脆弱,形成更大的公司内部人控制权行使空间。在双层股权结构下,特别表决权股东凭借高倍数的表决权股份不仅掌握了对股东大会的完全控制权,还控制了董事会和管理层的人事选任。于是,公司内部形成特别表决权股东、董事会、管理层自上而下呈垂直状、利益紧密相关的共同体,作为上传下达的董事会不再是监督管理层并向股东大会负责的有效连接点[1],甚至可能成为被内部人掌控的工具。并且,双层股权结构公司的外部股东往往持股比例较低且高度分散化,在信息不对称、集体行动困境及理性冷漠等因素的作用下,外部股东几乎不可能通过行使表决权替换不称职的管理层,或者通过股东大会对公司重大决策及公司内部治理机构进行有效监督,并产生实质性影响,因此越发远离权力机关。由于外部股东的监督作用客观上被限制或者剥夺,公司内部人掌控的风险显著增大。希尔(Hill)曾指出,双层股权结构的最大优势在于它使公司管理层免受普通股股东的干扰,但其最大的劣势是它使公司管理层免受所有股东的干扰。[2] 以 WIC(Western International Communications Ltd.)为例,该公司设置了"燕尾条款",即处于公司劣势地位的股东有权分享收购者支付给处于公司治理优势地位股东的溢价。在收购中,该公司创始人的妻子格里菲思(Griffiths)通过向不同的人出售她的高级投票权股份,避免了"燕尾条款",并将溢价留给自己(比她的次级股份每股多 22 美元),导致该公司处于劣势地位的股东分享收购溢价的权利被剥夺。

二、可能诱发创始股东利益输送问题

双层股权结构安排下,特别表决权股东掌握的公司控制权远大于其所对应的经济利益,其享有的表决权与剩余索取权之间的比例差距越大,则无

---

[1] 张欣楚:《双层股权结构:演进、价值、风险及其应对进路》,载《西南金融》2019 年第 6 期,第 44 页。

[2] Dual-class stock: Governance at the edge[J]. Shareholder Value,2012(3):37-44.

视公司利益实施"价值转移"的动机也越大。实际控制公司的创始股东可能采用关联交易、内幕交易等形式攫取"控制权私利",导致所有权激励作用失灵。

　　一般而言,对公司资产的终极所有权是控制股东与公司之间的重要联结,控制股东在所有权的激励下勤勉履行职责以实现公司利益最大化①,但控制股东的持股份额比重将直接影响他们在面对私人利益与公司利益冲突时的处理方式。在传统公司一股一权的治理结构下,股份的经济性权利与参与性权利等比例配置,控制股东以资本多数获得公司控制权,从而将自身利益与公司整体利益紧密关联,控制股东在实现自身收益同步增长目标的激励下更具动力从公司利益最大化角度行事。而双层股权结构将经济性权利与参与性权利差异化配置,特别表决权股东通过特别表决权股份取得对公司的控制权,控制权的弱资本性使控制股东凭借少量股权便可掌握公司控制权,导致控制股东与公司间的财产性连接被弱化,伴随利益冲突加剧,所有权激励作用可能失灵。② 并且,控制股东持股份额与控制权的背离程度加剧使实施机会主义行径的风险与潜在代价增大。因为经济性权利低于控制权的控制股东仅需承担其行为对公司不利影响的部分后果,若通过关联交易等行为,当控制股东获得的私人利益远大于其从公司获得的收益以及公司利益受损给自身利益造成的损失时,控制股东就可能实施此关联交易,因为控制股东可以只承担行为对公司价值减损的一小部分,同时获得全部的私人利益。③ 他们出于私人利益最大化的考量,更可能利用控制权实施"价值转移"行为牟取私人利益。

　　双层股权结构公司普遍存在"一股独大"的现象,外部股东仅持有低倍数甚至无表决权的股份导致他们在公司治理中被严重边缘化。控制股东凭借特别表决权在股东大会获得控制权优势的同时担任公司管理层成员,形成对公司的绝对控制,导致公司内部制衡机制失灵。在缺乏监督机制的环境下,控制股东罔顾公司利益,通过关联交易、直接占用公司资产、内幕交易

---

①　Bebchuk L A，Kastiel K. The perils of small-minority controllers[J]. The Georgetown Law Journal，2019(6)：1453-1514.

②　汪青松、李仙梅：《差异化股权结构的控制权强化及约束机制——以科创板相关制度设计为视角》,载《南方金融》2020 年第 8 期,第 41 页。

③　Sharfman B S. A private ordering defense of a company's right to use dual class share structures in IPOs[J]. Villanova Law Review，2018(1)：1-34.

等形式攫取"控制权私利"①的途径丰富且成本较低,这无疑会增大公司和外部股东利益被侵害的可能。因此有学者认为,出于公共政策因素的考量,表决权不能被出卖,因为平等表决权不仅能够保证利润公平分配,还是驱使公司管理者勤勉、忠实工作维护公司整体利益的手段。② 若不对双层股权结构的控制权强化机制加以严格限制,公司将可能沦为控制股东利益输送的工具,并减损公司整体利益。

三、诱发代理成本增加问题

双层股权结构公司内部人表决权与现金流的分离加剧了管理层与股东间的代理冲突,产生高昂的代理成本,导致股东价值与公司治理效率降低。一般而言,普通股东与特别表决权股东作为管理者之间的关系是一种标准的委托代理关系,即公司是股东共享的一种财产束,而董事和高管受公司股东的雇佣,代理他们管理财产。由于双方都具有各自独立的效用函数并且都会追求自身效用最大化,因此产生了代理问题。③ 传统的代理问题主要表现为公司管理人的监守自盗和懈怠问题。④ 在双层股权结构制度语境下,代理问题进一步催生出管理质量问题。⑤ 双层股权结构公司的代理成本主要包括以下三个方面:一是管理层付出的令中小股东放心信任他们忠实履行工作职责、审慎行使特别表决权形成的约束成本。二是中小股东作为委托人为防范特别表决权股东作为代理人因控制权强度与持股份额间的悬殊差距引发道德风险、怠于作出最有利于公司的决策,为限制代理人越轨行为产生的监控成本。三是代理人实施不当管理行为以及代理人的直接收

---

① 迪克和津加莱斯将控制权私利界定为某些"不在所有股东中按照持股比例分享、而由控制方专属享有的价值"。(Dyck A, Zingales L. Private benefits of control: An international comparison[J]. The Journal of Finance, 2004(2): 537-600.) 吉尔森则将控制权私利界定为"不提供给小股东的控制股东的利益"。(Gilson R J. Controlling shareholders and corporate governance: Complicating the comparative taxonomy[J]. Harvard Law Review, 2006(6): 1641-1679.)

② Lowenstein L. Shareholder voting rights: A response to SEC rule 19c-4 and to Professor Gilson [J]. Columbia Law Review, 1989(5): 979-1014.

③ Ross S A. The economic theory of agency: The principal's problem[J]. American Economic Association, 1973(2): 134-139.

④ 翁小川、胡晶晶:《上市公司双层股权的法定落日条款研究》,载《南大法学》2021年第5期,第3页。

⑤ 张国天:《双层股权制度的成因及适用问题的国内研究现状综述》,载《西部学刊》2022年第11期,第84页。

入构成的直接成本。① 实证研究表明,双层股权结构公司的管理层相较于单一股权结构公司管理层,更多地参与损害公司价值的行动。② 他们更有动力通过卸责、制定不合理的高管薪酬方案将财富从股东转移至管理者手中,从而攫取更多私人利益。③ 例如,世界第三大报业集团霍林格国际公司前任首席执行官兼董事长布莱克持有公司全部的优先股,双层股权结构的设计使他以30%的持股比例掌握公司73%的投票权。布莱克以独裁的方式管理公司并敛取巨额的管理费、咨询费和个人分红,由其朋友组成的董事会几乎没有对布莱克的行为形成过严格的制约,而持有可公开交易股票的股东在决定高管薪资、兼并收购、组建董事会以及抵御敌意收购等公司重大问题上,几乎没有话语权。最后,布莱克因非法转移公司资产8300万美元等罪行被捕。④

除此之外,双层股权结构会对公司的股息分配政策(dividend payout policy)产生消极影响,双层股权结构公司的股息分配倾向更低,股息支付率也更低。⑤ 由于股息具有对管理层的"监督""约束"功能⑥,能够有效降低代理成本,而双层股权结构公司消极的股息分配政策会减少股息支付,进一步导致双层股权结构公司代理成本增加。并且,双层股权结构公司的信息披露制度无法成为有效的代理成本控制机制,双层股权结构公司即时损失报告(timely loss reporting)的质量更低,无法及时披露公司内部的价值减损情况,因此股东无法及时实施干预以降低代理成本,维护公司高效运行。

随着双层股权结构公司的上市年限增加,代理成本呈现逐渐增长的趋势。由于双层股权结构公司一般不允许在公司上市后增发具有高倍数表决权的特别表决权股份,但允许公司在保持现有股份表决权不变的情况下增发表决权受限股份或无表决权股份或将以上类型的股份作为分红方式,新

① Jensen M C, Meckling M H. Theory of the firm: Managerial behavior, agency costs and ownership structure[J]. Journal of Financial Economics, 1976(3): 305-360.
② McKinnon C C. Dual-class capital structures: A legal, theoretical & empirical buy-side analysis [J]. Michigan Business & Entrepreneurial Law Review, 2015(1): 81-97.
③ Masulis R W, Wang C, Xie F. Agency problems at dual-class companies[J]. The Journal of Finance, 2009(4): 1697-1727.
④ 高菲:《新经济公司双层股权结构法律制度研究》,法律出版社2019年版,第104-106页。转引自张梦雅:《上市公司双重股权结构的研究》,北京外国语大学2014年硕士学位论文,第12页。
⑤ Beladi H, Hu M, Yang J, et al. Dual-class stock structure and firm investment[J]. Finance Research Letters, 2022(1): 1-9.
⑥ Easterbrook F H. Two agency-cost explanations of dividends[J]. The American Economic Review, 1984(4): 650-659.

类型股份的发行可能导致公司控制权与现金流权间的分离程度进一步加剧。有研究发现,随着控制权和现金流权的背离程度不断加剧,双层股权结构公司会出现现金贮备利用效率降低、管理层获得报酬不断提高且容易作出低效的并购和错误的投资决定等问题。① 另外,特别表决权股东出于财富配置多元化以及分散风险的考虑,创始人可能会在控制权稳定的前提下逐渐减少股份持有比例,导致创始人牺牲股东共同利益以满足其作为控制权人的私人利益所需的成本更低。这也意味着成熟企业的代理成本问题更加严重。

四、控制权市场威慑作用降低

公司控制权市场被认为是能够有效控制代理成本并提升双层股权结构公司治理效率的监督机制。② 竞价者出于降低公司代理成本、改善公司治理以促进股价提升、将目标公司业务与收购公司业务整合形成协同效应以提升综合价值的考虑开展收购。③ 双层股权结构控制权集中于管理层的治理结构设计形成有效的敌意收购抵御机制,管理层在面对要约收购时展现出强大的议价能力,被收购方在控制权交易中享有优势地位。而竞价者出于特别表决权股份转让即丧失高倍数表决权以致其获得公司控制权成本较高的考虑,通常不愿收购双层股权结构公司,导致控制权市场对公司治理效率的监督作用失灵。具体而言,控制权市场的高效运行依赖于有效市场,信息不对称现象随着证券监管制度的逐渐完善而显著减少。因此,股票价格可以准确地反映相关管理层治理下的公司的基本价值。当管理者利用公司权利直接或间接攫取私益,实施"隧道挖掘"行为、推卸责任、将个人利益置于职务承诺之上时,公司的治理效率会降低并伴随股价下降,收购业绩不佳,公司的成本也随之降低。竞标者一方面出于较低的收购成本考虑,另一方面出于扩大的价值差额(value delta)④的考虑,希望通过收购公司大部分股份甚至替换当前的管理层成员以提高管理效率。⑤ 在控制权市场的威慑

---

① Masulis R W, Wang C, Xie F. Agency problems at dual-class companies[J]. The Journal of Finance, 2009(4): 1697-1727.

② Kruszewska E. The impact of certain merger control provisions on hostile takeover activities in China Law[J]. Hong Kong Law Journal, 2019(1): 239-264.

③ Sharfman B S, Moore M T. Liberating the market for corporate control[J]. Berkeley Business Law Journal, 2021(2): 1-44.

④ 较大的价值差额代表着更有利可图的利润机会。

⑤ Kershaw D. Company Law In Context: Text And Materials[J]. The Law Teacher, 2011(3): 492-493.

下,公司管理层更倾向于勤勉履行职责,避免自利行为,提高股价以提高公司收购成本从而维护控制权。由此可见,收购的本质是公司控制权的转让,是继任控股股东与现任控股股东之间的争夺和较量。但在双层股权结构公司,特别表决权股东掌握公司控制权,他们可以凭借表决权优势抵御敌意收购以维护自身控制权,导致竞标者丧失公司控制权争夺的机会,产生动态环境下的低效率收购和人才更替。由于要约收购的高昂成本,以及外部公司通过股份收购只能取得一小部分的股权,难以取得目标公司的控制权①,竞标者难以通过协同效应产生更大的收购效益,因此削减了收购动力,这意味着公司面对的外部收购风险减小以及控制权市场监督作用的弱化,进而形成"独裁的治理结构"。在被取代威胁缺失的情况下,双层股权结构公司管理层缺乏相应的公司治理监督机制,更可能怠于提升公司治理效率,甚至以损害公司利益为代价牟取利益。

除此之外,双层股权结构还导致外部股东和利益相关者的利益在收购时无法得到有效保护。即使竞标者对双层股权结构公司开展收购,当管理层拥有多数表决权时,他们的投资和融资决定也可能会偏离公司效益最大化的目标,通过转让控制权,管理层将独享控制权溢价,而非由整体股东分享,这预示着处于表决权弱势地位股东的整体财富减少。利益相关者的利益由于双层股权结构公司控制者变化而无法得到有效保护,进而影响公司高效治理。

---

① 蒋秀华:《双层股权结构下公司监督问题及建议》,载《技术与市场》2022 年第 4 期,第 187 页。

第四章　双层股权结构下的特别表决权约束制度

双层股权结构制度的特点在于公司发行具有高倍数表决权的特别表决权股份，特别表决权股东掌握公司控制权。双层股权结构制度构筑起保持控制权稳定的围墙的同时也增大了控制权滥用的风险。因此，各法域出于防范控制权滥用的考虑，均建立起各异的特别表决权约束制度。中国双层股权结构制度亦着眼于具体国情，逐步建立起具有中国特色的特别表决权约束制度，以实现对双层股权结构制度风险的有效控制。本章首先简述公司控制权强化机制的运行机理，其次详尽剖析双层股权结构制度下特别表决权行使限制体系的短板，最后详细论证破解特别表决权约束制度疏漏之处的可行方案，提出可以从特别表决权行使的自我约束和公司内部监督主体约束两个方面展开，强化特别表决权的行使限制体系，从而促进双层股权结构下的特别表决权约束制度臻于完善。

第一节　公司控制权强化机制的运行机理

一、两权分离的理论内涵

两权分离理论作为公司法领域的经典命题奠定了现代公司治理之基础。基于两权分离的逻辑配置前提，公司法构建起表决权委托制度、表决权差异化分配制度、商业判断规则等，并通过信义义务、独立董事制度以及股东派生诉讼等控制两权分离产生的代理成本。但是两权分离理论中权利的指向仍存在争议，法学界采用所有权与经营权分离的态度，而经济学界广泛采用所有权与控制权分离的态度。产生这种差异的关键在于是否将公司视为独立的法律实体。① 《公司法》认为公司是企业法人，有独立的法人财产，享有法人财产权。② 因此法学界认为公司是独立的法律实体。而经济学界认为公司是合同束（nexus of contract），是订立合同主体追求利益最大化的活动舞台，公司自身缺乏独立法律实体的地位。③ 并且，控制权与经营权的差异性在于：在内容层面，经营权表现为经营者通过公司财产的调用进行决策，而控制权表现为对经营者经营权力行使的制约。在表现方式上，经营权掌握者直接以公司法人名义行使权力，控制公司日常经营活动，而控制权掌握者则通过股东大会、董事会的影响力间接影响公司经营决策。在中国现代上市公司强调"效能"的组织法语境下，基于职能的权力分工将公司经营权转移至能够作出科学决策的机关④，呈现"智识多数决"⑤的样态。随着人力资本发挥日益重要的作用，掌握控制权的股东会由于决策科学性有限而表现出去中心化倾向。因此，中国公司法语境下的两权分离表现为所有权与经营权分离。

二、控制权集中的价值阐释

学者伯利（Berle）和米恩斯（Means）在《现代股份公司与私有化财产》（*The Modern Corporation and Private Property*）中提出现代公司中存在所有权与控制权分离的现象后，公司控制权问题受到越来越多学者的关注。有学者认为，控制权是现代经济社会中一项依附于公司独立人格产生的、具有经济效益的权利⑥；也有学者认为，公司控制权是指管理公司所有可用资源的权限，而这与所有权的大小、表决权股份的类型、数量和比例息息相关⑦。创始人等与公司治理进程息息相关的主体为实现对公司的人事、财务或者业务的稳固控制，利用"两权分离"的工具⑧或结合其他手段构建控

---

① 张崇胜、李彤彤：《"所有权—控制权"抑或"所有权—经营权"：两权分离命题的团体法审视》，载《南开法律评论》2022 年第 16 期，第 15 页。

② 《公司法》第三条：公司是企业法人，有独立的法人财产，享有法人财产权。公司以其全部财产对公司的债务承担责任。有限责任公司的股东以其认缴的出资额为限对公司承担责任；股份有限公司的股东以其认购的股份为限对公司承担责任。

③ 周游：《公司法上的两权分离之反思》，载《中国法学》2017 年第 4 期，第 295 页。

④ 李维安：《公司治理学》，高等教育出版社 2019 年版，第 11 页。

⑤ 张崇胜、李彤彤：《"所有权—控制权"抑或"所有权—经营权"：两权分离命题的团体法审视》，载《南开法律评论》2022 年第 16 期，第 25 页。

⑥ 甘培忠：《公司控制权的正当行使》，法律出版社 2006 年版，第 35 页。

⑦ 殷昭良：《公司控制权法律问题研究》，法律出版社 2007 年版，第 26 页。

⑧ "两权分离"的工具是指导致股权的剩余利益索取权与表决权发生分离的方式或者做法。

制权强化机制以实现对公司的控制权。一方面,控制权强化机制能够发挥融资效率优化的积极效应,维持特定股东的控制权稳定,可以有效避免 IPO 产生的经营自由受限、控制权变更的问题,缓解股权被稀释的市场压力,使公司可以获得充沛的股权融资。① 另一方面,控股股东能运用控制权强化机制监督管理层,因为控股股东凭借股份优势能够有效合理表达股东诉求,并与管理层协商,协调公司股东与经营者间的冲突。并且,控股股东出于自身利益考量,会自发对公司管理层履行职责的行为进行监督。对控股股东而言,控制权更迭并更新董事会成员带来的利益超过控股股东争权行为付出的成本。对公司而言,控股股东为监督而支付的超额成本是通过非经济收益性质的控制利益获得补偿的,并不涉及公司资源向外输送的问题,从而可以有效控制代理成本。

三、控制权强化机制分类

控制权强化机制较为常见的方式有表决权拘束协议、交叉持股、表决权信托、金字塔持股结构以及发行特别表决权股份建立双层股权结构。由于表决权拘束协议在性质上属于债权协议,并且原则上不具有组织性质和外部效力,公司是否可以直接作为协议的当事人或者执行者仍有争议。② 交叉持股虽然具有加强企业间的合作、提高表决权效率、稳定股价、维持公司稳定经营的积极效用,但也不能忽视交叉持股架构下,双方企业资产负债率降低造成资本空洞化,以及内部控制造成无法对创始人交叉持股部分的股权发挥效用,使公司治理陷入困境的风险。而表决权信托的客体仍存在"表决权"或"股权"的争议③,因此表决权信托在实践中的运用有限。金字塔持股结构是指最终控制人通过一系列中间公司形成控制链,从而以较低的持股份额掌握控制链底端公司控制权的一种所有权结构,在金字塔持股结构下,最终控制人的控制权与现金流权发生显著偏移。④ 并且,随着金字塔纵向层级的增加,公司内部组织机构架构进一步复杂化,降低了公司治理的透明度,以上因素的叠加导致最终控制人进行"隧道挖掘"的动机增强,造成公

---

① 郭青青:《规范视域下的中国上市公司控制权强化机制》,载《西南政法大学学报》2016 年第 2 期,第 90 页。

② 李潇洋:《组织框架下表决权拘束协议的体系规制》,载《法学论坛》2020 年第 3 期,第 104 页。

③ 宫佳利:《我国移植股东表决权信托制度的探索》,载《财税金融》2021 年第 2 期,第 84 页。

④ 周颖:《金字塔持股结构与资本结构——基于中国上市企业面板数据的研究》,载《管理评论》2012 年第 8 期,第 22 页。

司价值减损。[1] 可见,以上制度安排可能产生高昂的代理成本以及出现难以保证公司治理结构稳定的问题,甚至可能存在公司控制权合法性的风险。

而双层股权结构制度下,发行人发行表决权差异安排的股份,即发行每一股仅有一份表决权的普通股份和每一股具有多倍表决权的特别表决权股份。创始人等对公司发展具有关键作用的核心人员持有特别表决权股份,能够有效确保公司核心管理层在通过股权融资扩大规模的同时保持控制权集中,并有效抵御敌意收购。并且,允许创始人等双层股权结构公司关键人员持有特别表决权股份,在肯定其人力资本对公司发展价值的同时,也激发特别表决权股东更多的专属人力资本投入,作出更为理性的决策以促进特质愿景实现。另外,特别表决权股东往往同时具有股东和公司管理层身份,特别表决权的存在增进了特别表决权股东对公司的归属感,并形成公司价值最大化导向,督促他们勤勉履行职责,在外部监督机制失灵的情况下有效控制代理成本。结合各法域及双层股权结构公司的实践,监管主体及双层股权结构公司均对特别表决权的行使以及特别表决权股份持有人制定了更为严格的监管要求及信息披露要求,双层股权结构公司出于吸引投资者投资的考虑,往往对特别表决权的行使制定更严苛的规范以强化投资者保护与提高公司治理透明度。可见,双层股权结构制度通过肯定特别表决权股份的法律地位,在达成控制权集中目标的同时实现对风险的有效控制。

第二节 特别表决权行使限制体系的短板

一、特别表决权股份持股主体的资格限制不足

《科创板上市规则》第 4.5.3 条[2] 和《创业板上市规则》第 4.4.3 条[3] 就双层股权结构公司特别表决权股东的资格及最低持股份额作出限定,但规

---

[1] 袁碧华、吴嘉文:《双层股权结构下特别表决权人的法律规制》,载《公共治理研究》2022 年第 1 期,第 83 页。

[2] 《科创板上市规则》第 4.5.3 条:持有特别表决权股份的股东应当为对上市公司发展或者业务增长等作出重大贡献,并且在公司上市前及上市后持续担任公司董事的人员或者该等人员实际控制的持股主体。持有特别表决权股份的股东在上市公司中拥有权益的股份合计应当达到公司全部已发行有表决权股份 10% 以上。

[3] 《创业板上市规则》第 4.4.3 条:持有特别表决权股份的股东应当为对上市公司发展作出重大贡献,并且在公司上市前及上市后持续担任公司董事的人员或者该等人员实际控制的持股主体。持有特别表决权股份的股东在上市公司中拥有权益的股份合计应当达到公司全部已发行有表决权股份的 10% 以上。

定存在表述不清的问题。允许公司持有特别表决权股份可能导致代理成本增加以及特别表决权股东最低持股份额过于僵化，可能出现无法与公司现实发展需求相契合的问题。而双层股权结构公司控制权与现金流相分离的特点使特别表决权股东更有动力实施机会主义行径攫取私利行为，在特别表决权股东信义义务缺失的背景下，双层股权结构公司及股东利益被侵蚀的可能性进一步增大。

《科创板上市规则》和《创业板上市规则》对特别表决权股份的持有主体作出限定。但通过梳理可以看出，规定存在以下疏漏：首先未明确重大贡献应如何认定，究竟是管理人才还是技术人才，缺少相应的认定标准；其次也没有明确重大贡献认定的过程和程序，应当由股东大会开会决定还是董事决定，以怎样的表决比例确定作出重大贡献的主体，以及是否需要公开接受社会监督。除此之外，特别表决权股东对公司发展或者业务增长的重大贡献是否应延续至公司上市后也尚未得到明确。《公司法》第一百四十六条①对董事的任职资格作出规定，但并未禁止法人成为公司董事，2021年底公布的《中华人民共和国公司法（修订草案）》以及2022年底公布的《中华人民共和国公司法（修订草案二次审议稿）》也并未就限制法人成为公司董事作出规定。这意味着，除了公司的自然人创始人之外，法人在满足条件的情况下，也可以持有特别表决权股份。允许法人董事持有特别表决权股份掌握公司控制权，相当于向上构建金字塔持股结构，形成金字塔控制结构与双层股权结构制度叠加的样态，这将导致公司股权结构复杂化，进一步加大管理层的投票权杠杆，加剧控制权与现金流的分离程度②，使投资者难以分辨公司真正的控制人。同时，加剧特别表决权股东掌握的控制权的非比例性，造成双层股权结构公司的代理成本显著提高，投资者的权益更加容易受到侵

---

① 《公司法》第一百四十六条：有下列情形之一的，不得担任公司的董事、监事、高级管理人员：（一）无民事行为能力或者限制民事行为能力；（二）因贪污、贿赂、侵占财产、挪用财产或者破坏社会主义市场经济秩序，被判处刑罚，执行期满未逾五年，或者因犯罪被剥夺政治权利，执行期满未逾五年；（三）担任破产清算的公司、企业的董事或者厂长、经理，对该公司、企业的破产负有个人责任的，自该公司、企业破产清算完结之日起未逾三年；（四）担任因违法被吊销营业执照、责令关闭的公司、企业的法定代表人，并负有个人责任的，自该公司、企业被吊销营业执照之日起未逾三年；（五）个人所负数额较大的债务到期未清偿。公司违反前款规定选举、委派董事、监事或者聘任高级管理人员的，该选举、委派或者聘任无效。董事、监事、高级管理人员在任职期间出现本条第一款所列情形的，公司应当解除其职务。

② Smith Brian F, Amoako-Adu B, Kalimipalli M. Concentrated control and corporate value: A comparative analysis of single and dual class structures in Canada[J]. Applied Financial Economics, 2009(12): 959-974.

蚀。而香港联交所《综合主板上市规则》第 8A. 11 条①及第 8A. 17 条②的规定一方面禁止公司法团成为特别表决权股东,另一方面排除了品格及诚信不符合要求的主体成为特别表决权股东,能够有效维护证券市场信用及公司治理主要参与者的道德水平。

《科创板上市规则》和《创业板上市规则》要求股东持有特别表决权股份的前提是拥有公司 10% 以上的持股份额。设置该最低持股份额比例要求的法理依据在于持有 10% 的股份能够满足《公司法》规定的单独或者共同召集、主持临时股东大会股东的持股比例限制,保证特别表决权股东能够单独或者共同召集、主持临时股东大会,从而实现对公司治理的掌控。并且,设置最低持股比例限制能够防范特别表决权股份持有主体由于控制权与现金流之间过于悬殊的差距而放弃公司利益、牟取私利的行为。但该标准化的设置可能无法满足部分大型科技创新企业的需求。因为,对于部分科技创新企业而言,他们在上市前往往已经经过多轮融资以扩大公司规模,创始人持有的股权在融资过程中被不断稀释,甚至可能无法在 IPO 前持有 10% 的股份。③ 强制性要求这类科技创新企业创始人拥有最低 10% 的持股比例并不现实。另外,对于持股分散的上市公司而言,拥有 10% 左右的股份已经是公司大股东,能够有效保证特别表决权股东与公司的关联紧密度,以及满足投资者保护的要求。因此,香港联交所在《综合主板上市规则》第 8A. 12 条④中作出更为灵活的处理,允许规模巨大的公司微调特别表决权股东的最低持股比例,在保证特别表决权股东与公司关联度的同时,适当放宽最

---

① HKEX Listing Rule 8A. 11:不同投票权受益人必须为申请人上市时的董事会成员。
② HKEX Listing Rule 8A. 17:上市后任何时候若有以下情况,不同投票权受益人于上市发行人的不同投票权必须终止:(1)该受益人身故;(2)其不再是发行人董事;(3)本交易所认为其无行为能力履行董事职责;或(4)本交易所认为其不再符合《上市规则》所载的关于董事的规定。
　　注 1:本交易所若因下列原因认为不同投票权受益人不再具有符合其身份的品格及诚信,本交易所将视该受益人为不再符合关于董事的规定:(a)受益人被判或曾被判犯上欺诈或不诚实行为的罪行;(b)有管辖权的法院或法庭向受益人发出取消资格令;或(c)本交易所裁定受益人未遵守《上市规则》第 8A. 15、8A. 18 或 8A. 24 条的规定。
　　注 2:若进行有关交易或发行纯粹是为遵守本第 8A. 17 条而将不同投票权股份转换为普通股,则《上市规则》第 10.06(2)条的交易限制、第 10.06(3)条的发行限制以及附录十的董事买卖限制并不适用。
③ 以阿里巴巴为例,在 IPO 前,创始人马云仅有 7% 的持股比例,而蔡崇信仅有 3% 的持股比例。
④ HKEX Listing Rule 8A. 12:新申请人首次上市时,其不同投票权架构受益人实际拥有其已发行股本相关经济利益的占比,合计必须不少于 10%。
　　注:不过,若上述的最低相关经济利益不足 10% 而仍涉及巨款金额(例如申请人于首次上市时的预期市值超过 800 亿港元),本交易所也可能在综合考虑个别公司的其他因素后酌情接受。

低持股比例要求,能够与部分公司的发展现实相契合。

二、特别表决权股东信义义务缺失

信义义务是一种代表另一方行事并以实现该方最佳利益为目标的法律责任,具体表现为三个方面:一是责任的标准。受托人被要求遵守法律认可的最高谨慎标准,包括完全谨慎和善意。二是利益冲突。受托人应规避任何会导致自身和委托人之间产生利益冲突的事件。若发生利益冲突的事件,受托人必须向委托人充分披露有关该情况的所有信息,并且在大多数情况下,在继续履行职责之前需征得委托人或受益人同意。三是财务控制。如果受托人掌握管理委托人的金钱或其他资产的权力,受托人必须向委托人报告受托人进行的所有交易。[①] 美国存在注意义务(duty of care)和忠实义务(duty of loyalty),日本称之为善管义务与忠实义务,德国则称之为注意义务和诚实义务。但在我国的司法实践中,往往以忠实勤勉义务、诚信义务代替信义义务。《公司法》并未对股东的信义义务作出明确规定,《公司法》第一百四十七条[②]就董事、监事和高级管理人员的忠实义务和勤勉义务作出规定,而缺失当他们作为受托人、以公正善意为行为准则对待公司所有类别股东义务的内容。在这样的制度安排下,董事等管理层成员可能仅对任命和解聘其职位具有决定性作用的股东负责,他们甚至可能为了维护自身职位稳定而实施自利行为牺牲公司的整体利益。因此,对于特别表决权股东这一事实上的控制者或管理者,信义义务的缺失可能导致控制权滥用。另外,特别表决权股东有权无责却获取"制度上的利益"[③],也是《公司法》的一大制度缺陷。虽然《公司法》第二十条[④]、第二十一条[⑤]规定了公司股东的相应义务,但根据《公司法》制度设计,仍存在禁止控股股东损害其他股东利

[①] The Fiduciary Duty, https://keystone-law.com/fiduciary-duties/,访问于 2021 年 6 月 4 日。

[②] 《公司法》第一百四十七条:董事、监事、高级管理人员应当遵守法律、行政法规和公司章程,对公司负有忠实义务和勤勉义务。董事、监事、高级管理人员不得利用职权收受贿赂或者其他非法收入,不得侵占公司的财产。

[③] 朱慈蕴:《资本多数决原则与控制股东的诚信义务》,载《法学研究》2004 年第 4 期,第 105 页。

[④] 《公司法》第二十条:公司股东应当遵守法律、行政法规和公司章程,依法行使股东权利,不得滥用股东权利损害公司或者其他股东的利益;不得滥用公司法人独立地位和股东有限责任损害公司债权人的利益。公司股东滥用股东权利给公司或者其他股东造成损失的,应当依法承担赔偿责任。公司股东滥用公司法人独立地位和股东有限责任,逃避债务,严重损害公司债权人利益的,应当对公司债务承担连带责任。

[⑤] 《公司法》第二十一条:公司的控股股东、实际控制人、董事、监事、高级管理人员不得利用其关联关系损害公司利益。违反前款规定,给公司造成损失的,应当承担赔偿责任。

益相关规定的疏漏,可能无法对控股股东损害公司弱势地位股东的行为形成有效防范。此种抽象的股东权利滥用行为不仅难以认定[1],并且通常指向股利分配权、剩余财产分配权、知情权等非管理性权利,或者违规担保、关联交易、直接侵占公司财产或恶意掏空公司等具体损害行为。[2] 针对特别表决权以及由此形成的公司治理控制权能否滥用、能否产生此种权利滥用的损害赔偿责任,不仅在立法上旨意不明,学理上的阐释和研究也极其薄弱,更遑论达成广泛的共识。[3]

《公司法》采用这样的制度设计是以传统公司法一份股份仅有一份表决权原则及股东有限责任原则为理论前提的,在公司股东具有同质性、股东之间呈现平等关系的样态下,股东享有基于意思自治行使股东权利的自由,即使公司的整体利益或者其他股东的合法利益因为该股东的权利自由行使而受损害,法律也不应对其行为作出否定性评价,除非他人利益损害是由于该股东滥用权利。即仅在股东权利滥用的情况下,损害赔偿责任才能被权益受侵害方主张。[4] 但是在双层股权结构下,特别表决权股东基于特别表决权股份的高倍数表决权赋能,在公司治理中获得优势地位,由此特别表决权股东利用表决权优势损害公司及普通股东合法权益的可能性增大。而特别表决权股东信义义务的缺失会诱发具有较高代理风险的机会主义行径。比如,特别表决权股东作为公司董事可以在董事会会议中履行对公司的忠实勤勉义务,但在股东大会中,其基于自身特别表决权股东的身份,背弃董事的信义义务,凭借特别表决权股份获得控制权实施损害公司利益或者普通股东利益的行为。可见,在《科创板上市规则》和《创业板上市规则》缺失关于特别表决权股东信义义务的情况下,允许上市公司建立双层股权结构以实现特别表决权股东控制权集中,无异于进行冒险行为,将公司弱势股东的合法权益置于极易受侵害的危险境地,并为特别表决权的利益行使大开方便之门。

三、特别表决权行使限制存在缺陷

《科创板上市规则》和《创业板上市规则》对特别表决权的限制从适用范

---

[1] 商业决策的好坏受到多方因素的影响,根据结果很难判断是否产生了权利滥用行为,且会导致特别表决权股东选择风险更小的决策从而避免决策失误后被指控违反信义义务。

[2] 甘培忠、楼建波主编:《公司治理专论》,北京大学出版社 2009 年版,第 239 页。

[3] 赵旭东:《公司治理中的控股股东及其法律规制》,载《法学研究》2020 年第 4 期,第 107 页。

[4] 王建文:《论我国构建控制股东信义义务的依据与路径》,载《比较法研究》2020 年第 1 期,第 98 页。

围角度来看,存在"一股一票"表决事项范围狭隘的问题;从特别表决权股份的表决权倍数设置角度来看,存在表决权倍数上限设置较为僵硬的问题,可能无法形成公司最佳治理结构而妨碍双层股权结构制度功能实现。

"一股一票"表决规则遵循剩余利益与表决权相对应的分配原则,能够实现公司盈余分配和公司剩余财产分配等比例配置,有利于体现治理民主、股份平等的理念,并降低代理成本。通过界定"一股一票"表决规则适用的事项范围,公司股东能够在与其利益攸关的重大问题上享有与其利益相适应的表决权,从而放大普通股东在这些事项上的话语权,预防特别表决权股东滥用权利而产生的壁垒风险及掠夺风险。《科创板上市规则》第4.5.10条①和《创业板上市规则》第4.4.9条②对公司章程修改、表决权倍数改变等事项限制特别表决权的行使,但相较于新交所《主板上市规则》第730B条③及香港联交所《综合主板上市规则》第8A.24条④规定的"一股一票"表决事项范围,《科创板上市规则》和《创业板上市规则》设置的特别表决权行使限制范围较为狭隘,未将反向收购及主动退市列为特别表决权行使受限制的事项。这意味着特别表决权股东在决定公司是否买壳上市和退市的问题上享有控制权。因此,如果公司上市后治理不善,回归私有化能够更好提高公司效益时,特别表决权股东可能出于对声誉的维护而反对退市,让公司全体股东忍受低效率的治理。而伦敦证券交易所高级板的特别表决权行使约束制度采用不同的监管逻辑,英国的金融市场行为监管局手册(FCA

---

① 《科创板上市规则》第4.5.10条:上市公司股东对下列事项行使表决权时,每一特别表决权股份享有的表决权数量应当与每一普通股份的表决权数量相同:(一)对公司章程作出修改;(二)改变特别表决权股份享有的表决权数量;(三)聘请或者解聘独立董事;(四)聘请或者解聘为上市公司定期报告出具审计意见的会计师事务所;(五)公司合并、分立、解散或者变更公司形式。上市公司章程应当规定,股东大会对前款第二项作出决议,应当经过不低于出席会议的股东所持表决权的三分之二以上通过,但根据第4.5.6条、第4.5.9条的规定,将相应数量特别表决权股份转换为普通股份的除外。

② 《创业板上市规则》第4.4.9条:上市公司股东对下列事项行使表决权时,每一特别表决权股份享有的表决权数量应当与每一普通股份的表决权数量相同:(一)修改公司章程;(二)改变特别表决权股份享有的表决权数量;(三)聘请或者解聘独立董事;(四)聘请或者解聘监事;(五)聘请或者解聘为上市公司定期报告出具审计意见的会计师事务所;(六)公司合并、分立、解散或者变更公司形式。上市公司章程应当规定,股东大会对前款第一项、第二项、第六项事项作出决议,应当经出席会议的股东所持表决权的三分之二以上通过。

③ SGX Mainboard Rules 730B:(1)修改章程等公司基础性文件;(2)改变任何组别股票的权利;(3)任免独立董事;(4)任免审计人员;(5)反向收购;(6)主动解散上市公司;(7)主动退市。

④ HKEX Listing Rule 8A.24:通过下列事宜的议案时,上市发行人须不理会任何股份类别所附带的不同投票权,不同投票权受益人的投票权不得多于每股一票:(1)上市发行人组织章程文件的变动(不论以何种形式);(2)任何类别股份所附带权利的变动;(3)委任或罢免独立非执行董事;(4)委聘或辞退核数师;(5)上市发行人自愿清盘。

Handbook)上市规则第 9.2.22C 条[①]采用反向排除的方式列举特别表决权适用的情形,即仅允许特别表决权股东在罢免特定特别表决权股东的董事职务并为其辩护时,行使高倍数表决权。对"一股一权"事项范围进行限定的目的是平衡特别表决权股东对公司治理的控制权维护与投资者保护,但是过于严苛的特别表决权行使范围限制可能导致双层股权结构公司无法形成有效的董事会,无法充分发挥具有特质愿景的创始人的治理才能并根据公司发展需求制定符合发展战略的政策方略以促进公司长远发展。

基于上市公司采用独立董事与监事共同作为公司监督主体的"双核心"治理模式,双层股权结构制度规则仅就独立董事的聘请与解聘规定了"一股一票"的表决方式,未对监事的选任与解聘规定相同的表决规则,可能导致公司监事人选受特别表决权股东操纵,沦为损害公司利益以攫取私益的工具。除此之外,《科创板上市规则》和《创业板上市规则》也未将公司日常治理中作出的直接影响甚至损害普通股东权益的议案纳入特别表决权行使受限制的范围,立法原意可能在于充分尊重公司自治原则,而普通股东的利益往往在公司日常经营决策中受损害,赋予特别表决权股东悬殊的超额表决权而不限制其剥削普通股东的利益构成股东实质不平等,将不可回避地引发特别表决权股东将投票表决形式化,普通股东陷入无力对抗损害自身利益议案的困境。[②]

双层股权结构公司特别表决权股东通过持有高倍数表决权的特别表决权股份,实现以较低的持股比例获得对公司的控制权,却无法获得相应比例的现金流权,这可能导致特别表决权股东作出牺牲公司利益以获得私利的决策。当特别表决权股份的表决权倍数是普通股份的 10 倍时,不同持股数量对公司的影响见表 4-1。

---

① FCA Handbook,LR 9.2.22C:特别表决权股份是指符合以下条件的某一类别的加权投票权股份:(1)除第(2)段的规定外,每股在公司股东大会上所拥有的表决权数量与获准在高级板上市的该类股份相同。(2)仅就以下事项而言,每股的表决权倍数上限为获准在高级板上市的该类别股份的 20 倍。(a)根据《2006 年公司法》第 168 条或其他规定,解除持有人的董事职务以及(b)在发行人的控制权发生变更后的任何事项。(3)股份只能由发行人的董事或在董事去世后由其遗产受益人持有。

② 汪青松:《公司控制权强化机制下的外部投资者利益保护——以美国制度环境与中概股样本为例》,载《环球法律评论》2019 年第 5 期,第 150 页。

表 4-1 不同持股数量对公司的影响

"一股一票"条件	特别表决权股份表决权＝10倍普通股份表决权
完全控制权(三分之二以上)	六分之一以上≈16.7％
相对控制权(二分之一以上)	十一分之一以上≈9.1％
一票否决权(三分之一以上)	十二分之一以上≈8.3％
重大股东变动披露(5％)	一百九十一分之十以上≈5.2％

可见,特别表决权股东以 16.7％(六分之一)以上的持股比例就可以获得三分之二以上的表决权,能够对《公司法》第四十三条[①]规定的重大事项产生决定性影响。并且,当特别表决权股东的持股比例达 9.1％(十一分之一)以上就可以获得二分之一以上的表决权,实现对公司管理层的人事任免及其他事项的控制。《科创板上市规则》第 4.5.4 条和《创业板上市规则》第 4.4.4 条将特别表决权股份的表决权倍数上限设定为 10 倍,一方面,避免背离程度加剧诱发特别表决权股东实施掏空行为(可能出于限制控制权与现金流背离程度的考虑),损害双层股权结构公司利益及其他股东的合法权益;另一方面,设置较高倍数的上限能够帮助持股比例较低的特别表决权股东锁定公司控制权,把握公司发展方向以实现特质愿景。

但将特别表决权股份的表决权倍数设置为 10 倍的合理性尚未得到验证,不同法域及不同类型的公司均规定了不同的倍数上限以实现控制权稳定与投资者保护。1985 年,纽交所曾被建议要求双层股权结构公司的低表决权股份应至少满足每 10 股享有 1 票表决权的条件,但最终该建议未被采纳[②],目前美国对特别表决权股份的表决权倍数并未作出强制性规定的限制,新加坡将特别表决权股份的表决权倍数上限设定为 10 倍,英国则将特别表决权股份的表决权最高倍数设定为 20 倍。由于美国纽交所和纳斯达克均未对特别表决权股份的表决权倍数进行限制,在这些证券交易所上市的双层股权结构公司均根据公司发展需求制定了各异的表决权倍数。以在纳斯达克上市的京东为例,该公司采用每股 B 类股票的表决权是每股 A 类股票 20 倍的制度设计,创始人刘强东凭借自身持有的 23.1％的股权以及代

---

① 《公司法》第四十三条:股东会的议事方式和表决程序,除本法有规定的外,由公司章程规定。股东会会议作出修改公司章程、增加或者减少注册资本的决议,以及公司合并、分立、解散或者变更公司形式的决议,必须经代表三分之二以上表决权的股东通过。

② New York Stock Exchange. Dual Class Capitalization: Initial Report of the Subcommittee on Shareholder Participation and Qualitative Listing Standards[R]. New York, 1985.

京东员工持股平台(Fortune Rising Holdings Limited)行使表决权,总计获得83.5％的表决权[1],从而实现对公司的绝对控制以实施经营策略。与京东类似,脸书也采用每份B类股票享有20票表决权的规则设计,为进一步实现对公司控制权,创始人扎克伯格通过表决权代理协议,获得公司58.9％的投票权,实现对公司的绝对控制。可见,我国双层股权结构制度将特别表决权股份的表决权最大倍数设置为10倍可能无法满足部分公司的治理需求,无法实现公司内部的最佳股权比例安排,影响双层股权结构制度效用的实现。

四、内部监督主体实效性有限

目前,我国上市公司的监督主体主要为独立董事与监事会,然而双层股权结构公司由于独立董事与监事存在独立性有限及激励机制欠缺等缺陷,独立董事与监事有分别沦落为"花瓶式"独立董事及"守门员式"监事会的风险。

"独立"二字是独立董事制度的核心。根据立法目的,独立董事应在人格、利益以及权限上都具有独立性,从而能够审慎监督管理层履行职务的行为,防范和遏制"内部人控制失控"的局面,维护全体股东和公司的整体利益。[2] 虽然《科创板上市规则》第4.5.10条和《创业板上市规则》第4.4.9条明确聘请或者解聘独立董事时每一特别表决权股份享有的表决权数量应当与每一普通股份的表决权数量相同,从而避免特别表决权股东通过控制独立董事选任使公司内部监督主体瘫痪,但在特别表决权股东掌握较高持股份额的背景下,独立董事的选任依然被特别表决权股东牢牢掌控。机构投资者曾对脸书发出建立真正独立的独立董事会并解决该公司长期存在的治理和监督差距的呼吁。因为即使脸书声称董事会委员会完全由独立董事组成,但其选任违反独立性要求,本应不再担任公司独立董事的候选人被再次

---

[1]　刘强东作为京东的董事长兼首席执行官,被视为实实在在地拥有京东所有已发行的B类普通股,并能在紧接着本次发行完成后代表自己和Fortune Rising Holdings Limited行使已发行股本中约83.5％的总表决权。参见京东招股说明书,https://www.sec.gov/Archives/edgar/data/1549802/000104746914009683/a2222411z424b4.htm,访问于2022年3月22日。

[2]　谢朝斌:《独立董事法律制度研究》,法律出版社2004年版,第351页。

提名为独立董事,因此被质疑董事会是否真正代表所有股东利益行事。①
与脸书相似,Rogers v. Rogers Communications Inc.案②也表明了特别表
决权股东对独立董事的选任控制。Rogers Communications Inc. 被罢免的
董事会主席罗杰斯(Rogers)利用表决权优势(97.52% 的 A 类股份和
9.89%的无表决权股份),在无表决权股东缺席的情况下,单方面通过罢免
五名独立董事,并恢复自身席位的决议。不列颠哥伦比亚省最高法院(The
Supreme Court of British Columbia)认为无表决权股东不必要参加该程序,
也无权就该决议进行表决,因此通过的决议符合《不列颠哥伦比亚省商业公
司法》(British Columbia Business Corporations Act)以及公司章程的规定,
属于有效决议。该案表明,在双层股权结构公司,普通股东因为表决权受限
无法有效阻止特别表决权股东罢免独立董事,独立董事监督公司内部权力
行使的职能由于受制于特别表决权股东而大大削弱。2022 年 1 月 9 日,证
监会公布的《上市公司独立董事规则》第四条规定,独立董事在董事会中的
比重应不低于三分之一,因此独立董事对于公司决策的影响有限。由于外
部投资者普遍存在理性忽视(rational ignorance)③,于是独立董事的选任、
续任、薪酬决定陷入追随创始人的集体行动困境。

我国的独立董事多由专家学者担任,作为公司外部人员,通常难以获得
第一手关于公司治理的信息,需要依赖内部董事和经理的传达,即使查阅相
关材料,在缺失基础信息的情况下得出的推断与结论也可能会背离客观事
实,难以发现其中隐藏的问题和董事的私利,不能达到预期的监督效果。并
且,独立董事通常不只担任一个公司的董事会成员,鉴于他们本职事务较
多,可能缺乏足够的时间和渠道监督公司管理层的权力行使,以及审查股东
权利滥用损害公司、股东利益的行为。加之采用双层股权结构的科技创新
企业往往具有技术性较强的特点,独立董事可能无法对公司的核心技术及
商业策略了解得面面俱到,因此难以获得管理层损害公司、股东的利益以牟

---

① SHARE (The Shareholder Association for Research and Education),'Shareholders Urge Meta
Platforms' Board To Implement Governance Reforms And Reinforce Shareholders' Rights' (PR
Newswire, 20 April 2022)[EB/OL]. (2022-04-20)[2022-05-28]. https://www. prnewswire.
com/news-releases/shareholders-urge-meta-platforms-board-to-implement-governance-reforms-
and-reinforce-shareholders-rights-301529702. html.

② Rogers v. Rogers Communications Inc. , 2021 BCSC 2184.

③ 理性忽视是指管理层提出的议案将导致公司价值降低、损害外部投资者的利益,外部投资者也
会不做调查,直接支持管理层的方案,或者不去投票。关于理性忽视的更多论述参见 Bebchuk
L A. Limiting contractual freedom in corporate law: The desirable constraints on charter
amendments[J]. Harvard Law Review,1989(8):1820-1860。

取私利行为的证据。同时,针对上市公司涉及季报、半年报和年报的虚假财务数据签字问题,独立董事作为外部人员根本没有动机与机会进行财务造假,实践中往往是上市公司审计机构出具无保留意见,审计委员会未发现异常,相关财务信息的真实性也经过了董事会的执行董事、审计委员会主任等的确认,在这种情况下,非财务专业的独立董事往往难以发现潜在的问题。即使独立董事具有财会方面的专业知识,也并非完全有能力阻止公司财务造假、发现公司财务问题并披露公司财务造假,毕竟独立董事只能评估财务报告舞弊的风险,而不能证实造假是否发生。我国独立董事勤勉义务标准和相应的免责事由不够清晰,绝大多数法院采取"签字等于责任"的裁判规则①,即"过错推定"——"假如履行勤勉义务,不可能不发现端倪",独立董事面临严重的责任焦虑,导致其监督效用被大大削弱。② 当他们作为外部人员发现"端倪"时,主动辞聘的方式成为他们保全自身的最优选择。

　　"独立性"作为独立董事存在的基础,要求独立董事不能与公司股东之间存在任何利益关系。但在双层股权结构公司,关于独立董事薪酬的决议并非"一股一票"的表决事项,特别表决权股东可以凭借表决权优势地位直接决定独立董事的薪酬,因此独立董事与特别表决权股东之间形成物质上的依赖关系。独立董事在独立性高度受限的制度前提下发表反对管理层提出的牟私利或损害中小投资者利益的意见,为公司整体利益承担被解聘的风险显然不现实。即使独立董事发表了客观独立的意见,但没有受到相应激励,那么独立董事履行职责的积极性可能备受打击。最终公司事务的独立判断者臣服于特别表决权股东,沦为"花瓶独立董事",公司意志被个人意志操纵,精力有限加之薪酬上受制于特别表决权股东和管理层,独立董事的监督效果大打折扣。③

　　声誉机制的缺乏也是导致双层股权结构公司中独立董事缺乏"独立性"的重要原因之一。在双层股权结构公司中,人力资本价值不具有可替代性,若独立董事表现出应有的客观和独立以及其自身卓越的控制和决策能力,就会在无形中提高其声誉,增加其人力资本的价值。独立董事顾及自身的

---

① 根据从裁判文书网筛选的 29 件独立董事涉诉裁判文书来看,独立董事被认定未履行勤勉义务受到证监会处罚,独立董事提起行政诉讼的胜率为零。无论独立董事信赖审计机关而签字或是向有关人员提出了询问甚至提出了异议,都不能证明其已经尽了勤勉尽责义务。在康美案中,一审法院认定独立董事责任时,仍然实行的是"签字等于责任"。

② 朱翔宇:《双层股权结构上市的潜在风险及其规制》,载《南方金融》2022 年第 3 期,第 83 页。

③ 王长华、卞亚璇:《科创板差异化表决权安排制度略论》,载《金融发展研究》2020 年第 4 期,第 76 页。

声望、信誉,将拒绝与管理者共谋,而是通过向外界传递信号以体现自身价值。一旦独立董事不能履行监督者的义务,声誉惩罚机制就会通过降低独立董事的声誉而影响其价值。但由于我国资本市场并未形成声誉效应,独立董事履职情况的好坏对其本人的职业生涯很难产生影响。同时,独立董事大多是兼职董事,负面评价很难对其本职工作产生影响。再加上缺乏对独立董事的公开和评价机制,市场难以知晓独立董事的履职情况,声誉的负向激励机制对独立董事难以发挥作用。

独立董事问责机制有待改进是导致双层股权结构公司独立董事监督职能效果有限的重要原因。根据新《证券法》第八十五条[①]的规定,独立董事的民事赔偿责任采取与控股股东、实际控制人、发行人、一般董事、监事、高级管理人员同样的"过错推定原则"。但实际上,独立董事与一般董事相比,承担义务的范围更大,但是公司治理参与度和信息获取程度却更低。即使独立董事认真履行职责、恪尽诚信和勤勉义务,但由于其免责的路径,特别是专业的注意义务和非专业的一般注意义务是否应该作为追责和免责的设置标准并不明确,容易导致独立董事履职积极性不高,难以发挥应有的监督作用。

同时,双层股权结构公司中对独立董事的制度构建缺乏有效的风险提示与避险制度。双层股权结构公司中独立董事的责任包括行政责任、民事责任和其他责任。就行政责任而言,证监会及其派出机构依据新《证券法》等对双层股权结构公司独立董事作出行政处罚,包括但不限于警告、罚款甚至市场禁入措施等。[②] 就民事责任而言,新《证券法》第九十五条规定新增了代表人诉讼机制,独立董事承担民事责任的风险增大。独立董事一般承担补充赔偿责任,如福建众和股份有限公司、许建成证券虚假陈述责任案中,三名独立董事赔偿金额未超 70 万元(见表 4-2)。而新《证券法》确立证券特别代表人诉讼制度后的首个案件康美案[③]中,一审判决五名曾任或在

---

① 新《证券法》第八十五条:信息披露义务人未按照规定披露信息,或者公告的证券发行文件、定期报告、临时报告及其他信息披露资料存在虚假记载、误导性陈述或者重大遗漏,致使投资者在证券交易中遭受损失的,信息披露义务人应当承担赔偿责任;发行人的控股股东、实际控制人、董事、监事、高级管理人员和其他直接责任人员以及保荐人、承销的证券公司及其直接责任人员,应当与发行人承担连带赔偿责任,但是能够证明自己没有过错的除外。

② 证监会广东监管局〔2021〕8 号行政处罚决定书援引新《证券法》第一百九十七条规定,对上市公司广东榕泰的三名独立董事分别处以 50 万元罚款。

③ 康美案是新《证券法》确立证券特别代表人诉讼制度后的首个案件,也是首个独立董事承担投资者民事赔偿连带责任的案件。

职的独立董事承担连带责任,合计赔偿金额约 3.69 亿元①。独立董事承担民事连带责任案件,相比独立董事获得的报酬,双层股权结构公司独立董事履职风险较大。2020 年在职的独立董事 13517 人,获得的平均津贴为 8.86 万元,其中年津贴金额 6 万—8 万元的占比为 26.05%,年津贴金额超过 15 万元的占比不到 8%(见表 4-3),上市公司全年支付给独立董事的津贴总额为 11.97 亿元。②

表 4-2　福建众和股份有限公司、许建成证券虚假陈述责任案有关情况

原告	朱芝兰	华芹	许金浑	郭建军	叶秀仙	欧接联
案由	证券虚假陈述责任纠纷					
处罚理由	三名独立董事未对财务报告的真实性尽到调查核实义务,无证据证明其已尽到了勤勉义务					
补充责任/%	5					
赔偿数额/元	49094.21	261910.23	227480.85	2045.73	4927.18	74628.87

表 4-3　2020 年独立董事年度津贴数额及人数分布

2020 年独立董事年度津贴 /万元	人数 /人	占比/%
2 以下	1141	8.44
2—4	1021	7.55
4—6	1874	13.86
6—8	3520	26.05
8—10	2199	16.27
10—15	2700	19.97
15—20	555	4.11
20—25	266	1.97
25—50	206	1.52
50 以上	35	0.26

① 根据康美案的判决书,江镇平、李定安、张弘为兼职的独立董事,不参与康美药业日常经营管理,相对过失较小,法院判令其在投资者损失的 10% 范围内承担连带赔偿责任(折合 2.459 亿元);郭崇慧、张平为兼职的独立董事,过失相对较小,且仅在《2018 年半年度报告》中签字,法院酌情判令其在投资者损失的 5% 范围内承担连带赔偿责任(折合 1.2295 亿元)。

② 方重:《独立董事不懂事》,载《清华金融评论》2021 年第 9 期。

较低的综合收入与较高的履职风险使独立董事履职缺乏保障,难以激发其积极性。双层股权结构公司尤其需要独立董事以更积极尽责、勤勉的态度发挥监督作用,防止特别表决权股东侵害公司与中小股东利益。因此,证监会《上市公司独立董事规则》第二十九条规定了上市公司可以建立必要的独立董事责任保险制度,以降低独立董事正常履行职责可能引致的风险。但在实践中,由于董事责任险并非企业必须合规的内容,且康美案之前很少由独立董事承担责任,再加上董事责任险在执行方面大部分没有完善的规定,投保率和执行力度都比较低①。我国约 92.16% 的上市公司并未为独立董事购买责任险,由于履职没有充分保障,独立董事履职时往往会选择相对保守的策略,更关注自己是否会承担责任而非是否对公司或者中小股东造成损害。

《公司法》有关监事会的制度设计可能无法满足双层股权结构公司治理需要,导致公司意志被特别表决权股东操纵,公司内部监督机制失灵。根据《公司法》第五十一条②和第五十三条③的规定,公司的监事会成员由公司职工采用民主选举方式产生的职工代表监事和由股东大会推选的股东代表监事构成,监事会的职责是监督公司日常经营状况和董事会履行职责情况,以及在符合特定条件的情况下召集股东会,甚至代表公司与相关主体进行利益交涉。《公司法》第五十一条仅就职工代表监事的比例及选任方式作出规定,而将对股东代表监事以及其他监事的选任方式交由公司章程约定。一般来说,股东代表监事由有提案权的股东提名并由股东大会表决通过,由于特别表决权股东具有持股比例优势以及表决权倍数优势,他们能够对股东

---

① 根据德勤发布的《2018 中国上市公司独立董事调研报告》,中国内地 A 股上市公司中,只有 100 多家购买了董事责任险,购买率不到 5%,购买董事责任险的公司主要是一些金融机构。

② 《公司法》第五十一条:有限责任公司设监事会,其成员不得少于三人。股东人数较少或者规模较小的有限责任公司,可以设一至二名监事,不设监事会。监事会应当包括股东代表和适当比例的公司职工代表,其中职工代表的比例不得低于三分之一,具体比例由公司章程规定。监事会中的职工代表由公司职工通过职工代表大会、职工大会或者其他形式民主选举产生。监事会设主席一人,由全体监事过半数选举产生。监事会主席召集和主持监事会会议;监事会主席不能履行职务或者不履行职务的,由半数以上监事共同推举一名监事召集和主持监事会会议。董事、高级管理人员不得兼任监事。

③ 《公司法》第五十三条:监事会、不设监事会的公司的监事行使下列职权:(一)检查公司财务;(二)对董事、高级管理人员执行公司职务的行为进行监督,对违反法律、行政法规、公司章程或者股东会决议的董事、高级管理人员提出罢免的建议;(三)当董事、高级管理人员的行为损害公司的利益时,要求董事、高级管理人员予以纠正;(四)提议召开临时股东会会议,在董事会不履行本法规定的召集和主持股东会会议职责时召集和主持股东会会议;(五)向股东会会议提出提案;(六)依照本法第一百五十一条的规定,对董事、高级管理人员提起诉讼;(七)公司章程规定的其他职权。

代表监事的选任产生重大影响，职位受特别表决权股东控制的股东代表监事客观独立行使监督职责的有效性无法得到保证。若采用"一股一票"表决方式，表决权弱势股东或许能运用累积投票制选举出代表其利益的监事，以保障公司监督权的行使。但在双层股权结构公司存在特别表决权的情况下，表决权弱势股东选任监事的权利可能会因为特别表决权股东运用高倍数表决权操纵监事选举而被变相剥夺。并且，《科创板上市规则》未明确有关监事的选任与解聘事项应采用平等表决规则，也未禁止特别表决权股东担任监事职位，因此特别表决权股东能够凭借表决权优势轻易地控制监事的提名与选举，从而对监事会的组成人员形成实际控制。由于特别表决权股东往往在双层股权结构公司担任董事，也就是说，由董事选举产生的监事应当监督董事的行为，因此陷入了悖论。这样的制度设计会导致监事会难以发挥独立客观的监督作用，进而导致监事会形同虚设。并且，在采用双层股权结构的科技创新企业，专业化程度高的特点使监事全面履职需具备一定专业能力，而监事会是董事会外的公司专职监督职能部门，监事由股东大会选举产生，代表股东利益，履职能力参差不齐，因此可能无法及时洞察公司管理层不正当的行为。

尽管《科创板上市规则》第 4.5.12 条①和《创业板上市规则》第 4.4.12 条规定监事会在年度报告中须对与特别表决权行使有关的事项出具专项意见，但该监督机制设置的合理性有待进一步检验。因为该规则成立的逻辑前提是：监事有能力对特别表决权股东资格进行审查，普通股东让渡一部分或者全部表决权给特别表决权股东的条件是否成熟的评判依据充分可靠。而当前环境下，监事受选任规则及自身能力等因素的限制，可能无法作出客观审查与评价。并且，即使监事出具专项意见对外披露特别表决权股东存在滥权行为，产生的主要作用也是对双层股权结构公司的潜在投资者进行警示，无法实现帮助公司现有股东已被侵犯的合法权益得到救济的效果。毕竟《科创板上市规则》和《创业板上市规则》并未赋予监事会要求权利滥用的特别表决权股东进行内部赔偿的权利，并且监事会出具的专项意见能否作为股东派生诉讼中原告证明被告股东存在权利滥用行为的证据也未得到

---

① 《科创板上市规则》第 4.5.12 条：上市公司具有表决权差异安排的，监事会应当在年度报告中，就下列事项出具专项意见：（一）特别表决权股东是否持续符合本规则第 4.5.3 条的要求；（二）特别表决权股份是否出现本规则第 4.5.9 条规定的情形并及时转换为普通股份；（三）上市公司特别表决权比例是否持续符合本规则的规定；（四）特别表决权股东是否存在滥用特别表决权或者其他损害投资者合法权益的情形；（五）公司及特别表决权股东遵守本章其他规定的情况。

明确。① 若专项意见无法成为证明权利滥用的有效证据,监事会对双层股权结构公司内部权力行使的监督作用将进一步削弱,成为"没有牙齿的老虎"。大量实践也证明,许多上市公司的监事会监督存在滞后性,其不能在股东会的表决阶段及时采取措施,并且不能避免损害的发生和扩大。可见,监事会囿于人员选任方式及专业能力的限制,往往进行"守门员式"的末端监督,在特别表决权股东滥用权利之初难以迅速介入并履行其职责。② 现行规则成立的前提条件缺陷致使监事会高效行使监督职能仍有改进空间。

监事会与独立董事作为双层股权结构公司内部监督的两大主体,其主要职能存在部分重合。在财务监督方面一旦出现重叠,势必导致两者在有利之时争权,不利之时互相推诿,出现两个机构职能的失范。独立董事与监事会职能重合的现象极易形成企业管理资源内耗,甚至可能削弱本已不多的监督功效。故应当针对双层股权结构公司内部监督机制,重新审视独立董事制度与监事会的角色定位,为监管执法设定统一的认定标准及处罚边界。

第三节　特别表决权行使限制优化机制

一、合理设置特别表决权股份持有主体适格规则

《科创板上市规则》和《创业板上市规则》关于双层股权结构公司特别表决权股份持有主体的规定存在范围过于宽泛以及最低持股比例限定不够灵活的问题,因此,可以通过借鉴其他国家和地区关于特别表决权股份的制度设计,优化现有规定,为双层股权结构制度更好地服务科技创新企业提供制度支持。

首先,应当明确特别表决权股份的持股主体限定为自然人的创始人。因为从某种程度上讲,作为创始人的自然人才是具有特质愿景的主体,他们的人力资本是实现公司治理效率提升、技术创新、业务模式创新的直接源泉和动力,双层股权结构安排可以说是自然人"人力资本出资"的另一种表现

---

① 李俪:《双层股权结构本土化的潜在风险与防范制度研究——兼评科创板特别表决权规则》,载《金融监管研究》2019年第12期,第29页。
② 缪霞:《从科创板看我国双层股权结构的发展进路》,载《区域金融研究》2019年第11期,第57页。

形式。① 若允许公司持有特别表决权股份,实际上与设置特别表决权制度为创始人的人力资本赋能的初衷相背离。并且,只有当该自然人的技能、知识和经验成为对公司发展不可或缺的关键无形人力资本时,才能享受特别表决权股份高倍数的表决权②,从而保障公司控制权掌握在能够实现公司价值最大化的人手中,实现高效治理。此外,公司成为"法人董事"可能形成关联公司"堆金字塔"及交叉持股的股权结构,杠杆效应显著增强,导致实际控制人的控制权与现金流进一步背离,造成代理成本急剧增加。另外,应仅允许创始人的董事拥有特别表决权,而不授予非创始人的董事以特别表决权。一方面,外部投资者让渡自身部分表决权给创始人团队的原因是对创始人团队独特智识的信任,因此将自身的表决权部分托付给创始人团队行使,若任何非创始人董事均有权持有特别表决权股份,则在本质上是对外部投资者信任的践踏、知情权的侵犯以及特别表决权的滥用,可能导致科技创新企业的融资难问题进一步激化;另一方面,允许非创始人董事获得特别表决权股份的行为,在本质上而言,与特别表决权股东将所持有的股份转让给普通股东并无二致。基于逻辑上的一贯性和统一性,也不应赋予非创始人董事以特别表决权。③ 因为《科创板上市规则》和《创业板上市规则》没有规定对双层股权结构公司董事品格的特别要求,因此适用《公司法》第一百四十六条对董事资格的客观性规定以及第一百四十七条关于董事的忠实、勤勉义务规定。香港联交所《综合主板上市规则》授予交易所因董事的品格和诚信不符合要求而否认董事资格的权利,从而对双层股权结构公司董事形成更为严格的道德约束,避免他们利用高倍数表决权实施机会主义行径损害公司及外部股东的利益。因此,我国内地的双层股权结构制度也可以对双层股权结构公司拥有特别表决权的董事设置更高的品德要求,禁止违反法律法规的主体持有特别表决权股份,并赋予交易所基于拥有特别表决权的董事的品格及诚信不再符合其身份而否认其董事资格的权利,从而对这类董事形成有效的约束,维持证券市场及公司治理主要参与者的道德水平,避免中小投资者的权益受到巨大威胁。

其次,应允许交易所基于个案申请的特殊性,适当放宽特别表决权股东

---

① 冯果、诸培宁:《差异化表决权的公司法回应:制度检讨与规范设计》,载《江汉论坛》2020年第5期,第110页。

② Lu L J. The regulation of the dual-class share structure in China: A comparative perspective [J]. Capital Markets Law Journal, 2020(2): 224-249.

③ 冯果、诸培宁:《差异化表决权的公司法回应:制度检讨与规范设计》,载《江汉论坛》2020年第5期,第110页。

最低持股比例的要求。允许大型科技创新企业的创始人在特定情况下即使持有略低于10%的股份也能拥有特别表决权,从而建立起双层股权结构。科技创新企业的成长性特征依赖于多轮融资,一般而言,具有发展前景的公司往往在上市前就吸引大量资本注入,导致创始人的股份被不断稀释。创始人可能无法或者不愿用自身财产购买足够的持股份额。若强制要求拥有特别表决权的前提是创始人持有最低为10%的份额,可能导致双层股权结构制度无法成为部分大型科技创新企业降低资本成本的有效路径。[1] 当然,特别表决权股东若持有过低的持股份额会加剧控制权与现金流的背离程度,进一步增加代理成本并诱发特别表决权股东攫取私利的可能性,严重影响公司治理效率。[2] 因此,交易所应当审慎衡量各方利益,在充分衡量企业规模、企业前期融资情况、创始人与公司的关联性、创始人的持股份额以及创始人的持股成本等因素后作出是否允许的决定,从而灵活适用特别表决权适格主体标准,满足部分大型科技创新企业运用双层股权结构制度促进公司发展的需求。

二、明确特别表决权股东的信义义务

信义义务的产生主要基于"委托—代理"关系下,"代理人"对"委托人"负有的管理责任。[3] 针对特别表决权股东是否应承担信义义务,有学者认为,本来公司法上信义义务的承担者是董事、监事和经理等高级管理人员,股东除履行自己的出资义务外,股东之间是平等的,相互之间不应再承担额外的特别义务。[4] 但在双层股权结构制度下,普通股东基于对特别表决权股东才能及智识的信任而让渡其部分表决权,由特别表决权股东作为代理人,代理普通股东行使部分表决权。因此,双层股权结构公司中不同类型股东间的关系与信义义务适用的法律关系前提相适应。让特别表决权股东对公司与普通股东承担信义义务,正是不同类型股东利益平衡的体现,符合公

---

① Yan M. Permitting dual class shares in the U. K. premium listing regime a path to enhance rather than compromise investor protection[J]. Legal Studies,2021(2):1-23.

② Reddy B V. Finding the British google:Relaxing the prohibition of dual-class stock from the premium-tier of the London Stock Exchange [J]. The Cambridge Law Journal,2020(2):315-348.

③ 张欣楚:《双层股权结构:演进、价值、风险及其应对进路》,载《西南金融》2019 年第 6 期,第43 页。

④ 蒋大兴:《反对少数股东保护——寻求股东权利构造的基本面》,王保树主编:《转型中的公司法的现代化》,中国科学文献出版社 2006 年版,第 553-555 页。

司和普通股东的双重利益。① 在双层股权结构公司的内部约束框架下,现有内部监督机制,比如独立董事与监事会,受专业性不强以及对公司经营的洞察能力有限等因素的制约,无法对特别表决权股东的权利行使形成有效制衡。因此,明确特别表决权股东的信义义务对于双层股权结构制度有效运行的作用相当于达摩克利斯之剑,在减少谈判成本、排除风险的同时充分发挥特别表决权股东的人力资本优势,保全经营收益,避免特别表决权股东凌驾于普通股东之上。②

双层股权结构公司特别表决权股东的信义义务具体体现为积极的注意义务和被动的忠实义务。换言之,特别表决权股东在受信义义务约束的前提下行使股东权利时,一方面,特别表决权股东不仅要考虑自己的利益,而且有义务合理顾及公司与其他股东的利益,不得将自身私益置于公司整体利益与中小股东正当利益之前;另一方面,特别表决权股东还负有谨慎行权以及不得怠于履行职责的义务,他们应当将由于资本多数决原则而无法直接表达自己诉求的中小股东视为受益人,以善良管理者之注意义务代理所托之事。③ 简言之,特别表决权股东必须以忠实勤勉的方式,并以善良管理者的注意义务作出其认知范围内的最佳经营决策。④ 这样的制度安排,能够有效防范双层股权结构公司特别表决权股东不适当的行权,比如作出损害公司或其他股东利益的决策,并在一定程度上防范特别表决权股东的道德风险。⑤ 仅从利益冲突角度界定特别表决权股东的信义义务存在一定的抽象性,因此,也有学者以反向界定的方式列举特别表决权股东违反信义义务的行为,主要包括以下行为:一是篡夺公司机会;二是不正当的关联交易;三是侵占公司财产。⑥

双层股权结构公司特别表决权股东信义义务的严格遵守还需要在司法审查规则中建立起一套能够灵活适用的信义义务审查标准以构建起最后的

① 王继远:《控制股东对公司和股东的信义义务》,法律出版社 2010 年版,第 138-139 页。
② 伊斯特布鲁克、费希尔:《公司法的经济结构》,罗培新、张建伟译,北京大学出版社 2014 年版,第 92 页。
③ 朱大明:《美国公司法视角下控制股东信义义务的本义与移植的可行性》,载《比较法研究》2017 年第 5 期,第 53 页。
④ 朱慈蕴:《公司法原论》,清华大学出版社 2011 年版,第 260 页。
⑤ 李燕:《双层股权结构公司特别表决权滥用的司法认定》,载《现代法学》2020 年第 5 期,第 112 页。
⑥ 王建文:《论我国构建控制股东信义义务的依据与路径》,载《比较法研究》2020 年第 1 期,第 103-104 页。

防线。① 在信义义务的约束下,特别表决权股东的行为将接受事后的司法审查,从而化解特别表决权股东行为属于商业决策、不属于司法审查范围的抗辩,进而对特别表决权股东的行为形成有效威慑。② 故首先,应当明确特别表决权股东实施违反信义义务的行为须承担相应的违法责任,并且违反信义义务所获得的利益归公司所有。其次,规定双层股权结构下的普通股东直接起诉或派生诉讼制度,在利益返还外可以起诉要求恢复一股一权的公司股权结构配置。③ 再次,将举证责任倒置给居于公司治理优势地位的特别表决权股东,从而形成完备的特别表决权股东信义义务规则体系。最后,建立特别表决权股东违反信义义务的责任追究机制,应对《公司法》第二十条关于股东权利滥用的责任作补充规定,明确控股股东违反信义义务滥用表决权时的损害赔偿责任,如当其决策出现重大过失或是违法违规时,应对公司或其他股东承担损害赔偿责任。

三、灵活设置特别表决权最大倍数与行使范围

双层股权结构制度通过放大特别表决权股东的表决权以实现创始人控制权稳定的同时,也不可避免地出现投资者权益更易受侵蚀的潜在风险。而特别表决权股份表决权倍数的大小与特别表决权股东的控制权集中程度及投资者权益受侵害的潜在风险大小直接关联。若特别表决权股东的特别表决权与普通股东的表决权之间的差异过大,不仅可能导致特别表决权股东的表决权与剩余利益索取权间的差额过大,使特别表决权股东更有动机利用控制权获取个人利益,无视公司利益和其他股东的利益,而且,过于悬殊的表决权比例将导致普通股东的话语权被进一步削弱,使他们在公司治理中的地位更加边缘化。鉴于此,应当合理设置特别表决权股份的表决权最大倍数,寻求创始人控制权集中与投资者权益保护的平衡点,将不同类型股东之间以及股东与公司之间的利益相连接,才能有效遏制特别表决权股东肆意地实施滥权行为,控制表决权与剩余利益索取权两权分离产生的代理成本。④

双层股权结构公司特别表决权股东控制地位取得的原因在于投资者对

---

① 张赫曦:《特别表决权股东信义义务构建》,载《中国政法大学学报》2021年第3期,第160页。

② 赵旭东:《公司治理中的控股股东及其法律规制》,载《法学研究》2020年第4期,第99页。

③ 李俪:《双层股权结构本土化的潜在风险与防范制度研究——兼评科创板特别表决权规则》,载《金融监管研究》2019年第12期,第34页。

④ 杜佳东、吴英霞:《双层股权结构的价值、风险与规范进路》,载《南方金融》2018年第8期,第96页。

创始人人力资本的认可,所以放大其表决权倍数,实现以少数持股比例获得公司控制权。因此,应该更加审慎处理,防范公司决策被特别表决权股东操纵,造成普通股东的表决权形式化的结果。特别表决权股份的表决权倍数应与特别表决权股东的持股比例相关联,特别表决权股东通过持有普通股份及特别表决权股份累计获得的表决权总数占公司已发行股份表决权总数的比例应低于三分之二,以避免股东大会成为特别表决权股东的"一言堂",保障普通股东在对公司特别议案进行决策时仍有可能行使否决权。①

以中国内地首家双层股权结构公司优刻得的特别表决权倍数设置为例,该公司在上交所的问询中充分论证了每份特别表决权股份的表决权为每份普通股份表决权5倍的合理性。因为若低于该倍数,可能造成上市后创始人表决权比例低于二分之一;若高于5倍,则使上市前创始人表决权比例超过三分之二②,不利于保护投资者权益。除此之外,设置每股特别表决权股份具有5倍表决权能够保持创始人表决权比例变化在上市前后波动较小,将公司上市前就已经建立的双层股权结构整体延续,有利于进一步保持和强化公司股权结构和控制权结构的延续性和稳定性,在确保创始人控制权稳固的同时兼顾投资者权益保护,实现各方利益平衡。因此,可以借鉴该案例的有益实践,给予双层股权结构公司关于特别表决权股份表决权倍数设置自治空间的同时,鼓励公司基于创始人持股比例合理设置特别表决权倍数,将股东之间及股东与公司之间的利益相连接,避免过高的表决权倍数设计导致股东大会的议案表决沦为形式主义的程序,平衡公司内部权力,提高公司治理质量。

设计双层股权结构制度的目的是保障特别表决权股东的控制权并将控制权转移到能够使其价值最大化的人手中,从而实现公司行为自由与经营的灵活性。可见,双层股权结构制度鼓励的是生产性努力而非分配性努力。因此,创始人具有的特质愿景和独特智识主要体现在企业文化培育和经营策略上,即立法者出于对双层股权结构公司战略决策、文化理念以及社会公共利益和国家安全等利益的认可③而允许特别表决权股东行使特别表决权,故当表决事项与特别表决权股东的商业判断能力无关时,该事项应适用"一股一票"表决规则。但假如监管规则设置过多限制特别表决权行使的事

---

① 冯果、诸培宁:《差异化表决权的公司法回应:制度检讨与规范设计》,载《江汉论坛》2020年第5期,第110页。
② 傅穹、卫恒志:《表决权差异安排与科创板治理》,载《现代法学》2019年第6期,第98页。
③ 冯果:《股东异质化视角下的双层股权结构》,载《政法论坛》2016年第4期,第136页。

项,可能会妨碍双层股权结构发挥其应有的效用。因此,应以特别表决权股东与普通股东利益平衡为出发点,合理地就"一股一票"表决事项范围作出适当扩充。

第一,在涉及公司分红的事项上应贯彻"一股一票"表决规则。即公司应当严格按照持股比例分配利润,并采用"一股一票"表决的方式对于是否分配利润以及如何分配利润的事项进行表决[1],而非允许特别表决权股东利用高倍数表决权控制所有股东的收益权,避免普通股东由于处于表决权弱势地位而无法对公司分红事项发表异议。

第二,在公司解散、清算以及退市时,也应体现表决权与现金流等比例配置的关系,须将特别表决权股份恢复至"一股一票"的表决规则。当公司因为经营不当陷入解散、清算及退市的困境时,特别表决权股东的特质愿景在一定程度上被证明并不可行,若依然允许其行使特别表决权,特别表决权股东可能会为了牟取私利而拒绝公司退市、解散甚至清算。缺乏持续经营能力的公司长期存在将导致公司普通股东的利益受到侵害。

第三,在选任监事,决定董事、监事以及高管的报酬时,也应当限制特别表决权的行使。因为在双层股权结构公司,监事会作为监督董事、管理层日常经营管理的组织,需要保持人员以及薪酬上的独立性才能实现有效监督,若监事的选任受特别表决权股东控制,可能出现公司内部监督机制失灵的风险。并且,创始人或创始人团队通常都在董事会及管理层占据关键席位,若赋予他们足以决定自己报酬的特别表决权,可能诱发特别表决权股东利用表决权优势控制薪酬安排掏空公司的道德风险,故对其也应限制特别表决权的适用。

在"一股一票"表决事项范围的强制性规定之外,可以鼓励双层股权结构公司在实践中引入公司根据自身经营特点确定的任意平等表决事项。不同公司按照一定程序与投资者议价缔约,凝聚多数共识,设计具有特定限制条件的特别表决权,主动提供多重选项,实施以"选择"功能的代偿"填空"功能的策略。投资者可以根据投资偏好进行选择,从而提高普通股东的博弈能力与治理参与度,建构多元化良性市场竞争体系,进而充分发挥双层股权结构制度优势,实现交易的帕累托最优。

---

[1] 冯果、诸培宁:《差异化表决权的公司法回应:制度检讨与规范设计》,载《江汉论坛》2020 年第 5 期,第 111 页。

四、优化制约监督主体选任方式及职责配置

我国上市公司内部监督主体的设置在移植大陆法系监事会制度的同时吸收了海洋法系的独立董事制度。但长期以来,学界广泛质疑监事会制度与独立董事制度并存对于内部监督机制的有效性。[①] 瑞幸咖啡财务造假丑闻也说明了,双层股权结构公司的控制股东和创始人能够凭借控制权将声誉良好的第三方审计师、独立董事和监事会变成"橡皮图章",使公司内部监督机制失效。[②] 因此,2021 年底公布的《中华人民共和国公司法(修订草案)》第一百二十五条[③]规定,允许股份有限公司取消监事会的设置,转变为单层董事会模式(one tier board)。2022 年底公布的《中华人民共和国公司法(修订草案二次审议稿)》进一步规定向单层董事会转变的具体方案,第一百二十一条[④]允许股份公司不设置监事会或者监事,以审计委员会替代监事会,从而寻求契合我国双层股权结构公司治理需求的内部监督机制以有效提高双层股权结构公司治理效率。

我国开展双层股权结构实践,是对新经济公司采用双层股权结构上市的现实需求与全球主要证券交易所调整规则对双层股权结构制度采取较为宽容态度的现实回应。因此,我国的双层股权结构的规制规则更多地表现为对已有规则的吸纳,即在强化双层股权结构风险防控的前提下,兼收并蓄美国、新加坡等地的规则,表现出审慎探索的特征。[⑤] 只有妥善安排双层股权结构公司内部监督主体的选任与职能分配,才能帮助双层股权结构公司平稳运行。其中,独立董事及监事的选举事项应当排除特别表决权的行使,

---

① 郭雳:《中国式监事会:安于何处,去向何方?——国际比较视野下的再审思》,载《比较法研究》2016 年第 2 期,第 78 页。

② Godwin A, Lee P W, Langford R T. Technology and Corporate Law: How Innovation Shapes Corporate Activity[M]. Camberly Surrey: Edward Elgar Publishing, 2021:66-67.

③ 《中华人民共和国公司法(修订草案)》第一百二十五条:股份有限公司可以按照公司章程的规定在董事会中设置由董事组成的审计委员会等专门委员会。审计委员会负责对公司财务、会计进行监督,并行使公司章程规定的其他职权。设审计委员会且其成员过半数为非执行董事的股份有限公司,可以不设监事会或者监事,审计委员会的成员不得担任公司经理或者财务负责人。

④ 《中华人民共和国公司法(修订草案二次审议稿)》第一百二十一条:股份有限公司可以按照公司章程的规定在董事会中设置审计委员会,行使本法规定的监事会的职权,不设监事会或者监事。前款规定的审计委员会由三名以上董事组成,独立董事应当过半数,且至少有一名独立董事是会计专业人士。独立董事不得在公司担任除董事以外的其他职务,且不得与公司存在任何可能影响其独立客观判断的关系。公司可以按照公司章程的规定在董事会中设置其他委员会。

⑤ 吴尚轩:《论中国双层股权上市的规制》,载《法学论坛》2020 年第 6 期,第 155 页。

从而保障独立董事及监事人选的相对独立性,减少特别表决权股东对双层股权结构公司内部监督机构组成人员的控制,尽可能地保证监督主体选任的公平性,以保障监督职能的充分发挥。此外,还需要重新配置双层股权结构公司内部监督主体的职权以解决监督权重合混乱与推诿的问题。

一方面,公司内部监督主体的聘请或解聘与特别表决权股东实现其特质愿景无关,并不需要普通股东让渡其表决权。因为任免独立董事或监事并不会危及特别表决权股东对公司的控制,也不会影响双层股权结构公司的特性。毕竟,内部监督主体的主要职责并不是作出具体的经营决策,而是监督公司内部运营主体(比如董事、高级管理人员)的职责履行情况,独立董事和监事审慎忠实履行职务可以强化特别表决权股东控制双层股权结构公司的制度设计,维持双层股权结构制度的特殊性。另一方面,监督职能是独立董事及监事会制度的重心,股东大会聘请独立董事或者监事的目的是控制双层股权结构制度的内在风险,若普通股东让渡表决权,可能致使其难以监督制约特别表决权股东,进而导致两类股东之间的利益严重失衡,因此不具有合理性。

双层股权结构公司的监督主体缺乏独立性是造成特别表决权股东无法被有效约束的主要原因。因此,强化制约监督主体职能应当首先割裂监督主体选任与特别表决权股东的直接关联,明确适用"一股一票"表决规则选任独立董事与监事,即明确禁止特别表决权股东担任监事。但在双层股权结构公司,特别表决权股东具有资本优势,因此拥有较多的股权及表决权,而普通股东持股少且分散,即使适用"一股一票"表决规则,也可能依然无法对独立董事及监事的选任产生足够的影响。

因此,在立法上可以进一步弱化特别表决权股东对于独立董事及监事选任的控制权,保障监督主体的独立性,以监督特别表决权的行使,防范控制权滥用。有学者提出,可采用双重通过制,即由外部投资者三分之二多数和股东大会过半数通过的方式,以保证独立董事及监事专业性与独立性的同时平衡特别表决权股东对公司日常经营的控制权。[1] 也有学者提出,独立董事及监事的选举应采用股东大会分类表决程序提名并表决,为进一步维护公众投资者的利益,还应采用累积投票制。[2] 而日本《公司法》则规定,

---

[1] Bebchuk L A, Hamdani A. Independent directors and controlling shareholders[J]. University of Pennsylvania Law Review,2017(6):1271-1315.

[2] 李俪:《双层股权结构本土化的潜在风险与防范制度研究——兼评科创板特别表决权规则》,载《金融监管研究》2019年第12期,第33页。

公司章程有权规定类别股东享有选任一定数量董事或监事的权利。美国的
电话和数据系统公司（Telephone and Data Aystems，Inc.）赋予中小投资者
选举董事会成员的权利，特别是独立董事的权利，避免创始人利用表决权优
势过度剥削中小投资者合法权益，进而限制创始人实施"自肥行为"。还有
学者建议，剥夺控制股东选择独立董事的权利，尽快成立中国投资者协会，
由中国投资者协会在有资质的独立董事中通过摇号等方式遴选独立董事，
由中国投资者协会发聘书，并发放津贴。以上监督主体选任方式的变通能
够在一定程度上割裂监督主体与特别表决权股东的直接牵连，但是双重通
过制可能存在因普通股东间的异质化倾向而无法达到既定比例的缺陷，在
实际操作中存在困难。采用股东大会分类表决并叠加累积投票制仍存在无
法选出代表普通股东利益的监督主体的可能，因此可以借鉴美国双层股权
结构公司的实践经验，建立外部独立董事协会制度，由第三方机构（比如中
国上市公司协会）从设立的独立董事人才库中挑选独立董事，并鼓励双层股
权结构公司设置外部监事制度，明确与公司关联方有亲属关系、业务关系、
股权关系的人员不得担任双层股权结构公司的外部监事。在独立董事的选
任程序方面，双层股权结构公司成立独立董事提名委员会，该提名委员会的
半数以上成员应由普通股东选举产生，以代表普通股东的利益。在独立董
事提名委员会提名独立董事候选人后，股东大会应采用"一股一票"的表决
规则并叠加累积投票制最终确定独立董事人选。通过赋予普通股东选举独
立董事提名委员会成员的权利，传达普通股东的利益诉求，保证普通股东选
出代表其利益的监督主体，能够实现对特别表决权股东及管理层的有效制
衡，从而维护双层股权结构公司及普通股东的利益。

　　提高独立董事在董事会的比重能够放大其在双层股权结构公司治理中
的影响力，进而在公司治理中形成威慑作用，解决较低的话语权与较高的社
会期待之间的矛盾。《科创板上市规则》和《创业板上市规则》尚未就双层股
权结构公司的独立董事比例作出特殊规定，因此仍适用上市公司的一般规
定，即独立董事在董事会中的比重应高于三分之一。但美国纳斯达克市场
上市规则规定：董事会应当由过半数独立董事组成，以便更有效地履行董事
会职责。[1]　因此，在双层股权结构公司董事会成员多数为拥有特别表决权
股份的股东、董事会对股东大会负责的关系弱化的背景下，有必要提高董事
会中独立董事的比重，可以要求双层股权结构公司的独立董事人数至少为

---

[1]　NASDAQ Stock Market Rules 4350-4.

全部董事人数的二分之一,保障独立董事在采取一致行动时能对普通决议产生决定作用,从而强化内部监督机构的独立性。

　　为充分发挥独立董事在双层股权结构公司中的监管效用,独立董事的独立性和专业性均应得到进一步提高,解决独立董事较低的参与度与较高的专业素养之间的矛盾。香港联交所《综合主板上市规则》要求双层股权结构上市公司成立以独立非执行董事为全部成员的企业管治委员会,设置常设合规顾问以改善公司内部监管①,并对提名委员会制定了严格细致的规定②。新交所《主板上市规则》则要求双层股权结构公司的审计委员会、薪酬委员会及提名委员会的多数组成人员应当为独立董事,并且各委员会主席也应由独立董事担任。③ 美国的《萨班斯-奥克斯利法案》(Sarbanes-Oxley Act)强制要求仅独立董事能担任审计委员会成员,《多德-弗兰克华尔街改革和消费者保护法》(Dodd-Frank Wall Street Reform and Consumer Protection Act)也制定了强制性规范,要求薪酬委员会成员均须由独立董事担任。这些关键职位由专业素养较高的独立董事担任,并成立专门委员会参与公司治理,既能提高独立性,又能加强信息获取能力,从而避免落入信息陷阱。通过定期公布关于公司治理的报告,向公众披露双层股权结构公司的运行情况,能够充分发挥监督作用,并对特别表决权股东及管理层的权利行使形成有效威慑。另外,要让中介机构及其专业人士(比如财务顾问、会计师事务所、资产评估机构)对高风险议案的专业咨询意见前置于董事会决议,让独立董事制度独立聘请、公司付费的中介意见在独立董事表决前公开而非躲在独立董事表决之后,独立董事基于对中介专业知识和人品的善意信赖可以免责。但是此种对于专业机构(如公司高管、审计机构)出具文件的信赖,只能作为信赖基点,而非让独立董事完全不作自己的判断。若该文本具有明显的问题(一般人标准),独立董事应该履行核实义务,否则具有严重过失。而对于专业人可以发现的问题(行业通用标准),独立董事未能履行核实义务的,属于疏忽而导致的过错,过错程度应比前者轻。同时,建议证监会派出机构和交易所与独立董事建立信息直通车制度,为独立董事独立履职提供制度支撑,进一步优化独立董事信息获取渠道,确保独立

---

①　HKEX Listing Rule 8A.33.

②　该规定具体包括:双层股权结构公司必须成立提名委员会,委任或者重新委任董事(包括独立非执行董事)必须经由提名委员会举荐,并且,提名委员会必须由独立非执行董事担任主席。此外,独立非执行董事须至少每三年轮流退任,独立非执行董事可在三年任期完成时获重新委任,从而监督特别表决权的合规性行使。

③　张巍:《双重股权架构的域外经验与中国应对》,载《财经法学》2020 年第 1 期,第 82 页。

董事信息获取渠道畅通,拓宽独立董事参与公司事务的广度,使其能够获取履职所必需的信息,对决策的形成过程有整体性的全面和充分的了解,减少因信息不对称导致的"不独"与"不懂"。

《中华人民共和国公司法(修订草案二次审议稿)》第一百二十一条引入了审计委员会制度,并要求独立董事占审计委员会成员人数过半且至少一名独立董事是会计专业人士,这一要求与双层股权结构公司的治理需求相契合。研究表明,与未从事欺诈性行为的公司相比,实施欺诈行为的公司拥有较少的非会计财务专业人员。① 本书认为应将独立董事职位专职化,如专职化独立董事同时只能在一家上市公司任职,最长任期两届、六年;独立董事津贴可对标公司高管(包括董事长和总经理)的薪酬水准,但诚信度和勤勉度的要求以及失信成本也要同步提高。同时,针对不同独立董事类型和专业领域作用发挥等因素,对独立董事的责任承担应当分级分类。应该充分借鉴并领会美国商业判断规则制度的精髓——保护从事冒险事业的企业家决策的企业家精神而不是扼杀之、抑制之,故对于尽到根据每个人所处的具体决策场景的适当注意义务且其主观上是为企业最大利益而决策的,可以豁免承担决策失败的责任,在不确定性风险增大的情况下减少职业经理人的商业决策的赔偿义务。赔偿义务要根据每个人的具体状况判断有无违反勤勉义务及违反的程度,如由于财会专业的独立董事评估财务报告舞弊风险的能力超过其他类型的独立董事,财会专业独立董事应与非财会专业的独立董事承担差异化的法律责任。另外,还可借鉴美国经验,逐步推动由相对成熟的职业经理人担任更多的上市公司独立董事,形成独立董事的专业人才流通市场,从根本上有效提高独立董事的业务水平,增强其履职能力,使各类型独立董事发挥自己的专业所长,更加积极地参与公司治理,充分行使独立董事监督公司的董事权利,为公司经营发展提供建议。并且,独立董事具有专业优势以及独立于公司的特点,能够客观审查双层股权结构公司披露的信息是否合规。因此,应要求双层股权结构公司的独立董事对披露的信息承担保证责任,保证披露内容符合《科创板上市规则》《创业板上市规则》《上市公司信息披露管理办法》等文件的要求。若独立董事对披露的内容存在异议,应在披露文件上作出相应的声明并说明理由。通过强化独立董事对信息披露的保证责任,可以督促独立董事更加积极地行使职责,

① Wan W Y, Chen C, Xia C, et al. Managing the Risks of Corporate Fraud: The Evidence from Hong Kong and Singapore[J]. Hong Kong Law Journal, 2018(1): 125-166.

监督公司内部人员权力行使,在提高信息披露内容质量的同时促进双层股权结构公司治理规范化。

双层股权结构公司的股东代表监事的选任和薪酬在很大程度上由特别表决权股东掌控。职工代表监事普遍存在专业性有限的问题,导致其实际监督效果有限。因此,可以鼓励双层股权结构公司设置外部监事,并保证外部监事的独立性。可以规定职工代表监事与外部监事的比例总和不得低于二分之一,允许公司章程根据公司自治设置更高的非股东代表监事比重,从而形成股东代表监事制约股东会成员、职工代表监事制约董事会成员和高级管理人员、外部监事维护公司普通股东等人员利益的格局。

若双层股权结构公司选择监事会与独立董事并存的"双核心"内部监督模式,两个监管主体共同存在于同一公司内部,则需要妥善安排职能分工以避免内部监督机制产生冲突。因此,需要明确划分监事会与独立董事监督职能的边界。一般情况下,独立董事是来自董事会内部的监督,而监事会则属于来自董事会外公司专职监督职能部门的监督。[①] 这两个监督主体在职能层面存在重合,都以监督特别表决权股东及管理层的行为为工作职责,以保护普通股东利益并降低公司代理成本为目标。但两者组成成员的差异性也决定了两个监督主体不同的监督侧重点。独立董事为董事会组成人员,了解公司经营情况,且具有专业性知识,对公司人身财产依附性较低;监事会独立于董事会,且有相当部分的监事由职工选举产生,监事的履职能力参差不齐,注重监督效率与监督成本。基于二者能力与独立性的差异,可以对独立董事与监事的监督职能作出如下优化配置:独立董事主要侧重事中监督,而监事会则主要侧重事后监督,两个监督主体相互合作、交换信息,从而实现对双层股权结构公司内部权力行使有效制约的正向合力效果。

第一,可以适当扩张独立董事的防御性职权。允许独立董事在经营决策中享有一定否决权,但行使该否决权不影响特别表决权预设功能的执行。因此,只有在出现涉及特定事项可能导致公司价值降低等情况时,才需要独立董事介入行使其防御性职权。除此之外,为进一步强化独立董事防御性职权的实效性,可以制定以获得独立董事事先的认可为股东大会特定事项表决启动前置条件的规则,或者给予独立董事对已在股东大会表决通过的前述事项的异议权。第二,强化监事会的事后救济能力。明确监事会出具

---

① 基尔森:《控制股东与公司治理:比较分类法的深化(上)》,缪因知译,载《金融法苑》2010 年第 2
期,第 175 页。

的专项意见能够成为股东代表诉讼中证明管理层权力滥用的证据。并赋予监事会在特定情况下弹劾特别表决权股东的权力,该特定情况应限缩在不立即提起弹劾将导致公司利益受到难以弥补的损害的紧急情况,并且需经监事会三分之二多数决通过,以保障监事会的弹劾机制易于被触发但又不至于被滥用。①

当双层股权结构公司认为独立董事与监事会的监督职能无法协调,两个内部监督主体无法产生"1+1>2"的监督效果时,可以选择设立审计委员会,废除监事会。因为独立董事和监事会制度设计的共同目标是实现公司内部权力的必要分离②,因此内部权力监督机构设置是一种工具,而非目的,通过内部监督主体的存废,将监督职能整合,加强对公司内部权力运行的监督,实现控制权监督与投资者保护是内部权力监督机制的最终目的。但是不同监督主体在公司的地位差异导致两者的监督模式并不相同,在公众投资者普遍博弈能力有限的情况下,应对双层股权结构公司根据公司自治变通内部监督模式的自由度进行一定限制,避免公司通过缩减公司内部监督主体以达到侵害投资者合法权益、方便控制权滥用的目的。

首先,若双层股权结构公司采用不设监事会的治理方式,需要在公司文件中充分阐明采用创新内部权力监督模式的必要性与潜在风险、现有监督主体的职能配置、监督权行使的范围等,并且,还应采用平等协商的方式征求双层股权结构公司现有股东的意见,公司拟采用的监督方案应获得三分之二以上表决权股东通过,以防止公司创始人利用持股比例优势和表决权优势剥夺其他股东对公司内部权力监督机构设置的话语权。

若双层股权结构公司采用审计委员会为唯一内部监督主体的治理模式,应对审计委员会的监督职能作出扩充。由于《科创板上市规则》规定了监事会具有就特别表决权股东资格、特别表决权股份的转换、特别表决权股东权利行使等事项出具专项意见的权利,若双层股权结构公司采用"一元制"的审计委员会监督模式,以上权利应转移至审计委员会,避免公众投资者通过专项意见了解双层股权结构公司特别表决权行使等情况的权利被剥夺。在2021年《公司法》修订中,审计委员会成员的组成规定有所优化,《中华人民共和国公司法(修订草案)》第一百二十五条规定,审计委员会由董事

---

① 李俪:《双层股权结构本土化的潜在风险与防范制度研究——兼评科创板特别表决权规则》,载《金融监管研究》2019年第12期,第33页。
② 季奎明:《中国式公司内部监督机制的重构》,载《西南民族大学学报(人文社科版)》2020年第4期,第72页。

组成,且过半数为非执行董事,而《中华人民共和国公司法(修订草案二次审议稿)》要求审计委员会过半数为独立董事。可见,《中华人民共和国公司法(修订草案二次审议稿)》不再强调审计委员会成员必须是董事,能够有效避免董事会规模庞大或者迫使同一董事兼任多个委员会成员的情形,从而避免专门委员会的制度价值减损问题。但是,当前审计委员会仅要求成员过半数为独立董事的要求可能无法满足双层股权结构公司的治理需求。因为特别表决权股东可以通过选任和薪酬等方面对独立董事施加控制,导致监督职能无法有效发挥。美国《萨班斯-奥克斯利法案》强制要求仅独立董事能担任审计委员会成员。[①] 为强化双层股权结构公司取消监事会设置后的内部监督机制效用,审计委员会应当全部由独立董事组成,明确独立董事以公司所有股东利益为监督与审查出发点的职责,以提高监督主体的有责性和角色明确性。

适当激励制度的缺失以及财务支配权受限是导致双层股权结构公司独立董事和监事消极行使职权、公司内部监督机制失灵的重要因素。因此,应改进内部监督主体的激励机制,调动监督主体履行职责的积极性。具体而言,有以下几点改进建议。

首先,应隔离特别表决权股东与公司内部监督主体间的直接关系,对独立董事和监事的薪酬事项运用"一股一票"表决规则进行表决。可以借鉴其他法域独立董事的薪酬激励体制,如允许上市公司为独立董事在履职期间提供限制性股票激励计划,确保其透明持股,形成双层股权结构公司独立董事利益与公司运行状态捆绑的样态,从而鼓励独立董事客观监督公司内部权力运行。

其次,可以构建独立董事风险提示和避险制度。完善董事责任保险,引入公司章程的免责条款、补偿条款,以保险制度为兜底协同董事义务标准、责任免除、补偿等制度降低独立董事自掏腰包的概率,给予独立董事积极履职的保障。纵观英国、澳大利亚、德国、加拿大、法国、日本、韩国等国家,独立董事自掏腰包的情况极为罕见。根据美国布莱克(Black)教授的研究发现,绝大多数案件最终以和解收场,通常由保险公司或者董事就职的公司买单。在过去20多年,只有包括安然案和世通案在内的四个案件是由独立董

---

① Sarbanes-Oxley Act Section 301(3)(A).

事自掏腰包。①

再次,引入独立董事评估与公开机制,可由中国上市公司协会设置对独立董事独立性工作的评估机制,对独立董事的履职情况进行监督、考核和评估。鼓励普通股东参与上市公司独立董事的评价过程,对评价结果设置一定权重,充分体现对中小投资者的利益保护。对于评估考核结果为未尽职的独立董事,可对其采取一定的惩戒措施,如将相关事项记录在独立董事自身档案中,降低其职业声誉等。

最后,建立独立董事责任限制保护机制。在双层股权结构公司中,特别表决权股东更容易侵害公司与中小股东利益,因此双层股权结构公司独立董事具有较一股一权结构公司独立董事更重的监督责任与更大的社会期待。为打消独立董事在双层股权结构公司从业的顾虑,减轻独立董事因害怕承担巨额赔偿不愿就职的压力,应设计对独立董事责任限制保护的机制。例如,美国国会于1995年通过立法规定,只有在证明独立董事故意违反证券法规时,独立董事才承担连带赔偿责任。除此之外,据1915年 Bates v. Dresser 案所体现的判例法规则,美国外部独立董事的责任轻于内部董事。又如,日本近年来在总体上减轻董事等公司高级管理人员责任的基础上,对独立董事的责任也增加了特别的限制,允许公司章程约定或股东大会全体决议免除或限制独立董事责任,且规定独立董事赔偿责任远远低于其他董事高管。② 因此,我国应将独立董事的责任限度与薪酬、过错、服务年限等

---

① 1991—2004年,美国共有3239起联邦证券集团诉讼,其中有1754起案件以和解结案。通过对原告首席律师、董事责任险的保险人和保险经纪人进行电话调查,发现只有四起案件的独立董事自掏腰包予以赔偿,其中就包括安然案和世通案。在世通案中,12名独立董事总共支付了2450万美元的赔偿金。在安然案中,外部董事总共支付了1300万美元的赔偿金,此外,安然的独立董事还因未能对员工期权计划进行适当的审查而向美国劳工部支付了150万美元。第三起案例是一个秘密和解件,四名独立董事每人支付了5万美元。第四起案件中,独立董事因缺乏董事责任险而不得不自掏腰包,具体数额不详。一直以来,SEC对于加大独立董事惩罚力度持极为审慎的态度,但如果独立董事明知违法而故意为之,则SEC也会追究独立董事的法律责任。在SEC执法中,独立董事受到财产处罚的较为罕见,独立董事违反义务的民事罚款最高限额是10万美元。相对于金钱而言,美国独立董事损失的风险主要在声誉方面。参见 Black B S, Cheffins B R, Klausner M D. Outside Director Liability: A policy analysis[J]. Stanford Law Review, 2006(1): 5-20.
② 日本股份有限公司法规定,董事等怠于其职责的,对该股份有限公司承担损害赔偿责任,该责任非经全体股东的同意不得免除。但假如董事等履行职责善意且无重大过失的,可经股东大会决议,以董事等从其任职公司获取的一定年度平均薪酬、津贴的总额为限承担责任,超出此数额部分可以免责。其中代表董事承担责任的额度为其六年总收入,代表董事以外的非独立董事为四年,而独立董事为二年。鉴于代表董事、非独立董事的薪酬、津贴等要远远高于独立董事,加上计算承担责任的薪酬、津贴等年限较长,即使独立董事需要承担赔偿责任,其赔偿的数额也必然大大低于其他董事,从而将独立董事的任职风险控制在预期范围内。

相结合,在引入董事责任险的同时,允许公司章程中约定免除或限制董事责任条款等制度设计。

综上所述,我国双层股权结构公司可以将独立董事的薪酬与公司治理水平相联结,督促独立董事以保护公司利益和股东整体利益为出发点,积极行使监督、辅助建议的职责。此外,应保障监事会的财务支配权,要求双层股权结构公司设立专项监督基金①,监事会对该监督基金具有完全独立自主的支配权,保障监事能够获得行使监督职能所需的资金,积极开展检查公司财务等活动,避免监事受制于特别表决权股东对财务的控制而在行使监督职能时受限。通过以上制度激励独立董事和监事独立审慎履行职责,能够实现独立董事与监事会高效运转以防控风险的目标,从而有效减小双层股权结构公司内部监督机制失灵的风险。

---

① 马更新:《〈公司法〉修订语境下的监事会制度架构变革探析》,载《上海政法学院学报》2021年第3期,第10页。

第五章　双层股权结构下的信息披露制度

证券市场是一个信息驱动的市场,双层股权结构制度稳定运行的内在要求是实现信息的有效传递,充分披露双层股权结构制度运行的风险,保障表决权受限制股东的知情权,充分发挥信息披露的监督作用。而现实的证券市场多为"弱式有效市场"或"半强式有效市场",因此,信息不对称现象客观存在,而双层股权结构制度进一步加剧了信息供需方间的信息掌握失衡状态。为实现双层股权结构公司信息流动的再平衡,需要针对性地建立更为严苛的信息披露制度。首先,本章就信息披露制度的必要性展开论述,运用法玛(Fama)的有效市场假说论证信息不对称的现状,并运用法律博弈论梳理信息披露产生交易成本的逻辑。其次,结合信息披露相关规定探讨双层股权结构语境下信息披露的不足之处。最后,以问题为导向并结合具体实际提出信息披露制度本土化构建的路径,以助推对双层股权结构制度风险的有效防控与强化投资者权益保护两大目标的实现。

第一节　信息披露制度概述

一、信息披露制度的法理逻辑

上交所科创板注册制的顺利落实依赖于配套制度的不断完善,其中,信息披露制度是完善这些配套制度的核心。信息不对称的现象在证券市场中较为普遍。基于法玛的有效市场假说(efficient markets hypothesis)①,证券价格对于信息的反应可以分为三种类型:一是"弱式有效市场"(weak

---

① 有效市场假说由法玛提出,该假说的前提假设为参与市场的投资者有足够的理性,并且能够迅速对所有市场信息作出合理反应。该理论认为,在法律健全、功能良好、透明度高、竞争充分的股票市场,一切有价值的信息已经及时、准确、充分地反映在股价走势当中,其中包括企业当前和未来的价值,除非存在市场操纵,否则投资者不可能通过分析以往价格获得高于市场平均水平的超额利润。

form efficiency market）①；二是"半强式有效市场"（semi-strong form efficiency market）②；三是"强式有效市场"（strong form efficiency market）③。④ 实际上，"强式有效市场"假定理论缺失以及真实却不完美市场环境的现实基础使自愿信息披露制度的根基被瓦解，取而代之的是强制信息披露制度在上市公司运用的合理性。实证研究发现，所有权和控制权分离程度加剧会使上市公司自愿披露的意愿和主动性降低。双层股权结构上市公司中控制权和现金流权严重背离，因此应当进行强制信息披露。尤其应当披露双层股权结构可能会出现的代理成本风险和投资者保护风险⑤，提醒投资者提前预见这一股权结构上市公司的投资风险，在信息充分的基础上作出自愿决策。一方面，外部投资者对信息的接收与处理能力存在客观局限性，因此很难完全了解发行人，双层股权结构的上市公司对于公司运营、投资收益以及风险系数等信息的掌握远超外部投资者，且发行人为了吸引投资者，更有理由隐藏公司内幕信息。另一方面，在双层股权结构下，中小股东的表决权被严重限制，差异化表决权为控制股东隐瞒中小股东提供了方便，增加了外部投资者获取公司真实经营信息的难度，使外部投资者承担更大的投资风险。因此，为了控制信息供需双方的信息失衡程度，推进以市场主导、披露为本的注册制改革，监管机关需要建立公开、透明的信息披露制度解决"弱式有效市场"或"半强式有效市场"中上市公司与投资者间的信息不对称。通过优化信息披露制度，将权利交给有效市场，以高质量的信息披露反映证券价格波动，帮助投资者运用信息理性作出投资决策，能够向"强式有效市场"的目标靠近，从而促进我国资本市场注册制改革目标的实现，保持资本市场上市公司优胜劣汰的良性生态空间。

---

① 即在该市场中，证券价格充分反映过去所有历史的证券价格信息。
② 即在该市场中，证券价格及时反映了上市公司披露的所有公开信息，投资者对这些信息的及时捕捉将导致证券价格相应地作出迅速反应。
③ 即在该市场中，证券价格反映了所有与上市公司行为有关的信息，包括公开的信息和未公开的信息（如内幕信息）。
④ Fama E F. Efficient capital markets：A review of theory and empirical work[J]. The Journal of Finance，1970(2)：383-417.
⑤ 在双层股权结构公司中，拥有特别表决权的创始股东绝对控制公司的股东大会和董事会，普通股东难以在股东大会和董事会上对公司内部控制人的决策提出不同意见，公司外部控制权市场又失去了监督作用，因此，充分知晓双层股权结构的代理成本和投资者保护风险对投资者来讲利益攸关。

二、信息披露保护投资者的逻辑

正如布兰代斯(Brandeis)大法官所言:"信息披露是一剂社会和企业弊病的良药,犹如太阳是最佳消毒剂。"①中国资本市场相较于美国等地的资本市场,成熟度有待进一步提高,表现为典型的散户型市场②。尽管投资者存在自身投资素质限制与非理性行为产生的投资偏差,但全面信息披露对于投资者保护仍有不可小觑的作用。因为从社会基本意识形态层面来看,全面信息披露与自由市场原则以及个体自治原则相契合。从公司治理层面来看,高质量的信息披露具有以下两点积极效应:一是能够有效降低公司股权融资成本,因为信息供需双方的不对称现象能通过信息披露得到有效控制,从而降低上市公司股票的风险系数,投资者在全面了解公司治理情况后能够对股票的回报率作出合理预期,从而提高股票流动性并降低股票买卖差价,有助于上市公司降低股权融资成本。二是能够有效抑制公司内部股东的内幕交易获利。大量的实证研究表明,信息不对称与内幕交易获得的异常利润之间呈正向关系。③ 强化信息披露制度以提高披露内容质量和信息的时效性能够显著提高内部人获取内幕信息的成本和难度,从而压缩内幕信息的存在空间,降低公司内部股东通过内幕信息交易获得超额利润的可能性。④ 建立全面的信息披露制度,并强调信息披露内容须符合清晰简明、通俗易懂的要求,规避信息的"棘轮效应"⑤,构建一个增减平衡的动态信息披露空间,能够有效提高信息披露对投资者的实效性,从而减少信息不对称现象,保障投资者的知情权,并协助其作出理性投资决策。

从法律博弈论角度分析,通过制定合理的信息披露规则能够有效降低交易成本,达成法律均衡⑥,实现有效立法以均衡双层股权结构公司各方的

---

① 布兰代斯:《别人的钱:投资银行家的贪婪真相》,胡凌斌译,法律出版社 2009 年版,第 53 页。
② 即以散户为主导、机构投资者为补充的初级资本市场格局。其中,散户投资者多为缺乏金融专业知识的普通投资者,他们对于公司盈余信息披露公告事件的反应往往表现出劣于机构投资者的投资决策能力。
③ Wei W. Information asymmetry and insider trading[D]. Chicago:The University of Chicago, 2015.
④ 傅穹:《证券发行注册制中信息披露对投资者的法律适应性分析》,载《江西财经大学学报》2016 年第 6 期,第 113 页。
⑤ "棘轮效应"是指立法者本着让投资者了解一切的决心,不断扩充现有的披露条款,以求达到使投资者全面理解的目的。但是这样的扩充是盲目的,全面信息披露体系一味地扩张却很少收缩,反而使投资者不堪重负,信息池成为不断积累的堰塞湖,全面披露的效果过犹不及。
⑥ 金梦:《法律博弈论及其核心构造》,载《江海学刊》2015 年第 5 期,第 228 页。

利益。法律博弈论是指研究策略主体的行为在发生相互直接作用时的策略选择以及这种策略选择所产生的均衡问题的方法和理论。科斯定理是法律博弈论的基石,可以分为实证的科斯定理和规范的科斯定理。在现实市场交易中,交易成本的产生是因为个体间存在利益分歧而私人协商存在障碍,即信息不完全和对策行为导致产生交易成本。而完善信息披露制度提高法律效率就涉及规范的科斯定理。出于相互性的考虑,各个主体之间策略行为的转变产生了不同交易方式与不同的交易成本,不同的替代率为信息披露制度在选择最低交易成本的交易方式中预留发展空间。[①] 通过制定合理的双层股权结构公司信息披露规则,厘清强制性信息披露框架的同时鼓励公司制定自愿性信息披露规则,实现自愿交易,提高效率,形成双层股权结构公司所有参与人最大化行为的函数。[②]

第二节　双层股权结构公司信息披露制度的现实困境

一、现行信息披露制度规定模糊

以美国等地区的治理经验为基础,以法律、行政法规、部门规章和其他规范性文件为框架,中国资本市场构建起了多层次的信息披露规范体系。目前关于双层股权结构公司信息披露制度的规定主要集中在证监会及上交所公布的规则中。总体而言,有关双层股权结构公司的信息披露要求分布较为分散,且数量众多,体系层次较为复杂,关于信息披露的具体内容呈现概括、笼统的特征,缺乏针对双层股权结构公司股权结构特殊性而作出的统一体系化安排。

具体而言,双层股权结构公司信息披露监管的法律规制体系可以分为以下几个层次:在法律层面,《公司法》第一百四十五条[③]规定了上市公司负

[①] 柯华庆:《科斯命题的博弈特征与法律实效主义》,载《中山大学学报(社会科学版)》2008 年第 2 期,第 159 页。

[②] 柯华庆:《实效主义法律经济学》,载《法哲学与法社会学论丛》2010 年第 15 期,第 236 页。

[③] 《公司法》第一百四十五条:上市公司必须依照法律、行政法规的规定,公开其财务状况、经营情况及重大诉讼,在每会计年度内半年公布一次财务会计报告。

有向公众披露相关信息的义务；新《证券法》第十九条①和第二十条②规定了上市公司在发行阶段的信息披露义务，新《证券法》第五章规定了上市公司的持续信息披露义务。在证券交易所的业务规则层面，上交所公布的《科创板上市规则》第五章就上市公司的信息披露义务作出一般规定，同样应适用于双层股权结构上市公司。但是，《科创板上市规则》采用"可能影响""较大影响""重大影响""重大事项""重大风险""重大信息"的表述用词模糊，主观性较强，导致出现信息披露内容范围难以界定的问题。在制度规范不够明确的情况下，相关信息可能会被双层股权结构公司或其他信息披露义务人遗漏或者故意隐藏，导致公司外部股东的知情权受到侵害。《科创板上市规则》第 4.1.8 条③规定了需穿透式披露的主体，第 4.5.11 条④及第 4.5.12条就双层股权结构公司的信息披露义务作出特殊规定，并明确监事会出具专项意见的义务。

二、信息披露内容实效性有限

《科创板上市规则》和《创业板上市规则》等文件就双层股权结构公司的信息披露义务制定了更高的要求，这是因为双层股权结构公司的公众股东通常未被充分告知双层股权结构制度的风险，因此需要强化信息披露制度以保障公众股东的知情权。⑤ 但双层股权结构公司治理结构的特殊性导致发行人和公众投资者之间具有天然的利益冲突⑥，双方的利益冲突导致市

---

① 新《证券法》第十九条：发行人报送的证券发行申请文件，应当充分披露投资者作出价值判断和投资决策所必需的信息，内容应当真实、准确、完整。为证券发行出具有关文件的证券服务机构和人员，必须严格履行法定职责，保证所出具文件的真实性、准确性和完整性。

② 新《证券法》第二十条：发行人申请首次公开发行股票的，在提交申请文件后，应当按照国务院证券监督管理机构的规定预先披露有关申请文件。

③ 《科创板上市规则》第 4.1.8 条：持有上市公司 5%以上股份的契约型基金、信托计划或资产管理计划，应当在权益变动文件中披露支配股份表决权的主体，以及该主体与上市公司控股股东、实际控制人是否存在关联关系。契约型基金、信托计划或资产管理计划成为上市公司控股股东、第一大股东或者实际控制人的，除应当履行前款规定义务外，还应当在权益变动文件中穿透披露至最终投资者。

④ 《科创板上市规则》第 4.5.11 条：上市公司具有表决权差异安排的，应当在定期报告中披露该等安排在报告期内的实施和变化情况，以及该等安排下保护投资者合法权益有关措施的实施情况。前款规定事项出现重大变化或者调整的，公司和相关信息披露义务人应当及时予以披露。上市公司应当在股东大会通知中列明特别表决权股东、所持特别表决权股份数量及对应的表决权数量、股东大会议案是否涉及第 4.5.10 条规定事项等情况。

⑤ Committee on Capital Market Regulation. The rise of dual class shares：regulation and implications[EB/OL]. (2020-04-08)[2021-05-02]. https://www.capmktsreg.org/wp-content/uploads/2020/04/The-Rise-of-Dual-Class-Shares-04.08.20-1.pdf.

⑥ 盘和林：《用制度保障科创板信披"核心"》，载《上海金融报》2019 年 4 月第 2 版。

场透明度先天不足。此外,双层股权结构公司的特殊股权结构及行业的特殊性进一步加剧了公司内部不同主体间的信息不对称程度和信息流动单向性,相关信息披露义务主体更有动力消极履行职责从而形成信息差以牟取私利。在双层股权结构公司治理模式下,信息披露义务主体消极履行职责,导致披露内容形式主义倾向严重,并且特殊的股权结构也使发行人更有动力采用虚假披露或者选择性披露等手段虚增发行股票价格,或者隐藏自利行为,直接削弱了双层股权结构公司信息披露内容的真实性,造成信息披露的监督作用失灵。

双层股权结构公司及相关信息披露义务主体缺乏动力向外部投资者提供客观真实的关于公司内部治理情况的信息。在双层股权结构公司内部,特别表决权股东在公司拥有控制地位,在引发所有权与经济性权利背离的同时也导致外部投资者的合法权益更易受到侵害。一方面,特别表决权股东是董事会的主要成员,他们对公司的经营状况及财务信息了如指掌,因此不必通过公司信息披露的方式了解公司的相关情况,于是管理层及信息披露义务主体可能缺乏动力全面、完整并及时地向公众披露有关公司经营的信息。董事会甚至可能为了维护特别表决权股东的利益而部分披露或不披露相关信息,造成信息披露整体上的虚假性。另一方面,双层股权结构公司及相关信息披露义务主体怠于履行义务也有出于排除外在干预、保护潜在商业秘密以及控制信息披露成本的考量。因为双层股权结构公司多为高科技公司,知识产权及经营战略对公司的发展意义重大,过于详细的信息披露可能导致公司知识产权受侵犯等后果,阻碍公司发展目标的实现。并且,编制烦冗的招股说明书及其他信息披露文件使发行人承担过高的披露成本,甚至存在商业机密等关键信息泄露的风险。因此,双层股权结构公司的信息披露可能遵循强制信息披露的要求,采用尽可能少公开的策略,甚至披露大量历史信息、非关键信息,而对公司特有的风险(比如普通股东表决权受限的风险)避而不谈,导致双层股权结构制度下的风险提示成为形式主义的"稻草人条款"。[1]

双层股权结构公司的关联交易信息披露存在具体配套规定与实践需求不匹配的问题。由于《科创板上市规则》和《创业板上市规则》并没有将有关关联交易的决议纳入强制性的"一股一票"表决事项范围,该制度设计可能出于关联交易并不总是带来消极后果的考虑。因为双层股权结构公司的关

---

[1] 傅穹、卫恒志:《表决权差异安排与科创板治理》,载《现代法学》2019 年第 6 期,第 98 页。

联交易可以被分为两种：一是控制权股东为交易双方主体，并且能控制交易的内容；二是通过关联交易，控制权股东能获得特别的专属于他们的利益，而普通股东并不能从该交易中获益。由此可见，关联交易不具有当然的非法性，也并不必然导致中小投资者合法权益受侵害的后果，并且实施关联交易也可能是公司治理目标实现的需要。此外，《公司法》第二十一条也仅规定，只有公司的控股股东、实际控制人、董事、监事、高级管理人员利用关联关系损害公司利益的行为才会被法律禁止。实证研究表明：控股股东的控制权集中程度与关联交易发生的金额和概率呈正比例关系。[①] 双层股权结构公司股权结构的特殊性导致特别表决权股东对于公司重大交易事项有最终决定权，更有动力实施关联交易以调节账面的营业收入、现金流等数据，从而隐藏攫取私利的证据，也更可能作出与公司或外部股东利益相错位的决策，给公司带来巨大损失。因为《科创板上市规则》缺少有关双层股权结构公司关联交易信息披露的特殊要求规定，因此适用《科创板上市规则》第 7.2.3 条[②]和第 7.2.4 条[③]关于关联交易信息披露的一般规则。该规则以 30 万元以上以及占公司总资产或市值 0.1％以上分别作为与关联自然人和关联法人的信息披露门槛，可能诱发双层股权结构公司内部股东通过多笔小额关联交易以规避强制信息披露的要求，最终可能导致公司或中小股东的利益受损害。若不对双层股权结构公司的关联交易制定更严格的披露标准，可能无法对双层股权结构公司特别表决权股东规避信息披露进行有效监督，无法对其实施欺诈和操纵行为攫取私利等形成有效的约束效果。

三、投资者信息获取有效性有限

在双层股权结构公司，不同类型股东的价值判断水平也具有差异性。

---

① 陈晓、王琨：《关联交易、公司治理与国有股改革——来自我国资本市场的实证证据》，载《经济研究》2005 年第 4 期，第 86 页。

② 《科创板上市规则》第 7.2.3 条：上市公司与关联人发生的交易（提供担保除外）达到下列标准之一的，应当及时披露：（一）与关联自然人发生的成交金额在 30 万元以上的交易；（二）与关联法人发生的成交金额占上市公司最近一期经审计总资产或市值 0.1％以上的交易，且超过 300 万元。

③ 《科创板上市规则》第 7.2.4 条：上市公司与关联人发生的交易金额（提供担保除外）占上市公司最近一期经审计总资产或市值 1％以上的交易，且超过 3000 万元，应当比照第 7.1.9 条的规定，提供评估报告或审计报告，并提交股东大会审议。与日常经营相关的关联交易可免于审计或者评估。

持有普通股份的股东具体可以分为机构投资者和中小投资者。① 其中,机构投资者通过行业调研及数据分析,可能在双层股权结构公司披露信息之前就已知悉该公司的风险及运行等信息。而对专业化程度较低、投资经验有待积累、投机性较强的中小投资者来说,信息披露存在显著的延迟效应。并且,信息披露内容多具有冗杂、专业性强的特征,这些内容对于专业知识有限的中小投资者而言,可能产生令人不愉快的阅读负担,因此,他们很可能怠于阅读披露内容。尽管科创板设置了合格投资者制度,对个人投资者参与科创板双层股权结构公司投资设置了一定门槛②,但事实证明,个人拥有更多财富并不意味着其就一定具有和其财富对等的专业化水平、风险识别能力以及投资决策水平,不同的中小投资者的信息获取能力存在显著差别。双层股权结构公司多为科技创新企业,披露的信息技术性较强,且信息披露文件往往篇幅冗长、内容庞杂,即使是在信息传输有效数据的情况下,缺乏相应专业知识的个人投资者也可能没有能力像机构投资者一样,借助专业知识和计算工具,从冗杂的"信息噪声"中有效提取关键信息以作出合理的投资决策。中小投资者因为缺乏专业知识及"搭便车"心理等无法充分理解披露的信息内容或怠于查看公司披露的信息,而采用"经济人"的行动逻辑,即如果耗费在分析信息上的时间精力成本无法获得相应利润,他们往往会选择忽视公司披露的信息,而更关心公司股价的波动。因此,双层股权结构公司的信息披露对这类投资者的有效性有限。

以科创板为例,尽管上交所就上市公司披露的信息是否符合相关规定有着具体审查规则,即从投资者的立场来看,双层股权结构公司披露的信息

---

① 郭建军:《注册制下上市公司信息披露制度的价值取向与实现》,载《河北法学》2015 年第 9 期,第 185 页。

② 个人投资者参与科创板股票交易,应当符合的条件包括:一是申请权限开通前 20 个交易日证券账户及资金账户内的资产日均不低于人民币 50 万元(不包括该投资者通过融资融券融入的资金和证券);二是参与证券交易 24 个月以上;三是上交所规定的其他条件。

需符合一致性①、简明性②和充分性③。但双层股权结构公司出于行业特殊性及披露成本等因素的考虑不可避免地采用仅满足于合规策略的披露方式,甚至大量双层股权结构公司都采用近似的形式主义披露文案,未能从帮助投资者理解的角度出发提高信息披露内容实效性。通过比较《优刻得招股说明书》及《小米集团招股说明书》,可以看出《优刻得招股说明书》从项目实施风险、特殊公司治理结构风险等方面进行披露,披露的风险因素与《科创板上市规则》及其他文件规定的关于公司业务、技术、公司治理、投资者保护等方面的信息披露要求相契合④,在发行信息披露阶段符合充分性和一致性的要求,信息披露义务的履行较为全面。但是,与《小米集团招股说明书》在第一页就标明小米集团是以不同投票权控制的有限公司并提示投资者留意投资不同投票权结构公司的潜在风险、要求投资者仔细参阅"风险因素"章节的提示方式相比,优刻得关于双层股权结构治理安排披露的显著性及简明性有待加强。未来将有越来越多的双层股权结构公司在科创板上市,若将对公司股票价格可能产生影响的信息不分巨细地一律披露,大量重复信息、非重大信息充斥着信息披露文件,形成"信息噪声",则可能使投资者在信息识别分析中面临更大的挑战,无助于他们作出理性的投资决策。⑤

四、违法违规信息披露成本较低

新《证券法》《科创板上市规则》《创业板上市规则》等文件缺少针对双层股权结构公司违规披露应承担法律责任的配套实施细则,因此在具体实践

---

① 《科创板发行上市审核规则》第三十五条:本所在信息披露审核中,重点关注发行上市申请文件及信息披露内容是否一致、合理和具有内在逻辑性,包括但不限于财务数据是否勾稽合理,是否符合发行人实际情况,非财务信息与财务信息是否相互印证,保荐人、证券服务机构核查依据是否充分,能否对财务数据的变动或者与同行业公司存在的差异作出合理解释。
② 《科创板发行上市审核规则》第三十六条:本所在信息披露审核中,重点关注发行上市申请文件披露的内容是否简明易懂,是否便于一般投资者阅读和理解。包括但不限于是否使用浅白语言,是否简明扼要、重点突出、逻辑清晰,是否结合企业自身特点进行有针对性的信息披露。
③ 《科创板发行上市审核规则》第三十四条:本所在信息披露审核中,重点关注发行上市申请文件及信息披露内容是否包含对投资者作出投资决策有重大影响的信息,披露程度是否达到投资者作出投资决策所必需的水平。包括但不限于是否充分、全面披露发行人业务、技术、财务、公司治理、投资者保护等方面的信息以及本次发行的情况,是否充分揭示可能对发行人经营状况、财务状况产生重大不利影响的所有因素。
④ 《科创板上市规则》第5.2.1条:上市公司应当披露能够充分反映公司业务、技术、财务、公司治理、竞争优势、行业趋势、产业政策等方面的重大信息,充分揭示上市公司的风险因素和投资价值,便于投资者合理决策。
⑤ 程茂军、徐聪:《投资者导向信息披露制度的法理与逻辑》,载《证券市场导报》2015年第11期,第69页。

中仍适用一般规则。即根据双层股权结构公司及相关信息披露义务主体违法违规情节的轻重按照《科创板上市规则》第 14.2.1 条①接受上交所的纪律处分,根据新《证券法》第一百八十一条②承担相应的证券行政责任,或根据《中华人民共和国刑法》第一百六十条③和第一百六十一条④承担相应的刑事责任。与旧法相比,新《证券法》大幅提高了违法违规披露信息的法律责任,但与美国的违法违规信息披露处罚力度相比,当前的法律责任承担规定可能无法形成足够的威慑作用。美国极其重视法律对信息披露的规范和约束作用,并运用《证券法》《证券交易法》《萨班斯-奥克斯利法案》构建起信息披露的法律规制体系。如《萨班斯-奥克斯利法案》第 1106 条⑤规定,对被认定为犯有证券欺诈罪的自然人和法人的量刑有所加重,其中自然人的罚

---

① 《科创板上市规则》第 14.2.1 条:监管对象违反本规则的,本所可以视情节轻重,对其单独或者合并采取监管措施或者实施纪律处分。

② 新《证券法》第一百八十一条:发行人在其公告的证券发行文件中隐瞒重要事实或者编造重大虚假内容,尚未发行证券的,处以二百万元以上二千万元以下的罚款;已经发行证券的,处以非法所募资金金额百分之十以上一倍以下的罚款。对直接负责的主管人员和其他直接责任人员,处以一百万元以上一千万元以下的罚款。发行人的控股股东、实际控制人组织、指使从事前款违法行为的,没收违法所得,并处以违法所得百分之十以上一倍以下的罚款;没有违法所得或者违法所得不足二千万元的,处以二百万元以上二千万元以下的罚款。对直接负责的主管人员和其他直接责任人员,处以一百万元以上一千万元以下的罚款。

③ 《中华人民共和国刑法》第一百六十条:在招股说明书、认股书、公司、企业债券募集办法等发行文件中隐瞒重要事实或者编造重大虚假内容,发行股票或者公司、企业债券、存托凭证或者国务院依法认定的其他证券,数额巨大、后果严重或者有其他严重情节的,处五年以下有期徒刑或者拘役,并处或者单处罚金;数额特别巨大、后果特别严重或者有其他特别严重情节的,处五年以上有期徒刑,并处罚金。控股股东、实际控制人组织、指使实施前款行为的,处五年以下有期徒刑或者拘役,并处或者单处非法募集资金金额百分之二十以上一倍以下罚金;数额特别巨大、后果特别严重或者有其他特别严重情节的,处五年以上有期徒刑,并处非法募集资金金额百分之二十以上一倍以下罚金。单位犯前两款罪的,对单位判处非法募集资金金额百分之二十以上一倍以下罚金,并对其直接负责的主管人员和其他直接责任人员,依照第一款的规定处罚。

④ 《中华人民共和国刑法》第一百六十一条:依法负有信息披露义务的公司、企业向股东和社会公众提供虚假的或者隐瞒重要事实的财务会计报告,或者对依法应当披露的其他重要信息不按照规定披露,严重损害股东或者其他人利益,或者有其他严重情节的,对其直接负责的主管人员和其他直接责任人员,处五年以下有期徒刑或者拘役,并处或者单处罚金;情节特别严重的,处五年以上十年以下有期徒刑,并处罚金。前款规定的公司、企业的控股股东、实际控制人实施或者组织、指使实施前款行为的,或者隐瞒相关事项导致前款规定的情形发生的,依照前款的规定处罚。犯前款罪的控股股东、实际控制人是单位的,对单位判处罚金,并对其直接负责的主管人员和其他直接责任人员,依照第一款的规定处罚。

⑤ 对违反 1934 年《证券交易法》第 32 节(a)规定的证券欺诈行为,对于自然人将单处或并处罚款 500 万美元,不高于 20 年的监禁。参见 Sarbanes-Oxley Act,Section 1106。

款金额最高可达 500 万美元,还可以并处不超过 20 年的监禁。①

以 2015 年中国的金亚科技欺诈发行、违规信息披露案件为例②,若发行人的审计机构、保荐机构以及法律服务机构的违法责任承担与其从事违法行为能够获得的利益之间的差距悬殊,则很可能产生逆向引导相关机构帮助发行人实施违法行为的效果。双层股权结构公司内部存在"代理关系"和"两权"分离造成不同类型股东间的权利配置失衡,特别表决权股东更容易也更有倾向进行利益输送以满足私利。即使《最高人民法院关于为设立科创板并试点注册制改革提供司法保障的若干意见》第十条规定双层股权结构公司特别表决权股东拥有"同股不同权"应做到"同股不同责",但由于具体配套实施细则的缺失,仍旧无法对应承担信息披露义务的特别表决权股东形成有效震慑。由于双层股权结构公司采用注册制的发行审核形式,中介机构对信息披露内容真实性与质量的把关责任更加重大。忽视对中介机构行为及法律责任的规制可能造成保荐机构、审计机构等未尽勤勉义务审慎督导发行人,反而与发行人暗度陈仓损害投资者权益,成为双层股权结构公司违法违规信息披露的工具,导致双层股权结构公司的信息披露制度功能效果有限。

第三节 双层股权结构公司信息披露制度的本土化构建

一、强制信息披露与自愿信息披露相结合

股票发行上市的审核监管逻辑经历由实质审核向形式审核的跃迁,上市公司的发展逻辑经历由"盈利中心主义"向"信息披露中心主义"的转变。③ "以信息披露为中心"的市场能够有效强化投资者保护,但长期以来

---

① 在安然案中,SEC 对安然公司处以近 5 亿美元的罚款,安然前首席执行官被判处 24 年 4 个月的监禁,并处以 4500 万美元的罚款,财务欺诈策划者费斯托被判 6 年徒刑并罚款 2380 万美元,三大投行花旗集团、摩根大通、美洲银行因涉嫌财务欺诈而被判向安然的破产受害者支付 20 亿美元、22 亿美元和 6900 万美元的赔偿。

② 在该案中,证监会对该公司处以 60 万元的顶格处罚,并对实际控制人处以合计 90 万元的顶格行政处罚;人民法院对公司实际控制人作出 3 年有期徒刑及罚金 10 万元的刑事处罚。而与金亚科技公司欺诈发行、违规信息披露具有直接关联的审计机构——立信会计师事务所——被处以没收业务收入 90 万元,并处 270 万元罚款的处罚决定,而保荐机构及法律服务机构的责任尚未明确。参见 http://www.csrc.gov.cn/pub/newsite/zjhxwfb/xwdd/201806/t20180626_340379.html,访问于 2022 年 2 月 4 日。

③ 邢会强:《我国资本市场改革的逻辑转换与法律因应》,载《河北法学》2019 年第 5 期,第 28 页。

中国资本市场存在"融资者强、投资者弱"的失衡格局,该格局导致信息披露制度存在有效性不足的瓶颈,因此资本市场需要适当的"透明度",厘清信息披露界限,将强制信息披露与自愿信息披露相结合,让"透明性"与市场效率相契合。

强制信息披露制度不仅能够有效解决双层股权结构公司控制权与现金流分离产生的代理成本问题,还有助于处于信息弱势的中小投资者运用披露的有关信息作出合理投资决策。但双层股权结构公司多为科技创新企业的特点也意味着强制性信息披露制度可能无法与这些公司不断推陈出新的业态与经济发展模式相契合。通过自愿信息披露制度主动披露业务数据、竞争优势和长期发展战略规划,一方面,能够充分展示公司核心技术和商业优势,保障投资者知情权,满足投资者各异的投资偏好,进而提升公司的整体竞争力;另一方面,双层股权结构公司可以综合考虑市场环境与自身情况来决定公司的披露政策,从而减轻强制性规范对中小企业施加的不必要的"披露负担",同时控制"规模优势"给大公司带来的监管红利。建立强制信息披露与自愿信息披露相结合以实现优势互补的信息披露制度体系,能够在降低信息披露成本的同时,为投资者提供充分有效的信息,帮助其作出理性的价值判断与投资决策。

新《证券法》第八十四条[1]明确了自愿信息披露制度的法律地位,但缺乏相应的具体实施细则也为双层股权结构公司及相关信息披露义务主体实施机会主义行为提供了空间,可能诱发特别表决权股东利用表决权优势故意披露虚假信息、误导性信息,甚至滥用自愿披露的权利实施损害投资者利益的行为。[2] 因此需要对双层股权结构公司的信息披露制度配备严格的监管规则,划定明确的信息披露界限。具体而言:一是要正确处理强制披露与自愿披露的关系。[3] 二是要正确处理自愿披露与公平披露的关系,自愿披露要求公司客观全面地披露与公司相关的正面或负面信息,而非选择性地单向披露。三是要正确处理自愿披露权利行使的限制,因为滥用自愿披露权利的后果是"过度披露"和"信息泛滥",导致证券市场充斥着"噪声信息",

---

[1] 新《证券法》第八十四条:除依法需要披露的信息之外,信息披露义务人可以自愿披露与投资者作出价值判断和投资决策有关的信息,但不得与依法披露的信息相冲突,不得误导投资者。发行人及其控股股东、实际控制人、董事、监事、高级管理人员等作出公开承诺的,应当披露。不履行承诺给投资者造成损失的,应当依法承担赔偿责任。

[2] 李有星、康琼梅:《论证券信息自愿披露及免责事由》,载《社会科学》2020 年第 9 期,第 105 页。

[3] 自愿披露信息以较具主观性的是否会影响投资者的投资决策为判断标准;强制信息披露内容则以客观性较强的"重大性"为判断标准。

造成投资者的信息识别成本增加。四是要正确划定自愿披露中预测性信息与误导性陈述的边界，要求公司在合理的基础上编制、引用数据，使"软信息"具有"硬信息"的核心，并引入安全港规则①。

因此，双层股权结构公司信息披露制度的优化方案可以采用以下几种方式：一是要求公司建立强制信息披露与自愿信息披露相结合的信息披露制度。二是鼓励提高有关公司内部治理的自愿信息披露水平，抑制信息披露义务主体怠于披露、仅对信息进行最低水平披露的惰性行为，鼓励双层股权结构公司根据公司发展特殊性灵活披露展现公司核心竞争力及专业水平的信息，发挥信息披露对公司发展的积极作用，还可以监控掌握控制权的特别表决权股东是否采取机会主义行为"假公济私"。这些方式既有助于对已发生的侵害公司及股东权益行为进行曝光和惩治，也能"未雨绸缪"地消灭萌芽时期的机会主义倾向，显著降低双层股权结构公司的代理成本。

二、以投资者需求为导向披露信息

尽管《科创板上市规则》等文件对上市公司的信息披露义务制定了诸多具体规定，但有关双层股权结构公司的特殊信息披露规定仍有待进一步优化。因为特别表决权股东在双层股权结构公司治理中具有支配性地位，而普通股东的表决权受限制，在公司治理中被边缘化，往往难以及时获得关于公司治理情况的最新动态。因此，强化双层股权结构公司的信息披露制度，全面拓展双层股权结构公司的披露范围、提高信息披露质量，能够帮助投资者恰当评估投资双层股权结构公司的风险，并对公司及特别表决权股东行权形成反向监督，防范拥有超额表决权的特别表决权股东运用特殊股权结构赋予的行权自由牺牲公司及普通股东的合法权益。双层股权结构公司信息披露内容可以从以下角度重点披露。

第一，双层股权结构公司应加强披露采用特殊股权结构制度的必要性及潜在风险。一是应将采用双层股权结构的原因阐述作为双层股权结构公司的强制性披露信息，并从行业性质、公司发展阶段、创始人价值、管理层业绩表现等方面阐明采取双层股权结构股权配置模式与公司经营直接目的之

---

① 安全港规则也被称为前瞻性信息（forward-looking statement）披露的安全港制度，是指信息披露者自愿披露前瞻性信息的行为虽然给投资者造成了损失，但由于一些"情形"的存在而不被认定为违法行为，无须承担赔偿责任。

间的关联性。① 除此之外,还应重点披露特别表决权股份及其持有人的相关信息。② 二是有关双层股权结构公司行业信息披露和双层股权结构制度风险判断因素的披露还应当得到进一步强化。③ 可以根据不同行业量身打造符合其行业特征的信息披露要求,从而实现在满足投资人熟悉公司状况的同时保护商业秘密。④ 关于风险的披露,可以借鉴香港联交所设置"双层股权架构警示"的做法,强制性要求采用双层股权结构的公司在招股说明书等公开文件的醒目位置标明公司采用双层股权结构制度,以进行充分的风险提示。并要求公司就该股权结构安排对公司运营及投资者合法权益保护等方面可能产生的影响进行详细披露,包括公司管理层的可信赖程度与普通股东权益的损害预防机制等⑤,从而保障投资者的知情权,确保其在投资前已知悉双层股权结构的客观风险。

第二,厘清"重大性"信息的认定标准和"重大性"信息的事项范围,"重大性"标准如同天平上的游码,均衡协调双层股权结构公司、投资者与监管者之间差异化的信息需求。⑥ 合理的"重大性"信息认定标准不仅能够帮助投资者作出理性的投资决策,还能控制双层股权结构公司的信息披露成本,提高资本市场效率,实现各方利益平衡。因此可以围绕"价格敏感"和"投资者决策"两个核心概念构造双层股权结构公司信息披露的"重大性"标准,并将披露内容进一步区分为具有重大影响的事项和具有较大影响的事项⑦。在双层股权结构公司持续信息披露阶段,应对战略性、预测性和前瞻性信息

---

① 商鹏:《双重股权结构的制度价值阐释与本土化路径探讨——以阿里巴巴集团的"合伙人制度"为切入点》,载《河北法学》2016 年第 5 期,第 173 页。

② 即使双层股权结构公司仅向公众投资者提供普通股份的投资选择,该公司也必须真实、全面、及时地披露发行股份的所有类型、每种类型股份的数量、价格与股份权利构造以及每种类型关于转让的限制等信息。

③ 胡亦龙、马国洋:《科创板背景下双重股权结构制度研究》,载《江西财经大学学报》2021 年第 2 期,第 146 页。

④ 石云逸、李延莉:《对我国科创板上市公司同股不同权的思考》,载《现代商业》2022 年第 7 期,第 100 页。

⑤ 金晓文:《论双层股权结构的可行性和法律边界》,载《法律适用》2015 年第 7 期,第 57 页。

⑥ 徐文鸣、刘圣琦:《新〈证券法〉视域下信息披露"重大性"标准研究》,载《证券市场导报》2020 年第 9 期,第 75 页。

⑦ 在公司发行信息披露阶段,以下内容可视为具有重大影响的事项:①双层股权结构公司性质及公司规模;②采取双层股权结构的风险因素及对策;③发行人情况;④股本及主要固定资产;⑤财务会计资料;⑥特别表决权的权利行使范围;⑦特别表决权股份的投票权比率;⑧特别表决权股东的从业经历等。有较大影响的事项可以包括:①公司资金的运用;②公司盈利预测;③公司发展规划;④经营业绩;⑤有关普通股东事项等。参见李有星、徐鹏炯:《内幕信息重大性标准探讨》,载《浙江大学学报(人文社会科学版)》2017 年第 3 期,第 178 页。

和与公司治理相关的信息(例如公司的现金流、管理层薪酬以及特别表决权股东的财务信息)进行重点披露。美国的证券交易所要求对于只要存在影响投资者决策或股票价格的信息,双层股权结构公司应在最短时间内(最长不超过 15 天)提交至证券交易所并向投资者及时披露,并对双层股权结构公司管理层的财务、业绩等信息规定了细致的披露要求,甚至要求向投资者披露高管个人的财务状况、关联信息等,且年限为其任职前五年的全部内容。因此,可以考虑扩大对管理层,特别是特别表决权股东的信息披露范围,帮助投资者理性判断双层股权结构公司控制权与现金流的分离程度以作出理性投资决策。

　　第三,加强关于特别表决权股份及其持有人的信息披露。中国双层股权结构制度允许法人股东持有特别表决权股份,因此在实践中,该类法人股东往往不是上市公司,故当法人持有特别表决权股份时,就可能出现创始人以金字塔结构控制上市公司的情况。并且,特别表决权股东可能将其从公司获得的私人利益模糊化甚至故意减少披露,从而降低政治成本(political costs),使其与公司实际运行情况相匹配。[1] 为充分发挥信息披露的监督作用及保障投资者的知情权,应当对持有特别表决权股份的法人股东进行穿透式披露,要求披露至最终投资者,并详细说明金字塔持股结构中各个层级的股权架构,并且还应当在双层股权结构公司招股说明书的风险提示章节进行特别说明,提醒投资者注意。除此之外,还应当强化特别表决权股份转让的信息披露[2],避免特别表决权股东通过股权转让退出公司运营,导致公司特质愿景落空。

　　双层股权公司治理结构的特殊性造成特别表决权股东与普通股东之间风险分配不平衡,极易引发管理层与公司发生关联交易以牟取私利。上交所《科创板上市规则》关于关联交易的信息披露要求较低,可能无法对双层股权结构公司的内部股东产生有效的监督作用。而美国对关联交易设置的

---

[1]　Tinaikar S. Voluntary disclosure and ownership structure: An analysis of dual class firms[J]. Journal of Management & Governance, 2014(2): 373-417.

[2]　在转让特别表决权股份时,转让双方应就股份转让原因、必要性以及该转让行为发生后公司股权结构变化、特别表决权股份所具有的表决权在公司总表决权中占比的变化及以上变化可能对公司、各种类型的投资者和利益相关者造成的影响出具报告说明。该报告需经会计师事务所、律师事务所等第三方专业中介机构核实并出具意见书,证明该股权转让行为的合法性及合理性。同时,证券交易所可以通过问询函的方式对该股份转让行为开展问询,必要情况下可以召开听证会,以更好地核实股权转让的目的以及该事件对公司发展的影响,尽可能保障该股权转让行为的正当性。特别表决权股份转让完成后,信息披露义务主体应及时出具公告,可以采用权益变动报告书、收购报告书等形式及时、完整、全面地履行信息披露义务。

披露数额标准①对美股大多数上市公司的市值而言占比较低,通过低门槛的关联交易信息披露标准能够尽可能多地披露管理层的关联交易,从而有效预防管理层通过关联交易采取机会主义行为牟取私利。因此,强化双层股权结构公司的关联交易信息披露制度可以采用适当降低关联交易的交易金额标准的方式实现。此外,涉及特别表决权股东从公司获得利益的交易或安排,包括高薪报酬、高职务消费等利益,均应作为关联交易予以及时、全面、完整的披露,并重点披露关联交易实施方与普通股东间实际存在的利益冲突,便于监管机构对此进行监管。除此之外,还应对关联交易的批准程序制定更为严格的规范。双层股权结构公司进行关联交易之前应将交易事项先行提交董事会表决,且获得二分之一以上多数的独立董事同意,并出具事前的认可意见,该意见需在关联交易公告中一并披露,以帮助普通股东及时了解公司运行情况,作出独立投资判断,逐步提高风险识别能力。通过披露关联交易信息、公开管理层的职能履行能够产生防范特别表决权股东滥用表决权的监督作用,有助于提高公司治理能力与公司治理效率。

三、强化信息披露的审查监管

上交所科创板双层股权结构公司以注册制作为证券发行审核的形式,证监会仅对提交的材料进行形式审核,投资者需要根据自身经验判断信息真伪。而双层股权结构公司股权结构的特殊性加剧了公司与投资者间的信息不对称,可能出现信息披露制度失灵的风险。因此,在中国资本市场投资者博弈能力有待提高的背景下,一方面,需要加强信息披露的内部监管,提高信息披露内容质量;另一方面,需要借助外部监督力量,发挥中介机构的证券市场秩序维护者作用与社会横向监督机制的作用,对披露内容进行独立客观审查或对发现的违法违规信息进行及时披露,将信息披露从"形式规范"推向"实质规范",实现制度间的配套协调以提升投资者与发行人的博弈能力。②

鼓励双层股权结构公司成立主要由独立董事组成的信息披露委员会,由该委员会事先审核披露信息的真实性、完整性及简明性以提高披露内容的质量。因为双层股权结构公司多为科技创新企业,信息披露内容多包含

---

① 美国对关联交易制定了严格的披露要求:凡是交易金额超过 6 万美元的关联交易均需在招股说明书、公司年报、股东大会通知等各类公开文件中详细披露。

② 杨鹿君、王元:《双层股权结构本土化的反思》,载《福建农林大学学报(哲学社会科学版)》2022年第 2 期,第 102 页。

大量专业术语,对于普通投资者而言理解难度较大。特别表决权股东可能出于保护商业秘密、保持市场竞争力等因素的考虑,更倾向于向公众披露大量非重要的历史信息或以报喜不报忧的方式选择性地披露信息,还可能采用"信息平衡术"将与公司运行密切相关的信息以重复信息或通用信息替代,在大量冗余信息中,处于弱势地位的投资者无法获得真正有效的信息。① 因此,该委员会应当对披露内容及语言表述进行审查,确保披露的有效信息充分突出,力求达到信息披露充分性、一致性、可理解性的要求②,进而增强信息披露的实效性。此外,还可以对双层股权结构公司的财务审计提出更高要求,美国 SEC 进一步强化了双层股权结构公司外部会计师事务所的审计,通过加强公司财务审计,无形中提高了违规信息披露的成本,双层股权结构公司囿于外部审计的监督更倾向于如实制作公司财务报表等内容,从而在公司内部提高信息披露真实性,帮助投资者获得高质量的信息以提高决策质量,减少资本市场资源错配。

上交所科创板双层股权结构公司采用注册制的发行模式,使信息披露真实性的把关责任从原来的审核部门向中介机构转移,形成政府管信息披露、券商管发行定价、律师管发行文件的各司其职、角色正位的股票发行体制。③ 因此,合理安排各主体对信息披露的审查分工,能够有效提高信息披露制度效用,维护证券市场价格秩序。

首先,应加强对保荐机构的监管。在双层股权结构公司发行上市中,保荐职责的明确与落实是压实中介机构责任的关键,强化保荐机构的法律责任对双层股权结构公司信息披露义务的履行至关重要。双层股权结构公司多为科技创新企业,因此,保荐机构需尽可能保证双层股权结构公司招股说明书、募集说明书等信息披露文件符合《科创板上市规则》等规范性文件对信息披露设置的要求。④ 若双层股权结构公司的特别表决权股份由法人持有,则存在股份代持或金字塔式持股结构导致杠杆效应被过度放大的可能性,保荐人应对特别表决权股份的最终受益人等情况进行穿透式审查,承担

① 郭建军:《注册制下上市公司信息披露制度的价值取向与实现》,载《河北法学》2015 年第 9 期,第 184 页。
② 陈洁:《科创板注册制的实施机制与风险防范》,载《法学》2019 年第 1 期,第 156 页。
③ 唐应茂:《股票发行注册制改革的内涵、本质和措施》,载《财经法学》2016 年第 5 期,第 15 页。
④ 当保荐机构审查专业化程度比一般行业特点突出的公司的信息披露文件时,应从专业领域吸纳人才进行相关信息审核、监督和实地考察,对双层股权结构公司是否符合发行上市条件进行把关。

信息披露内容全面、可靠且真实的把关责任,发挥"看门人"的作用。①

其次,合理分配证监会与交易所的审查职责。注册制下,证监会实施形式审查,各交易所按照各自的上市标准对拟发行人是否符合具体实质条件予以审核。香港联交所的股票发行审核模式与上交所科创板类似,采用"双重存档"制的信息审核机制。② 香港联交所在其主导的监管范围内保证发行人信息披露的有效性与充分性,即交易所对信息披露进行实质性审核,证监会仅作为备案机关履行注册程序。在上交所科创板发行人申请上市操作中,可以借鉴香港联交所的操作流程,从而实现交易所与证监会的职责合理划分。尽管上交所在《科创板发行上市审核规则》中要求发行人申请上市披露文件需满足充分性、一致性、可理解性的标准③,但在具体操作中,可理解性仍存在主观性过强的问题。可以借鉴美国在信息披露制度中规定的"简明英语规则"(plain English rule)的制度设计。④ 并且招股说明书前部(front portion)⑤为多数投资者仔细阅读的部分,因此,必须采用简明的表述。⑥ 为了给上市公司信息披露文件的简明性提供进一步标准化的指引,SEC 还出版了一系列书籍⑦供拟发行人参考。中国的证券交易所也可以制定相关规范性文件,对双层股权结构公司信息披露文件的简明性、可理解性制定相应的标准,从而避免标准主观性过强导致信息披露审核的客观性受

---

① 张文瑾:《注册制改革背景下上市公司差异化信息披露制度探究》,载《中国应用法学》2020 年第 1 期,第 171 页。

② 即交易所将拟发行人提交材料的副本送交证监会,若香港证监会认为该材料存在虚假或者具有误导性的内容,则该发行人的上市申请可能会被证监会否决。

③ 《科创板发行上市审核规则》第二十八条:发行人作为信息披露第一责任人,应当诚实守信,依法充分披露投资者作出价值判断和投资决策所必需的信息,保证发行上市申请文件和信息披露的真实、准确、完整,不得有虚假记载、误导性陈述或者重大遗漏。发行人应当为保荐人、证券服务机构及时提供真实、准确、完整的业务运营、财务会计及其他资料,全面配合相关机构开展尽职调查和其他相关工作。

④ 具体来说,首先,避免使用复杂句式,而应使用简明语句;其次,控制专业术语的使用,尽量使用通俗易懂的语言;最后,避免长篇大论,而应尽量使用简洁的表述或者采用图文的方式展现内容。参见郭建军:《注册制下上市公司信息披露制度的价值取向与实现》,载《河北法学》2015 年第 9 期,第 189 页。

⑤ 包括封面、封底、摘要和风险因素部分,通常用光滑的纸张和较大的字体印制。

⑥ 李美慧:《注册制改革背景下信息披露制度的完善——基于政府与市场的法律边界》,载《北方金融》2019 年第 11 期,第 37 页。

⑦ 包括《简明英语披露计划》(Plain English Disclosure)、《简明英语手册:如何编写 SEC 信息披露文件》(A Plain English Handbook:How to Create Clear SEC Disclosure Documents)和《简明英语概要》(Summary of the Plain English Rules)。

到批评。①

最后,应加强社会横向监督机制。应当重视做空机构的监督及引入"吹哨人"制度。实证研究表明,做空机制不但可以提高公司违规信息披露被发现的概率,还可以通过做空机制威慑公司的违规披露倾向。② 而投资者通过获得做空信息③也能获得更多关于双层股权结构公司运营的风险信息,从而促使市场透明度提高,有效信息量增加。只有普通股东更容易发现双层股权结构公司治理问题或者特别表决权股东的权利滥用行为,才能倒逼双层股权结构公司完善公司治理,并忠实履行信息披露义务。此外,引入"吹哨人"制度也有助于及时发现双层股权结构公司违规信息披露、内幕交易等违法行为。该制度起源于 2010 年美国《多德-弗兰克华尔街改革和消费者保护法》第 922 条在《证券交易法》中新增的 Section 21F 条款,该条款建立起了全新的证券监督机制——"吹哨者计划"(whistleblower program),具体内容为:若证券举报人向 SEC 报告可能违反联邦证券法的行为,并且 SEC 最终的处罚金额达 100 万美元以上,该举报人有权获得处罚金额 10%—30% 的奖励④,并且禁止雇主对可能的证券举报人进行报复。一般而言,欺诈和内幕交易等行为总有内部的知情者,采用重奖加匿名的"吹哨人"制度能有效将监管力量传导到双层股权结构公司内部及利益相关主体,能够有效暴露未被披露的违法违规行为,并减轻证券监管机构证据收集与监管的压力,从而能对特别表决权股东及双层股权结构公司的行为产生有效的震慑作用。

---

① 吕红兵、朱奕奕:《证券市场参与者的监管职责审视与重构——以上海科创板注册制试点为背景》,载《北京行政学院学报》2019 年第 2 期,第 96 页。

② 以在纳斯达克上市的中概股公司瑞幸咖啡(Luckin Coffee Inc.)造假事件为例:2020 年 1 月,知名做空机构浑水调研公司发布报告称瑞幸咖啡在经营数据上存在造假和欺诈行为。2 月 3 日瑞幸咖啡否认浑水调研公司的全部指控。2020 年 4 月 2 日,瑞幸咖啡发布公告,承认虚假交易 22 亿人民币。2020 年 4 月 7 日,瑞幸咖啡宣布停牌。2020 年 5 月 15 日,纳斯达克就瑞幸咖啡的财务造假事件发出退市通知。2020 年 6 月 23 日,瑞幸咖啡因未能提交年度报告再次收到纳斯达克市场的退市通知。2020 年 6 月 29 日,瑞幸咖啡正式退市。浑水调研公司的报告是揭发瑞幸咖啡财务造假的关键,起到了监督上市公司充分履行信息披露义务的威慑作用。

③ 当做空机构通过数据分析、尽职调查等方式发现双层股权结构公司存在违法或违规信息披露行为时,做空机构会出具研究报告为市场提供做空信息。卖空交易者通过卖空挤出泡沫,使股价维持在一个更能反映公司基本价值的水平。参见 Ackert L F, Charupat N, Church B K, et al. Margin, short Selling, and lotteries in experimental asset markets[J]. Southern Economic Journal, 2006(2): 419-436。

④ 彭真明、曹晓路:《控制权博弈中的双层股权结构探析——以破解股权融资与稀释的困境为视角》,载《证券市场导报》2016 年第 7 期,第 78 页。

四、提高违法违规信息披露成本

市场机制自我调节是股票发行注册制的核心理念,市场参与主体形成若实施违法违规行为则应受法律惩戒的共识对于发挥市场调节作用至关重要。因此,提高违法违规信息披露的成本,发挥市场调节作用,能够实现运用信息披露以维护双层股权结构制度运行的效用。虽然新《证券法》规定下信息披露的违法违规成本已有显著提高,但双层股权结构公司治理的特殊性需要更严格的信息披露违法责任,因为双层股权结构的科技创新企业多处于发展初期,经营发展的不确定性大、估值困难,其股票价格很可能被高估。① 因此,加大虚假信息披露的事后处罚力度、提高信息披露违法成本能够有效遏制双层股权结构公司虚假披露的行为。可以采用利益倍数的方法,没收双层股权结构公司的全部违法所得,并按照违法所得进行加倍罚款,进一步提高违法违规信息披露的成本。② 而《中华人民共和国刑法》规定的违法信息披露刑事责任与新《证券法》规定的违法信息披露行政责任相比,存在追责力度偏小的问题。因此,有必要推动《中华人民共和国刑法》修改,提高违法信息披露刑事责任,大幅提高违法成本,形成全面的民事、行政、刑事法律责任框架以产生足够威慑力,抑制双层股权结构公司及特别表决权股东消极履行信息披露义务甚至虚假披露等行为,从而实现资本市场信用基础的提升。③

监管退市是证券交易所维护证券市场稳定的一道有力防线,高质量的信息披露制度改革需要常态化的退市制度作为兜底。证券市场从肇生之初便以自我约束、诚信作为运行根基,证券市场因信用制度的完善而繁荣。④ 尽管新《证券法》、《中华人民共和国刑法》、部门规章及交易所规则等构建起违法信息披露的法律责任框架,但可能依旧无法对双层股权结构公司形成有效威慑。通过要求信息披露违法情节严重的双层股权结构公司退市能够实现资本市场股票的优胜劣汰,提高整体上市公司的质量。在制定因信息披露违法而退市的统一判断标准时需要平衡各方利益,因此宜将"重大违法

---

① 李燕、李理:《公司治理之下的双层股权结构:正当性基础与本土化实施路径》,载《河北法学》2021 年第 4 期,第 88 页。

② 封文丽、韩佳颖:《科创板注册制下上市公司信息披露的探究》,载《吉林金融研究》2019 年第 10 期,第 38 页。

③ 徐瑜璐:《论注册制下的证券市场治理权能转向》,载《河北法学》2020 年第 12 期,第 168 页。

④ 蔡奕等:《证券市场监管执法前沿问题研究:来自一线监管者的思考》,厦门大学出版社 2015 年版,第 5 页。

性"作为判断标准,即:双层股权结构公司因信息披露文件存在虚假记载、误导性陈述或者重大遗漏受到行政处罚,并因违法行为性质恶劣、情节严重、市场影响重大被认定构成违法行为,或者涉嫌违规披露、不披露重要信息罪被依法移送公安机关的。[①] 以上标准能够有效防范双层股权结构公司虚假披露等信息披露违规行为,双层股权结构公司及特别表决权股东考虑到退市后果及法律责任会更倾向于合法合规披露信息,审慎行使表决权,从而从根本上矫正双层股权结构公司信息披露实效性有限的问题。上交所科创板注册制试点已明确将对信息披露违法违规的发行人、上市公司、相关信息披露义务人、控股股东、董事、监事、高级管理人员等相关主体收取惩罚性违约金。[②] 针对双层股权结构公司更易产生的违法违规信息披露行为,可以适当提高双层股权结构公司及特别表决权股东的惩罚性违约金数额,以督促相关信息披露义务主体忠实履行职责。

---

① 参见证监会《关于改革完善并严格实施上市公司退市制度的若干意见》第二条第(六)项。
② 李美慧:《注册制改革背景下信息披露制度的完善——基于政府与市场的法律边界》,载《北方金融》2019 年第 11 期,第 37 页。

第六章 双层股权结构下的日落条款制度

目前,中国内地的双层股权结构制度构建尚在起步阶段,如何构建合理的日落条款本土化方案以实现特别表决权股东特质愿景追求与投资者权益保护之间的最佳平衡,成为当下双层股权结构制度设计应当解决的重要问题。本章第一节对日落条款进行类别划分并阐述日落条款制度对于双层股权结构制度的必要性;第二节采用比较视角,并结合具体案例对不同类型的日落条款进行深入剖析;第三节系统归纳双层股权结构制度安排下日落条款设置存在的问题,主要从期限型日落条款、事件型日落条款以及比例型日落条款三方面梳理日落条款规定的冲突与疏漏之处;第四节立足具体国情,以他山之石作为参考借鉴,从立法和市场自治两个角度提出日落条款的优化方案。为日落条款协调双层股权结构制度的稳定性与灵活性、发挥平衡各方利益与投资者保护的重要作用提供实现路径,从而完善科创板和创业板的双层股权结构制度治理体系。

第一节 日落条款制度概述

一、日落条款的概念和分类

日落条款作为双层股权结构的一种退出机制[①],国外有学者将其分为三种类型:时间日落条款(fixed-time sunset)、事件日落条款(triggering-event sunset)和比例日落条款(ownership-percentage sunset)[②]。时间日落条款是指事先设定的期限届满将导致双层股权结构向一股一权结构转换,在实践中,多采用在期限届满前召开股东大会,并以"一股一票"表决的方式

---

① 郭雳、彭雨晨:《双层股权结构国际监管经验的反思与借鉴》,载《北京大学学报(哲学社会科学版)》2019 年第 2 期,第 141 页。

② Bebchuk L A, Kastiel K. The untenable case for perpetual dual-class stock[J]. Virginia Law Review, 2017(4): 585-631.

决定双层股权结构制度存续与否以避免过于缺乏灵活性的期限设置压缩殆尽公司的自治空间,影响公司发展。事件日落条款是指事先约定的事件发生将导致特别表决权股份全部或部分转换为普通股份,可能导致公司股权结构改变。比例日落条款的触发条件一般是创始人股东的持股比例低于法定或公司章程规定的最低数额,将导致其持有的特别表决权股份全部转换为普通股份,公司也随之转变为一股一权结构。

也有学者以触发条件的时间性特征和事件性特征,将日落条款分为定期日落条款和事件日落条款。① 定期日落条款是指双层股权结构公司预设的双层股权结构制度存续期限届满,公司的股权结构将转变为一股一权结构。事件日落条款是指当特别表决权股东的持股资格或持股比例不再满足法定或公司章程规定的条件时,其所持有的股份将转变为普通股份,事件日落条款的法理基础在于通过将特别表决权股东的利益与公司利益相联结,防范其滥用表决权,从而控制双层股权结构公司投资者承担的代理成本。

以持股比例为基础的日落条款又可以分为股权比例型、转让型、股东资格型等类型。② 股权比例型日落条款以创始股东持股比例低于法定或公司章程规定的最低比例为触发条件。转让型日落条款能够有效规避比例型日落条款的弊端,防范因不合理的日落条款设置对公司的经营活动产生消极影响。转让型日落条款的触发条件为创始股东向法定或公司章程规定以外的主体转让特别表决权股份。股东资格型日落条款与持有主体的资格与能力息息相关,该类型日落条款的触发条件一般规定当创始股东死亡、丧失履职能力、被判处刑罚或无法胜任职位时,其持有的特别表决权股将转换为普通股份。

还有学者以最终结果为基础,将日落条款分为半日落型和完全日落型。半日落型条款是指双层股权结构公司的日落条款被触发后,公司的特别表决权股份部分转换为普通股份,"日落"的影响并未波及整个股权架构,公司仍以双层股权结构继续运营。而完全日落型条款是指日落条款被触发后,双层股权结构即刻或者最终崩溃解体,所有的特别表决权股份转换为普通股份,公司恢复为一股一权结构。

《科创板上市规则》和《创业板上市规则》虽将日落条款纳入了双层股权

---

① 赵金龙、张磊:《双重股权制度中的"日落条款"》,载《河北大学学报(哲学社会科学版)》2019年第5期,第146页。

② Winden A W. Sunrise, sunset: An empirical and theoretical assessment of dual-class stock structures[J]. Colombia Business Law Review, 2018(3): 852-951.

结构制度的规制体系,但双层股权结构制度监管经验的缺乏与双层股权结构安排中日落条款理论的空白,既不利于法学界、证券从业者及投资者理解证券交易所的相关制度,也不利于证监会、证券交易所对相关制度的进一步优化。因此,如何引入日落条款使其契合本土法律环境与市场环境、发挥双层股权结构制度的积极作用、防止创始股东出现滥权行为、正确厘定监管权与市场自治的界限成为规则设计的首要问题。双层股权结构制度中日落条款的相关理论、域外演进、监管实践以及立法司法理念均值得我们关注。

二、日落条款制度的必要性

(一)双层股权结构制度的动态协调机制

双层股权结构制度的目标在于赋予创始人控制权,从而实现特质愿景并最大化公司利益。当双层股权结构制度对公司业绩增长的积极效用不再显著时,触发日落条款能够及时终结无效率的双层股权结构制度安排,妥善处理双层股权结构制度稳定性与灵活性的关系。目前,有关双层股权结构制度的实证研究多得出该股权结构制度具有非永久性特征的结论,即随着上市时间的推移,双层股权结构制度带来的收益会逐渐减少,伴随代理成本逐渐增加,公司的市场价值呈现持续下降的趋势。平均而言,在 IPO 后 6—9 年,双层股权结构公司开始出现折价交易。[①] 另外,巴兰(Baran)、福斯特(Forst)、维亚(Via)对 2000—2008 年美国双层股权结构公司的研究同样表明,在上市初期的 0—5 年之内,公司采用双层股权结构制度倾向于增加企业的研发投入,而在上市 6 年之后,这种优势将会丧失,控制权与收益权分离对公司市场价值的不良影响会逐渐显现。[②]

双层股权结构制度中日落条款具有预测性和超前调控性,当创始股东不再适宜通过特别表决权控制公司时,通过触发日落条款使特别表决权失效以及特别表决权股份转换为普通股份的方式,有助于公司治理模式伴随公司发展状况及时更新,对公司治理发挥动态规制功能,并适应经济社会的

[①] Cremers M, Lauterbac B, Pajuste A. The life-cycle of dual class firms valuation[EB/OL]. (2018-12-05)[2021-02-15]. https://www. ecgi. global/sites/default/files/The% 20Life-Cycle%20of%20Dual%20Class%20Firm%20Valuations-%20Paper. pdf.

[②] Baran L, Forst A, Via M T. Dual class share structure and innovation[EB/OL]. (2018-12-21)[2021-04-21]. https://papers. ssrn. com/sol3/papers. cfm? abstract_id=3183517.

动态演变。因此,日落条款得到了 SEC^① 以及 CII^② 的支持。

(二)双层股权结构制度的利益平衡机制

双层股权结构制度是一种特殊的风险—收益分配机制,通过赋予创始人特别表决权,实现创始人对公司决策与控制权的掌控,从而促使创始人关注公司的长远发展目标,保障公司的现金流收益最大化并实现公司效益与所有股东共享。在理想的资本市场中,双层股权结构应属于企业家与投资者之间的契约,公权力应避免干预,仅确保企业家与投资者坚守既有约定。但是在理想状态之外,为保护少数股东受到不合理的价值转移,企业家控制权的行使必须受到一定约束。因此,保护少数股东尤其是中小股东的合法权益以降低代理成本无可避免地需要限制企业家追求特质愿景的部分自由,约束创始人的决策权与控制权。戈申(Goshen)教授的被代理人成本理论认为,公司中任何投资者和管理者之间的控制权重新分配都将导致代理成本和被代理人成本的此消彼长,但二者间的替代率在不同的公司也会有一定差异,主要与公司发展战略、所在行业状况以及公司管理团队的个性特征等因素相关。因此,需要在企业家追求独特的价值创造愿景自由与投资者承担尽可能低的代理成本所需的保护之间作出权衡。

通过对双层股权结构公司的章程进行研究可见,企业家和外部投资者之间关于公司控制权的紧张关系可以通过公司章程规定进行合理分配,从而实现动态平衡。特别是在公司章程中设置最优的日落条款方案,形成反映各方共识的基本议价,这种议价即愿景之价(money for vision)。也就是说,应当在考量内外部股东利益平衡的基础上,设计合理的日落条款,重塑表决谨慎、善意的股东个人利益内在约束机制,平衡外部投资者与创始人之间的利益,进而实现公司的可持续发展。

(三)双层股权结构制度的投资者保护机制

双层股权结构公司控制权与现金流相分离的特点导致特别表决权股东

---

① 2018 年,SEC 主席杰克逊在演讲中表明,希望证券交易所制定双层股权结构公司上市需配备日落条款的规则,从而实现对永续的双层股权结构制度的限制。参见 Jackson R J. Perpetual dual-class stock:The case against corporate royalty[EB/OL]. (2018-02-15)[2021-05-10]. https://www.sec.gov/news/speech/perpetual-dual-class-stock-case-against-corporate-royalty。

② CII 在向纳斯达克和纽交所提交的请愿书中建议证券交易所修改上市规则,将日落条款的设置纳入上市标准的审查范围。参见 Letter from CII, to Elizabeth King, Chief Regulatory Officer, Inter-continental Exchange Inc. [EB/OL]. (2018-10-24)[2021-05-10]. https://www.cii.org/files/issues_and_advocacy/corr-espondence/2018/20181024%20NYSE%20Petition%20on%20Multiclass%20Sunsets%20FINAL.pdf。

更有动力实施机会主义行径以攫取私利。在特别表决权股东信义义务缺失的背景下,公司及股东利益被侵蚀的可能性进一步增大。若未设置日落条款而使特别表决权不受约束,抑或允许双层股权结构演变成永续性的制度安排,则会导致投资者的权益受到巨大威胁。

日落条款明确特别表决权的退出事由或退出期限,条件成就后创始股东控制权将被瓦解,公司控制权将会实现平稳过渡。相较于其他制衡规则,日落条款能够在特定条件下实现控制权移转,有助于约束控制股东行为,增强控制权的流动性,限制创始人对公司的控制,降低代理成本①,实现保护投资者权益的目标。

在中国上市公司股权较集中的大背景下,立足于"新兴加转型"的资本市场现状,出于保护投资者权益的考虑,有必要通过设置具体、明确的日落条款和设定妥当的双层股权结构制度退出情形,以实现创始股东控制权稳定与外部投资者权益保护之间的平衡。既不能以保护外部投资者权益为由,过分限制企业家的经营管理自由,影响特殊人力资本的投入,妨碍特质愿景的实现,也不能对内部人控制风险置若罔闻,必须保持特别表决权股东利益与公司利益一致,通过适当条件下控制权的移转,倒逼控制股东审慎行使特别表决权,忠实、勤勉经营管理公司事务。

综上所述,双层股权结构制度在为公司带来发展机遇的同时也使市场激励与财务激励失灵,可能出现公司治理效率降低、投资者权益受损害等情况。而日落条款制度在维护双层股权结构制度稳定性的同时为该制度提供了更为灵活的权利配置工具与退出转换机制,矫正创始人与投资者之间的利益冲突,实现公司股权结构创新与公司稳定运行的价值平衡,促进公司治理效率提高,完善双层股权结构治理体系。

第二节 日落条款设置的比较研究

日落条款制度作为双层股权结构的转换机制与风险控制机制,成为各法域和双层股权结构公司规则制定的重点。不同类型的日落条款被创制出来,在保证公司股权结构灵活性、创始人特质愿景追求自由的同时限制双层

---

① Aggarwal D, Elder O, Hochbery Y, et al. The Rise of Dual-Class Stock IPOs[EB/OL]. (2021-04-21)[2021-05-15]. https://clsbluesky.law.columbia.edu/2021/04/21/the-rise-of-dual-class-stock-ipos/.

股权结构制度对公司治理的消极影响，从而强化投资者保护。

一、时间日落条款

时间日落条款是最受投资者欢迎的日落条款类型，这种日落条款要求公司在 IPO 阶段在章程或者其他文件中预先设定一个特定的公司股权结构转换日期，期限届满后公司将转换为一股一权结构。时间日落条款的法理依据在于，尽管双层股权结构制度能够在公司发展初期促进公司价值提升，但该股权结构的制度效用会随着公司上市年限的增加而衰退。[①] 而通过设置一定的期限，既能为特别表决权股东提供控制权稳定的一段时间以帮助其实现特质愿景，又能有效避免双层股权结构制度长期存续造成的弊端。但目前，仅印度强制性要求双层股权结构公司采用期限为五年的时间日落条款，多数法域均未对双层股权结构制度的存续期间设定期限，时间日落条款仍是各双层股权结构公司根据公司自治自愿设置的任意性规范。

在理论界，不少学者对双层股权结构制度效用随着时间流逝而逐渐衰退的现象开展进一步深入研究，并得出应要求双层股权结构公司设置时间日落条款以平衡外部投资者保护的结论。其中，克雷默斯（Cremers）等学者开展的研究发现，在 IPO 初期，双层股权结构公司与一股一权结构公司的估值溢价大致相同，但平均在上市六年后，双层股权结构公司会出现估值折让。[②] 这项研究还发现，随着公司上市年限增加，双层股权结构公司的代理问题相较一股一权结构公司更为严重，因为双层股权结构公司特别表决权股东在风险资本家退出后成为唯一的控制权股东，在公司逐渐成熟并实现特质愿景后，特别表决权股东在缺乏制衡的情况下将更有动力从公司攫取私人利益。学者金和米凯利的研究则发现，随着双层股权结构公司发展成熟，公司的经营利润率和劳动生产率（operating margins and labor productivity）明显恶化。除此之外，公司的创新能力以及对投资机会的把握能力也呈下降趋势。[③] 但也有学者认为，强制性要求双层股权结构公司设

① Fisch J, Solomon S D. The problem of sunsets[J]. Boston University Law Review, 2019(19)：1057-1094.
② Cremers M, Lauterbac B, Pajuste A. The life-cycle of dual class firms valuation[EB/OL]. (2018-12-05)[2021-02-15]. https：//www. ecgi. global/sites/default/files/The％ 20Life-Cycle％20of％20Dual％20Class％20Firm％20Valuations-％20Paper. pdf。
③ Kim H, Michaely R. Sticking around too long? Dynamics of the benefits of dual-class voting [EB/OL]. (2018-10-26)[2021-02-14]. https：//www. bwl. uni-mannheim. de/media/Lehrstuehle/bwl/Area_Finance/Finance_Area_Seminar/HWS2018/Michaely_Paper. pdf。

置固定期限型日落条款可能导致以下两个问题：一是固定期限可能无法与不同类型公司各异的商业模式相契合；二是公司的商业模式可能不断变化，存在固定期限型日落条款可能导致部分公司发展到成熟阶段后无法运用双层股权结构实现公司再造，具有局限性。①

实践中，越来越多的机构投资者及投资者保护机构开始转变以往坚决反对双层股权结构制度的态度，而是要求采用双层股权结构的公司设置期限型日落条款。美国的机构投资者服务公司(ISS)发布的2017年公司治理政策，呼吁投资者反对双层股权结构公司，除非设置"合理的日落条款"（即期限型日落条款），并要求日落条款应充分反映投资者利益诉求，需经过投资者同意。② 美国CII认为，设置了期限型日落条款的双层股权结构为同股同权结构的次优股权结构安排。③ 加拿大善治联盟(Canadian Coalition for Good Governance,CCGG)在2013年发布的双层股权政策(dual class share policy)中要求双层股权结构公司设置期限型日落条款，公司的双层股权结构制度只有经过次级表决权股份(subordinate voting share)股东类别表决且多数通过，才能延续双层股权结构制度，且该延续期限应少于五年。④ 但也有学者认为，机构投资者对设置了期限型日落条款的双层股权结构制度的要求也存在不合理之处。虽然日落条款能够确保双层股权结构制度在预先设定的期限（比如十年）届满后自动结束，但期限型日落条款只是双层股权结构公司寻求减少与双层股权结构制度相关的代理成本的众多工具之一，而要求双层股权结构公司设置期限型日落条款的规定只是一个粗略的解决方案。因为公司运营效率低下是导致股权结构转换的主要因素，但双层股权结构公司在未来的什么时候会变得无效率在公司IPO时并不清楚。尽管通过规则设计，要求由与控制股东无关联的股东决定双层股权结构是否继续存续能够缓解公司变得无效率后特别表决权股东利用表决权优势延长双层股权结构存续期限的忧虑，但在某些情况下，许多负责批准延长的股

① Govindarajan V, Rajgopal S, Srivastava A, et al. Should dual-class shares be banned？［EB/OL］.（2018-12-03）［2021-05-25］. https://hbr. org/2018/12/should-dual-class-shares-be-banned.

② Goltser L, Pendleton M, Gotshal W. ISS proposes new 2017 voting policies［EB/OL］.（2016-11-02）［2021-05-25］https://corpgov. law. harvard. edu/2016/11/02/iss-proposes-new-2017-voting-policies/.

③ Council of Institutional Investors（CII）. Dual-class stock［EB/OL］.［2021-05-26］. https://www.cii. org/dualclass_stock.

④ Canadian Coalition for Good Governance. Dual Class Share Policy［EB/OL］.（2013-09-27）［2021-05-26］. https://perma. cc/HW2F-82SF.

东也恰恰是那些消极履行职责并与控制股东无关联的、批准了无表决权股份发行的股东，因此，很难期待这些公司治理参与积极性有限的股东作出真正有利于公司发展的明智决策。①

时间日落条款在美国主要体现为期限型日落条款，尽管当前美国的主要证券交易所采取底线式的监管政策，未强制性要求双层股权结构公司设置期限型日落条款，但设置期限型日落条款的美国双层股权结构公司占比呈上升趋势。② 这些公司将双层股权结构制度的存续期限设置为 5—28 年不等，多数为 5—10 年。③

美国也有公司在设置期限型日落条款自动转换期限的同时，复合了其他条件。比如 2012 年上市的美国商户点评④就不仅包含期限型日落条款，还规定一旦创始人所持有的高表决权股份占公司已发行股份总数的比例降至 10％以下，公司将自动转换为一股一权结构的股比稀释型日落条款。

2014 年 9 月，阿里巴巴采用类双层股权结构在香港联交所上市被拒绝，随后，香港联交所开展广泛的意见征询，最后迫于形势变化，在 2017 年 12 月正式宣布修改主板规则，接纳双层股权结构公司上市。然而，对于双层股权结构的退出机制，香港联交所仅在《综合主板上市规则》规定了股东资格型、限制转让型在内的事件日落条款，并未规定时间日落条款。香港联交所认为，时间日落条款一般会规定期限届至后可由股东大会决定是否继续，因而具有很大的不确定性，到期终止也未必符合公司与股东的利益，并且香港联交所已经设置了事件日落条款，双层股权结构并不会永久存续，没有必要再设置时间日落条款。更为重要的是，过于严苛的时间日落条款可能会使香港资本市场在争夺新经济公司的过程中丧失竞争力。

2020 年 1 月，香港联交所发布《有关法团身份的不同投票权受益人的

---

① Lund D S. Nonvoting shares and efficient corporate governance[J]. Stanford Law Review, 2019(71): 690-744.

② 2017 年，设置期限型日落条款的双层股权结构公司占比为 26％；2020 年，设置期限型日落条款的双层股权结构公司占比为 47％。参见 Council of Institutional Investors (CII). Dual-class IPO Snapshot: 2017—2020 statistics[EB/OL]. (2021-01-08)[2021-05-26]. https://www.cii.org/files/2020%20IPO%20Update%20Graphs%20.pdf.

③ 根据 CII 公布的数据中，包含期限型日落条款的公司对期限的限定也几乎没有一致性，其中 10.5％的公司选择五年，31.6％的公司选择七年，36.8％的公司选择十年，还有 21.1％的公司经历首发十年以上才会日落。

④ 美国商户点评 2012 年 3 月 2 日登陆纽交所，股票代码为"YELP"，共发行 715 万股普通股。该公司在上市时设置期限为七年的时间日落条款及股比稀释型日落条款。2016 年，由于股比稀释型日落条款被触发，该公司转换为一股一权结构公司。

咨询文件》,拟允许法团股东持有特别表决权股份,进一步扩大股东资格。由于法团股东可以永久存在,该文件还建议引入时间日落条款,对拥有特别表决权的法团股东进行规制,即法团身份的受益人持有的特别表决权必须有设时限的日落条款,特别表决权的有效期不超过十年,其后可经独立股东批准而续期,每次不超过五年。

二、事件日落条款

从日落条款类型及具体内容看,事件日落条款是当前上市公司采用的主要类型。事件日落条款是指发生公司章程或者其他文件中预先设定的特定事件时,特别表决权股份转换为普通股份,或者双层股权结构公司向一股一权结构公司转换。① 事件日落条款的相对复杂性与可塑性使这种类型的日落条款与时间日落条款相比,能够针对公司差异性提供更具针对性和环境敏感性的股权结构转换触发机制。②

(一)股东资格型日落条款

股东资格型日落条款要求特别表决权股份的持有人持续参与公司经营,该类日落条款的合理性在于外部投资者基于对创始人股东特质愿景的信任而成为双层股权结构公司股东,若创始人股东不再主导公司的经营战略,则创始人股东持有特别表决权股份的理由将不再充分。③ 近年来,越来越多在美国上市的双层股权结构公司自愿设置了股东死亡或不能履职型日落条款。而新加坡则在上市规则中设置了强制性的股东资格型日落条款。

美国的股东资格型日落条款主要表现为死亡或不能履职型日落条款(death and incapacity sunset clauses)④,即该日落条款是在股东死亡或丧失

---

① Bebchuk L A, Kastiel K. The untenable case for perpetual dual-class stock[J]. Virginia Law Review, 2017(4): 585-631.

② Fisch J, Solomon S D. The problem of sunsets[J]. Boston University Law Review, 2019(19): 1057-1094.

③ Reddy B V. Up the hill and down again: Constraining dual-class stock and the UK listing review[J]. The Cambridge Law Journal, 2021(3): 515-551.

④ 多数双层股权结构公司章程采用"生理缺陷"(disability)而非"丧失行为能力"(incapacity)的表述,出于不能履职型日落条款的目的,通常将日落条款中的"生理缺陷"参照法律上的丧失行为能力来解释。大多数情况下,死亡或不能履职型日落条款的转换规定仅限于该股东所持有的股份。但是,随着有限数量的特别表决权股份持有人死亡或丧失行为能力,双层股权结构制度安排也会随着时间的推移而终止。参见 Winden A W. Sunrise, sunset: An empirical and theoretical assessment of dual-class stock structures[J]. Colombia Business Law Review, 2018(3): 852-951。

特定能力时将该自然人股东持有的特别表决权股份自动转换为普通股份。如品趣志(Pinterest)公司规定,创始人西尔伯曼(Silbermann)死亡或者丧失行为能力将触发日落条款,公司在 3—18 个月的过渡期内转换为一股一权结构公司。创始人西尔伯曼尚在青年阶段,距死亡或不能履职型日落条款被触发很可能还有很长的一段时间,而创始人很可能在掌权期间逐渐丧失领导公司发展的"黄金触觉"(golden touch),成为损害公司价值提升的领导者。[①] 因此,相较于期限型日落条款,死亡或不能履职型日落条款的可预期性较低,创始人掌握终身控制权可能对公司的投资者造成巨大的经济风险。

　　大多数双层股权结构公司的死亡或不能履职型日落条款的适用对象会进一步区分为公司创始人和特别表决权股份持有人。如京东规定,若公司创始人刘强东不再担任董事或首席执行官、不再是任何发行在外特别表决权股份的最终实益所有权人、不再是 Max Smart 公司或其他特别表决权股份持有实体的实益所有权人、因身体或精神原因导致其永久性无法参与公司经营管理时,其所持有的特别表决权股份将转换为普通股份。双层股权结构公司还可以通过意思自治,赋予死亡或不能履职型日落条款被触发后的追及效力。

　　香港联交所《综合主板上市规则》规定,创始股东必须为申请人上市时的董事会成员[②],若其不再担任公司董事或不能履行董事职责,或者不具备担任董事的诚信与品格,特别表决权股份将自动转换为普通股份[③]。并且,董事的品格及诚信应符合香港联交所的规定,若交易所认为特别表决权股东不具备担任董事的诚信与品格,应被判定不符合董事资格要求。[④]

(二)转让型日落条款

　　转让型日落条款是双层股权结构制度实践中较为常见的限制性条款,该类型的日落条款相较于期限型日落条款而言,显著降低了触发机制的随意性,并能防止创始人过早地被阻止实现其长期特质愿景(期限型日落条款可能存在这种风险)。更为重要的是,转让型日落条款有效规避了期限型日

[①]　Bebchuk L, Kastiel K. The perils of pinterest's dual-class structure[EB/OL]. (2019-04-10) [2021-05-27]. https://corpgov. law. harvard. edu/2019/04/10/the-perils-of-pinterests-dual-class-structure/.

[②]　HKEX Listing Rule 8A. 11.

[③]　HKEX Listing Rule 8A. 17.

[④]　HKEX Listing Rule 8A. 17.

落条款带来的道德风险和其他不正当的控制人激励。①

从 20 世纪至 21 世纪,特别表决权股份的不可转让性逐渐成为双层股权结构公司的一个显著特征。据统计,在 20 世纪的双层股权结构公司中,仅 5% 的公司具有特别表决权股份转让会触发日落条款的规定;而在 21 世纪的前两个十年里,具有转让型日落条款的双层股权结构公司比例从 22% 增长至 54%。② 其中,2011—2016 年在美国上市的 24 家中国双层股权结构公司均设置了特别表决权股份转让给任何与特别表决权股东无关联的个人或组织将导致该股份转换为普通股份的条款。美国的阿尔法特、脸书、领英也设置了类似条款。③ 部分公司根据自身发展需要,将转让型日落条款与股权比例相结合以实现各方利益平衡。例如,百度公司章程中规定股权比例和转让限制的组合型日落条款。若创始股东李彦宏及其代持股主体合计持有的特别表决权股份低于 5%,则其持有的全部特别表决权股份将自动转换为普通股份。任何出售、担保、转让、分配或处置行为导致特别表决权股份被转让给规定主体之外的他人,该特别表决权股份也会自动转换为普通股份。④

香港联交所《综合主板上市规则》允许创始股东通过有限合伙、信托、私人公司或其他工具持有特别表决权股份。⑤ 除与其代持股主体之间的委托行为外,创始股东不得向包括其他特别表决权股份持有人在内的任何主体转让特别表决权股份,一旦转让行为发生,该特别表决权股份将会自动转换为普通股份。并且,该转让行为应作广义理解,表决权、收益权或实益拥有权的转让、委托等行为都将触发转让型日落条款。⑥

新交所《主板上市规则》也对特别表决权股份的转让行为设置了转让型日落条款,即当特别表决权股份被出售或转让给任何人,在存在特许持股集团的情况下,受让人若非该集团内部的人,则特别表决权股份自动转换为普通股份。⑦ 与新交所规则类似,东京证券交易所《有价证券上市规程》强制

① Moore M T. Designing dual-class sunsets:The case for a transfer-centered approach[J]. William & Mary Business Law Review,2020(1):93-166.

② Hochleitner C. The non-transferability of super voting power:Analyzing the conversion feature in dual-class technology firms[J]. Drexel Law Review,2018(11):103.

③ Chen F,Zhao L J. To be or not to be:An empirical study on dual-class share structure of us listed Chinese companies[J]. Journal of International Business and Law,2016(16):247.

④ 李苗苗:《双层股权结构日落条款的适用困境与优化对策》,载《南方金融》2021 年第 5 期,第 140 页。

⑤ HKEX Listing Rule 8A.15,18,24.

⑥ HKEX Listing Rule 8A.18(2).

⑦ SGX Mainboard Rules 210(10)(f)(i).

性要求当特别表决权股份持有人向第三方转让特别表决权股份时,特别表决权股份应转换为普通股份。①

三、比例型日落条款

(一)股比稀释型日落条款

股比稀释型日落条款是指当特别表决权股份的数量下降到某一公司股票总数的设定百分比以下时,日落条款被触发,此时,特别表决权股份自动转换为普通股份。② 股比稀释型日落条款的法理依据在于保持特别表决权股东与双层股权结构公司的利益同一性,当特别表决权股东持股比例低于一定标准时,特别表决权股东的经济利益很可能无法与公司实现充分联结。③ 相较于期限型日落条款在期间即将届满时对特别表决权股东产生的不正当激励作用,特别表决权股东可以通过保留足够的经济利益实现与公司利益同一以避免触发股比稀释型日落条款,从而能够有效克服期限型日落条款的弊端。

2014年,日本的赛百达因公司通过设立单元股制度(unit share system)建立双层股权结构,该公司的章程规定,当发生极小的持股比例控制公司的情形时,公司的双层股权结构能够撤销。即若出现特别表决权股东以较小持股比例掌握公司控制权时,特别表决权股份应自动转换为普通股份。除此之外,赛百达因公司还设置打破条款,即若要约收购人持有股份占到公司股本的75%及以上,创始人股东持有的特别表决权股份将自动转换为普通股份,从而丰富比例型日落条款的类型,保持各方利益平衡。

实践中,部分双层股权结构公司衍生出基于创始人股东持有的特别表决权股份和/或普通股份(而非仅仅是特别表决权股份)占比稀释而触发的股比稀释型日落条款。甚至有双层股权结构公司对创始人股东持有的特别表决权股份及普通股份设置最低比例要求,任何一类股份持有比例低于事先设定的比例都将导致特别表决权股份甚至公司股权结构转换,从而建立起双重触发机制以保证特别表决权股东与公司利益的同方向性,避免双层股权结构公司特别表决权股东的堑壕行为。

---

① Toshima K. Cyberdyne's dual-class IPO[J]. International Financial Law Review,2014(12):10-43.

② 冯卉:《双重股权结构与"日落条款"的入则化补阙》,载《秘书》2020年第2期,第38页。

③ Fisch J, Solomon S D. The problem of sunsets[J]. Boston University Law Review,2019(19):1057-1094.

(二)撤资型日落条款

双层股权结构公司创始人持有特别表决权股份的前提是其人力资本对公司发展具有独特价值,即创始人股东与公司的利益具有同向性。而当流通在外的特别表决权股份总数降至设定数量以下时,或者特别表决权股东出售超过其初始持有的股份特定比例的股份①,使自身利益与公司利益的关联不再紧密时,将导致撤资型日落条款被触发。由于撤资型日落条款的触发条件为特别表决权股份的主动减少,因此双层股权结构公司增发普通股份的行为并不会触发撤资型日落条款。

多数双层股权结构公司创始人的持股比例会在公司上市后逐渐降低②,持股比例降低的原因可能是创始人主动转让其所持有的股份,抑或是公司增发股份导致创始人的股权被稀释。如果因增发股票用以发展公司并实现高于市场平均水平的回报,则创始人不应因股比被稀释而受到失去高表决权的惩罚。如果创始人因出售公司的股票而导致股比被稀释,则表明创始人对其特质愿景的承诺水平降低。因此,在设置撤资型日落条款时,应尝试量化创始人通过出售公司的权益表明对其特质愿景承诺不充分的程度,达到某一程度时,特别表决权股份应自动转换为普通股份。例如,来福车(Lyft, Inc.)公司在其章程中规定,若公司的联合创始人出售特别表决权股份导致其持有的股份低于其在公司 IPO 时持有的股份的 20%,将导致双层股权结构制度转换为一股一权结构。然而,学界质疑该条款的实用性,因为当创始人出售高比例的特别表决权股份导致其丧失对公司的控制权时,双层股权结构制度继续存续,这显然与设置双层股权结构制度的初衷相背离,因此将撤资型日落条款的触发条件设置为联合创始人出售 80% 或更多股份的情况,实际效用有限。③ 而快照公司④在注册声明文件中规定:特别

① Winden A W. Sunrise, sunset: An empirical and theoretical assessment of dual-class stock structures[J]. Colombia Business Law Review, 2018(3): 852-951.
② 脸书在 2012 年 IPO 时,创始人的持股比例为 23.55%,而 2020 年,创始人的持股比例为 12.9%。工时公司(Workday)在 2012 年 IPO 时,创始人的持股比例为 63.25%,而 2020 年,创始人的持股比例为 25.91%。参见 Reddy B V. Up the hill and down again: Constraining dual-class stock and the UK listing review[J]. The Cambridge Law Journal, 2021(3): 515-551。
③ Bebchuk L, Kastiel K. The perils of pinterest's dual-class structure[EB/OL]. (2019-04-10) [2021-05-27]. https://corpgov. law. harvard. edu/2019/04/10/the-perils-of-pinterests-dual-class-structure/.
④ 2017 年 3 月 2 日,快照公司在美国纽交所上市。除了发行每股一份投票权的普通股份和每股十份投票权的特别表决权股份,快照公司还同时发行没有投票权的无表决权股份。快照公司由此成为全球首家发行三重股权结构的公司。

表决权股份持有人持有的特别表决权股份（每股十份投票权）数量占其在公司 IPO 时持有数量的 30％以下时，特别表决权股份将自动转换为普通股份（每股一份投票权）。可见，撤资型日落条款的触发门槛高低可能对双层股权结构公司特别表决权股东的控制权与现金流的分离程度产生直接影响①，毕竟较低的触发门槛加剧了特别表决权股东在保持自身控制权的前提下不断抛售股份以降低投资成本的倾向。但过高的触发门槛可能违背双层股权结构制度允许特别表决权股东以较低的持股比例掌握公司控制权的制度设计初衷。

综上所述，日落条款的具体设置需要与本土的法律环境、市场环境相适应。时间日落条款因为存在诱发特别表决权股东道德风险、降低双层股权结构制度对公司创始人的吸引力②、提高代理成本以及期限难以确定的局限性而并没有被多数证券交易所的上市规则强制性规定。事件型日落条款和比例型日落条款具有灵活性与可塑性的特点，被多数国家和地区所采用，比如新加坡、日本等。③ 纵观各法域以及双层股权结构公司对日落条款的完善与衍生样态，可见，监管主体根据本地资本市场环境的特殊性设置特别表决权股份和特殊股权结构的转换机制，在维持资本结构灵活性的同时平衡相关治理风险。④ 而各双层股权结构公司则基于市场自治，并结合公司运营的特殊性，制定与公司发展要求相契合的日落条款制度，在维护特别表决权股东控制权稳定的同时，强化投资者保护机制。

第三节　双层股权结构制度中日落条款存在的问题

《科创板上市规则》和《创业板上市规则》主要围绕事件和比例两方面设计日落条款。此外，创始股东必须持股 10％以上，若其持股比例低于 10％，也会导致特别表决权股份的转换。目前，上交所及深交所仍对是否引入定

① Reddy B V. Up the hill and down again: Constraining dual-class stock and the UK listing review[J]. The Cambridge Law Journal，2021(3)：515-551.

② Lidman E，Skog R. London allowing dual class premium listings: A swedish commentary[J]. Journal of Corporate Law Studies，2022(1)：83-114.

③ Gurrea-Martínez A. Theory，evidence，and policy on dual-class shares: A country-specific response to a global debate[J]. European Business Organization Law Review，2021(22)：475-515.

④ Min Y. The myth of dual class shares: lessons from Asia, cls blue sky blog[EB/OL]. (2021-02-16)[2021-06-09]. https://clsbluesky.law.columbia.edu/2021/02/16/the-myth-of-dual-class-shares-lessons-from-asia/.

期型"日落条款"持怀疑态度,这是因为定期型"日落条款"确定了双层股权结构制度的退出时间,可能会增加代理成本,反而会诱使创始股东通过自利行为侵犯外部投资者的合法权益。

一、期限型日落条款缺失

《科创板上市规则》及《创业板上市规则》均未规定期限型日落条款,而多数实证研究均得出双层股权结构制度效用存在随着时间流逝而逐渐递减的趋势。期限型日落条款对于双层股权结构公司的重要性在于,当双层股权结构退化为无效率的结构,而特别表决权股东不愿放弃控制权优势时,期限型日落条款能够及时终结低效率的股权结构。别布丘克(Bebchuk)的研究表明:随着时间的推移,双层股权结构公司的所有权与控制权之间的分离程度加剧,导致内部人掌控的代理成本增加,并造成公司估值逐渐下降的后果。此外,特别表决权股东的人力资本不可替代性可能随着知识迭代,才能难以跟上时代步伐而逐渐衰退。[1] 根据统计数据,公司控制者的股权资本会随着公司上市年限的增加而逐步减少。[2] 以上两个因素叠加导致双层股权结构制度存续时间与其对企业发展的促进呈反向关系。[3] 金和米凯利的研究则发现,多层股权结构公司在上市后的 11 年里,多层股权结构对公司的价值破坏性越来越大。[4] 具有双层股权结构永久性安排的公司与具有期限型日落条款的双层股权结构公司相比,在 IPO 后两年出现了预测估值分歧,具有期限型日落条款的双层股权结构公司的预测估值高于双层股权结构永续性安排的公司。机构投资者 ISS 逐渐改变反对双层股权结构公司的态度,并采取有条件地支持设置合理期限型日落条款(双层股权存续时间不

---

[1] Bebchuk L A, Kastiel K. The untenable case for perpetual dual-class stock[J]. Virginia Law Review, 2017(4):585-631.

[2] 统计得出:最大的十家双层股权结构公司上市时控制权股东的持股比例平均值为 30%,2015 年这些双层股权结构公司控制权股东的持股比例平均值为 11.6%。参见 Bebchuk L A, Kastiel K. The untenable case for perpetual dual-class stock[J]. Virginia Law Review, 2017 (4):585-631。

[3] Papadopoulos K. Institutional Shareholder Services Inc., Dual-class share: Governance risks and company performance[EB/OL]. (2019-06-28)[2021-04-21]. https://corpgov.law.harvard. edu/2019/06/28/dual-class-shares-governance-risks-and-company-performance/.

[4] Kim H, Michaely R. Sticking around too long? Dynamics of the benefits of dual-class voting [EB/OL]. (2018-10-26) [2021-02-14]. https://www.bwl.uni-mannheim.de/media/ Lehrstuehle/bwl/Area_Finance/Finance_Area_Seminar/HWS2018/Michaely_Paper.pdf.

超过七年)双层股权结构公司董事的投票战略[1],说明期限型日落条款有效缓解了机构投资者对于双层股权结构降低公司治理效率的担忧。

双层股权结构制度未对期限型日落条款作出规定的原因可能是在没有充分的实证研究结论支撑的情况下,不能随意设置强制性的期限型日落条款,若特别表决权股东滥用表决权损害公司利益,可以运用股东代表诉讼来抵消危害。[2] 中国内地首家双层股权结构公司优刻得并未设置期限型日落条款,缺乏对特别表决权股东独特智识和愿景可能渐趋衰减导致相应商业决策质量随之下滑,公司治理效率降低后,特别表决权随之消逝的周全考虑,可能使特别表决权股东在事实上成为公司的独裁者,公司的治理任由特别表决权股东摆布,即使公司由于丧失竞争力而业绩表现不佳,特别表决权股东出于控制权私利的考虑,仍有很强的动机保留双层股权结构。[3] 若该双层股权结构公司特别表决权股东滥用权利造成股东利益受损害,股东通过股东派生诉讼改善公司治理的可行性有限。股东囿于高昂的法律成本与"搭便车"心理等因素而被劝阻发起股东派生诉讼,造成公司治理效率得不到改善,外部投资者长期承担无意义的代理成本。[4]

二、事件型日落条款设置不妥当

(一)股东资格型日落条款表述不清

股东资格型日落条款是双层股权结构制度中最重要的日落条款之一,其与香港联交所《综合主板上市规则》思路一致,包括持有特别表决权股份的公司创始人因自身主观意愿辞职、违反合同相关条款被解雇或因监管限制不能再担任公司董事等一系列导致特别表决权股东不再直接参与管理公司的情况下,其持有的特别表决权股份将转换为普通股份。但是上交所科创板及深交所创业板相关文件的规定存在表述不清等问题。

第一,特别表决权股份持有主体的资格限制表述模糊。《科创板上市规

---

[1] Niles S V, et al. ISS proposes benchmark voting policy changes for the 2022 proxy season[EB/OL]. (2021-11-11)[2022-01-18]. https://corpgov. law. harvard. edu/2021/11/11/iss-proposes-benchmark-voting-policy-changes-for-the-2022-proxy-season/.

[2] Li Z. Sunset clause in the dual class share structure[J]. Journal of Economics, Business and Management, 2022(2): 91-96.

[3] Moore M T. Designing dual-class sunsets: The case for a transfer-centered approach[J]. William & Mary Business Law Review, 2020(1): 93-166.

[4] Chen W. Funding derivative actions in China: Practice, problems and prospects[J]. Hong Kong Law Journal, 2019(2): 607.

则》第 4.5.3 条和《创业板上市规则》第 4.4.3 条均将特别表决权股份的持有主体限定为对公司发展或业务增长作出重大贡献,并且是在公司上市后持续担任公司董事的人员或者该等人员实际控制的持股主体。但以上规定未限制法人成为特别表决权股份持有人,这意味着除了公司的自然人创始人,法人在满足条件的情况下也可以持有特别表决权股份。允许“法人董事”成为双层股权结构公司的股东,形成金字塔控制结构①与双层股权结构制度叠加的样态,将导致公司股权结构复杂化,投资者难以分辨公司真正的控制人。而新交所《主板上市规则》规定,特别表决权股东是负有信义义务的董事,并允许几个人或经济实体成为特许持股集团从而持有特别表决权股份②,在存在特许持股集团的情况下,必须保证有一名董事是由该集团提名任命。双层股权结构制度允许法人持有特别表决权股份可能导致控制权比例与现金流权比例偏离十分严重,诱发公司代理成本显著增加的风险。

第二,未清晰界定特别表决权股东丧失履职能力的行为范围。《科创板上市规则》和《创业板上市规则》并未对特别表决权股东“丧失履职能力”的具体表现作出规定,也未明确特别表决权股东由于疾病等因素暂时丧失履职能力是否会导致特别表决权股份转换为普通股份,以及在暂时丧失履职能力期间特别表决权是否应当暂停行使,在具体适用上存在一定困难。《公司法》第一百四十六条对一般公司董事的消极任职资格进行了规定,排除了无民事行为能力或限制民事行为能力、因为贪污等行为被判处刑罚而未满相应执行期等人员担任公司董事的可能性。2020 年 3 月起实施的新《证券法》第十二条第一款第四项③新增了公司 IPO 新股的“发行人及其控股股东、实际控制人最近三年不存在贪污、贿赂、侵占财产、挪用财产或者破坏社会主义市场经济秩序的刑事犯罪”的资格条件。若特别表决权股东在任职期间实施上述行为,是否应当认定为不再符合上市公司的控股股东或实际控制人的资格条件并因而丧失履职能力目前并不明确。新《证券法》第二百

---

① 金字塔股权结构特点在于顶端控制人通过第一层公司实际控制第二层公司,再由第二层公司实际控制第三层公司,以此类推,顶端控制人可以用少量资本控制更高比例的股权。
② SGX Mainboard Rules 210(10)(f)(i),(ii).
③ 新《证券法》第十二条第一款第四项:公司首次公开发行新股,应当符合下列条件……(四)发行人及其控股股东、实际控制人最近三年不存在贪污、贿赂、侵占财产、挪用财产或者破坏社会主义市场经济秩序的刑事犯罪……

二十一条①还规定了证监会可以对相关责任人员采取证券市场禁入的措施，被采取证券市场禁入措施的人员不得担任证券发行人的董事。若特别表决权股东在作为公司董事的任职期间被采取证券市场禁入措施而无法担任公司董事，是否属于丧失履职能力的情形也未得到明确。《科创板上市规则》第14.2.5条②规定上交所可以实施公开认定控股股东、实际控制人三年以上不适合担任上市公司董事、监事、高级管理人员等纪律处分。《创业板上市规则》第12.6条③规定深交所可以作出公开谴责或者/并公开认定上市公司的控股股东、实际控制人不适合担任上市公司董事、监事、高级管理人员的处分。由于前述不符合资格要求的情形尚未在《科创板上市规则》及《创业板上市规则》中明确为属于"丧失履职能力"，允许品格不健全或不诚信的董事或实际控制人掌握特别表决权，将导致控制权滥用的风险进一步增大。

(二)转让型日落条款规定过于严苛

《科创板上市规则》和《创业板上市规则》规定，特别表决权股东向他人转让其所持有的特别表决权股份、将特别表决权股份的表决权委托他人行使或失去对相关持股主体的实际控制时将触发转让型日落条款。但以上制度规定可能无法契合部分双层股权结构公司的治理需求，不合理的日落条款触发机制可能导致公司治理政策无法得到有效贯彻，影响公司的长远发展。转让型日落条款的法理依据在于特别表决权的制度设计初衷是为了保护创始人的特质愿景追求，创始人以外的人员并非特质愿景的承载主体。④并且，双层股权结构公司普通股东出于对公司现有特别表决权股份持有主体的信任而让渡自身表决权，使自身处于公司治理弱势地位。若允许特别

---

① 新《证券法》第二百二十一条：违反法律、行政法规或者国务院证券监督管理机构的有关规定，情节严重的，国务院证券监督管理机构可以对有关责任人员采取证券市场禁入的措施。前款所称证券市场禁入，是指在一定期限内直至终身不得从事证券业务、证券服务业务，不得担任证券发行人的董事、监事、高级管理人员，或者一定期限内不得在证券交易所、国务院批准的其他全国性证券交易场所交易证券的制度。

② 《科创板上市规则》第14.2.5条：上市公司董事、监事、高级管理人员未能履行忠实、勤勉义务，或者存在违反本规则、向本所作出的承诺的其他情形的，本所可以视情节轻重实施下列纪律处分：(一)通报批评；(二)公开谴责；(三)公开认定其3年以上不适合担任上市公司董事、监事、高级管理人员、董事会秘书；(四)收取惩罚性违约金。

③ 《创业板上市规则》第12.6条：上市公司控股股东、实际控制人违反本规则、本所其他相关规定或者其所作出的承诺的，本所视情节轻重给予以下处分：(一)通报批评；(二)公开谴责；(三)公开认定其不适合担任上市公司董事、监事、高级管理人员。以上第二项、第三项处分可以并处。

④ Winden A W. Sunrise, sunset: An empirical and theoretical assessment of dual-class stock structures[J]. Colombia Business Law Review，2018(3)：852-951.

表决权股份转让给其他并不具有特质愿景的主体后仍然延续特别表决权，则普通股东实际上是在未得到任何补偿的条件下被动接受了他们与公司订立的治理契约被改写。① 因此，转让型日落条款是否被触发的关键在于受转让主体是否仍然是特质愿景追求的承载主体以及是否辜负普通股东对现有特别表决权股份持有人的信任。

美国上市公司实践中的转让日落条款通常可能包括以下豁免适用自动转换的情形，如向特别表决权股东控制的实体、家族成员、退休金账户、信托或向另一位特别表决权股东转让等。香港联交所《综合主板上市规则》对不同投票权股份"转让"采用的是"实质大于形式"的认定方法，不论持股主体为何，只有最终实际行使该"不同投票权"的"不同投票权股份受益人"不再是初始受益人时，才会触发转让型日落条款。

相比之下，上交所科创板对特别表决权股份转让的规定更加严格但却不够完善。《科创板上市规则》第 4.5.9 条②以特别表决权股份转让或者委托行使表决权作为转让型日落条款的触发条件，却未就受让或者受委托主体的不同作出区分。若将特定的特别表决权股份持有人以外的所有主体视为"他人"的范围，则可能造成双层股权结构公司特别表决权股东之间出于公司治理需要而进行的股份转让也会触发转让型日落条款，与双层股权结构制度的设计初衷相背离。并且双层股权结构公司特别表决权股东多为一个团队，普通股东也多是基于对团队而非特定创始人的信任而让渡表决权成为公司股东，团队内部成员间的股权转让并不会违背普通股东对现有特别表决权股份持有人的信任。即使特别表决权股份发生转让或者表决权被委托行使，受让方及被委托方也可能是基于特别表决权股份原持有人的意志而行使权利，而不具有独立行使特别表决权的权利，因此这种触发转让型

---

① Moore M T. Designing dual-class sunsets：The case for a transfer-centered approach［J］. William & Mary Business Law Review，2020（1）：93-166.

② 《科创板上市规则》第4.5.9条：出现下列情形之一的，特别表决权股份应当按照1：1的比例转换为普通股份：（一）持有特别表决权股份的股东不再符合本规则第4.5.3条规定的资格和最低持股要求，或者丧失相应履职能力、离任、死亡；（二）实际持有特别表决权股份的股东失去对相关持股主体的实际控制；（三）持有特别表决权股份的股东向他人转让所持有的特别表决权股份，或者将特别表决权股份的表决权委托他人行使；（四）公司的控制权发生变更。发生前款第四项情形的，上市公司已发行的全部特别表决权股份均应当转换为普通股份。发生本条第一款情形的，特别表决权股份自相关情形发生时即转换为普通股份，相关股东应当立即通知上市公司，上市公司应当及时披露具体情形、发生时间、转换为普通股份的特别表决权股份数量、剩余特别表决权股份数量等情况。

日落条款的情况可能会与立法目的相冲突。而《创业板上市规则》第4.4.8条①规定,如果受转让或者受委托主体为该特别表决权股东实际控制的主体,则不会触发日落条款并导致特别表决权股份转换为普通股份,能够更好地与企业实践需要相契合。

三、比例型日落条款操作性不强

(一)股比稀释型日落条款规定适用存在障碍

股比稀释型日落条款主要表现为特别表决权股份持有人的持股比例因公司增发普通股份被稀释和公司控制权发生变更导致特别表决权股份转换为普通股份的情形。一方面,要求特别表决权股东最低持股10％的比例限制的合理性在于保持特别表决权股东与双层股权结构公司的利益同一性,当特别表决权股东持有的股份占公司股份比例达一定程度时,特别表决权股东享有的公司控制权与普通股东利益之间的博弈呈现均衡样态;而当特别表决权股东持股比例低于一定标准,所有权的激励作用弱化,特别表决权股东的经济利益很可能无法与公司实现充分联结②,所有权与控制权分离导致的潜在风险现实发生的可能性将急剧增大,特别表决权股东采取寻租行为或者将公司发展方向转变为实现个人的非经济的特质愿景的激励作用增强。另一方面,该标准化的设置可能导致部分科技创新企业创始人在未撤资的情况下因公司增发新股而出现持股比例被稀释最终触发日落条款以致特别表决权股份转换为普通股份的情况。部分科技创新企业创始人可能出于维护特别表决权及公司控制权的考虑,放弃采用双层股权结构上市,使双层股权结构制度无法被部分大型科技创新企业所运用。

(二)控制权变更日落条款规定模糊

根据《科创板上市规则》第4.5.9条和《创业板上市规则》第4.4.8条,当公司控制权发生变更时,公司的双层股权结构制度即刻转换为一股一权

---

① 《创业板上市规则》第4.4.8条:出现下列情形之一的,特别表决权股份应当按照1∶1的比例转换为普通股份:(一)特别表决权股东不再符合本规则第4.4.3条规定的资格和最低持股要求,或者丧失相应履职能力、离任、死亡;(二)实际特别表决权股东失去对相关持股主体的实际控制;(三)特别表决权股东向他人转让所持有的特别表决权股份,或者将特别表决权股份的表决权委托他人行使,但转让或者委托给受该特别表决权股东实际控制的主体除外;(四)公司的控制权发生变更。发生前款第四项情形的,上市公司已发行的全部特别表决权股份应当转换为普通股份。

② Fisch J, Solomon S D. The problem of sunsets[J]. Boston University Law Review, 2019(19): 1057-1094.

结构,这对公司治理的影响巨大。因此,双层股权结构公司控制权变更的认定应具有较强的可预期性。目前双层股权结构制度关于控制权变更的规定存在一定模糊性,可能导致在具体操作中出现困难。

企业家对控制权的追求是双层股权结构制度出现的原因之一,但根据现有双层股权结构制度规则,可能无法很好地认定控制权的归属。根据《科创板上市规则》第 4.1.6 条①和《创业板上市规则》第 13.1 条②规定,实际支配的表决权超过 30% 即构成"控制"。但《科创板上市规则》和《创业板上市规则》均未限制特别表决权股东持有普通股份,因此,并不能当然认为 30% 为特别表决权比例的最低值。例如,特别表决权股东持有 28% 的特别表决权与 3% 的普通表决权,根据现有规则,其"控制"公司不会触发日落条款。也就是说根据《科创板上市规则》和《创业板上市规则》并不能很好地认定控制权的归属。

在优刻得案例中,创始股东通过持有特别表决权股份放大对应的表决权比例③,即使创始人团队以外的其他股东通过持有普通股份获得 30% 以上的表决权,在其他条件不变的情况下,公司的控制权仍掌握在特别表决权股东手中,持有 30% 以上的股份并不会导致公司控制权转移的后果。可见,根据上交所的双层股权结构制度规定,控制权的认定规则可能无法与实践需求相契合。

---

① 《科创板上市规则》第 4.1.6 条:上市公司应当根据股权结构、董事和高级管理人员的提名任免以及其他内部治理情况,客观、审慎地认定控制权归属。具有下列情形之一的,构成控制:(一)持有上市公司 50% 以上的股份,但是有相反证据的除外;(二)实际支配上市公司股份表决权超过 30%;(三)通过实际支配上市公司股份表决权能够决定董事会半数以上成员的任免;(四)依其可实际支配的上市公司股份表决权足以对公司股东大会的决议产生重大影响;(五)可以实际支配或者决定上市公司的重大经营决策、重要人事任命等事项;(六)中国证监会和本所认定的其他情形。签署一致行动协议共同控制上市公司的,应当在协议中明确共同控制安排及解除机制。

② 《创业板上市规则》第 13.1 条……(七)控制:指有权决定一个企业的财务和经营政策,并能据以从该企业的经营活动中获取利益。有下列情形之一的,为拥有上市公司控制权:1. 为上市公司持股 50% 以上的控股股东;2. 可以实际支配上市公司股份表决权超过 30%;3. 通过实际支配上市公司股份表决权能够决定公司董事会半数以上成员选任;4. 依其可实际支配的上市公司股份表决权足以对公司股东大会的决议产生重大影响;5. 中国证监会或者本所认定的其他情形。

③ 优刻得三位创始人合计直接持有发行人约 26.83% 的股份,对应的表决权比例为 64.71%;季昕华、莫显峰及华琨分别持有的股份比例为 13.9%、6.44%、6.44%,对应的表决权比例为 33.67%、15.52%、15.52%,即使其他股东获得 30% 以上的表决权,仍不会对优刻得公司的控制权产生影响。

双层股权结构制度规则还规定了"控制"①的判断规则,究竟何为"重大影响"、多少表决权才能决定董事会半数以上成员的任免应当于个案中实际分析。由于存在表决权委托、董事提名权、上市公司独立董事②等安排,此条的认定显得尤为复杂。可见,现行规定中的股比稀释型日落条款具有较大的解释空间,规定的模糊性可能导致控制权变更日落条款在公司治理中的具体运用出现重大争议。

第四节　双层股权结构制度中日落条款设置的完善建议

公司自治是现代公司法的重要理念,股东自治的实现是公司制度功能发挥的关键③,强制性的日落条款安排无法与双层股权结构公司多样的治理需求相契合。因此,在优化现有日落条款制度的前提下,赋予公司根据发展需要设置不同类型日落条款的自由,实现控制权在企业家与投资者间的合理配置,能够有效促进双层股权结构制度的积极效用强化。因此,在《科创板上市规则》和《创业板上市规则》等相关文件中设置部分强制性日落条款,并积极引导公司在其章程中设置与其经营状况、所处行业等要素匹配的自治型日落条款可能是最适合中国内地双层股权结构制度实践现状的日落条款方案。

一、增加期限型日落条款

灵活的特别表决权存续期限能够有效激励双层股权结构公司特别表决权股东关注有利于增加公司股东共同福利的交易安排,构建利润最大化的商业环境,实现现金流与控制权方向同一。越来越多的机构投资者,比如贝莱德集团(Blackrock)、先锋集团(Vanguard)以及美国道富(State Street)承认双层股权结构制度在公司上市初期阶段对公司发展具有促进作用,但该股权结构带来的股份溢价会随着时间的推移而消失,甚至可能产生价值折

---

① "对公司股东大会的决议产生重大影响"与"可实际支配的股份表决权足以决定董事会半数以上成员的任免"即构成"控制"。
② 证监会《关于在上市公司建立独立董事制度的指导意见》规定上市公司董事会成员中应当至少包括三分之一独立董事,在上交所科创板制度下,在聘请或者解聘独立董事时,不适用特别表决权,故决定独立董事任免应持有50％以上的股份。
③ 常健:《股东自治的基础、价值及其实现》,载《法学家》2009年第6期,第49页。

损,因此对双层股权结构制度安排设定合理的存续期限就显得尤为必要。①当经过一定期限,双层股权结构制度演变成无效率的结构后,显然需要终结特别表决权股东以人力资本赋能而取得的控制权。②通过对双层股权结构制度安排设定一定的年限,能够解决公司在双层股权结构制度安排下运行效率低下而特别表决权股东拒绝拆解双层股权结构的问题。伦敦证券交易所高级板设置了五年的期限型日落条款。但固定期限型日落条款的反对者认为,直接在规则中设置期限型日落条款是"一刀切"的做法,未考虑每个公司不同的成长周期,为公司设定统一的日落时间过于武断。③一些创始人可能出于五年内无法确保公司业务成熟的考虑放弃采用双层股权结构上市。④并且,期限型日落条款创造了一个控制权旁落的悬崖⑤,期限届满后特别表决权股东突然丧失控制权的安排可能诱发特别表决权股东在双层股权结构转换为一股一权结构前实施期末套利行为(end-of-the-term arbitrage)。⑥对于长期依赖于创始人的独特智识的双层股权结构公司,比如伯克希尔·哈撒韦公司(Berkshire Hathaway)而言,允许巴菲特(Buffett)长期持有特别表决权股份并掌握公司控制权,对于提高公司治理效率、实现公司价值增长具有积极意义。⑦

鉴于双层股权结构制度未规定期限型日落条款,并且股东派生诉讼无法成为有效的特别表决权权利滥用事后救济机制,因此可以采用"遵守或解释"的路径在《科创板上市规则》和《创业板上市规则》中加入期限型日落条

① BlackRock. Open letter regarding consultation on the treatment of unequal voting structures in the msci equity indexes[EB/OL]. (2018-04-19)[2021-06-11]. https://corpgov. law. harvard. edu/2018/05/03/open-letter-Regarding-consultation-on-the-treatment-of-unequal-voting-structures-in-the-msci-equity-indexes/.

② Jin Y F, Hu H X. Protection for minority shareholders of dual-class companies: Problems and prospects in china stock market[J]. Securities Regulation Law Journal, 2020(48): 294.

③ Yvan A. The case for dual-class of shares[EB/OL]. (2016-05-13)[2022-05-28]. https://igopp. org/wp-content/uploads/2016/05/The-case-for-dual-class-of-shares-May-2nd-2016. pdf.

④ Bobby R. The UK's dual-class shares reforms-failing to throw off the shackles[EB/OL]. (2022-01-30)[2022-05-29]. https://www. law. ox. ac. uk/business-law-blog/blog/2022/01/uks-dual-class-shares-reforms-failing-throw-shackles.

⑤ Coffee J. Dual class stock: The shades of sunset, cls blue sky blog[EB/OL]. (2018-11-19) [2021-06-11]. https://clsbluesky. law. columbia. edu/2018/11/19/dual-class-stock-the-shades-of-sunset/.

⑥ Weng C X, Hu A J. Every sunset is an opportunity to reset: An analysis of dual-class share regulations and sunset clauses[J]. Journal of Corporate Law Studies, 2022(1): 571-603.

⑦ Seessel A. Valuation: How warren buffett built berkshire hathaway and what might happen when he leaves[EB/OL]. (2020-02-21)[2022-05-29]. https://fortune. com/2020/02/21/how-warren-buffett-built-berkshire-hathaway/.

款。关于期限的设置,可以结合当前实证研究结论、大量设置了期限型日落
条款双层股权结构公司的实践①以及机构投资者的研究结论②,初步设置双
层股权结构存续期限为 7—10 年,该规定可以随着双层股权结构公司实践
的逐渐成熟而作出改进。对于不采用 7—10 年双层股权结构存续期限的公
司,应当在 IPO 文件中阐明不采用该期限的原因。对于设置双层股权结构
制度存续期限长于 10 年的公司,应当在上市申请文件中充分论证更长期限
的必要性以及该期限对公司治理效率与价值提升的影响。交易所通过个案
审查的方式审核相应公司更长期限的日落条款设置的合理性,允许公司根
据发展特点设置期限型日落条款,能够规避强制性固定期限型日落条款的
期限设置可能无法与部分公司发展需求相契合、过早结束双层股权结构给
公司治理效率造成的消极影响。为控制期末套利行为产生的代理成本,可
以要求双层股权结构公司在期限届满前强化信息披露并加强对自我交易等
行为的监管。

二、优化事件型日落条款

(一)细化股东资格型日落条款

现行上交所科创板及深交所创业板相关文件关于股东资格型日落条款
的规定存在表述不够明确等问题,且目前规定的情形无法有效防范特别表
决权股东的道德风险。因此,应当对股东资格型日落条款的触发机制进一
步细化,以强化对特别表决权股东的约束。

第一,应当将特别表决权股份的持有主体限定为自然人股东。从某种
程度上讲,作为创始人的自然人才是具有特质愿景的主体,他们的人力资本
是实现公司治理效率优化、技术创新、业务模式创新的直接源泉和动力,双
层股权结构安排可以说是自然人"人力资本出资"的另一种表现形式。③ 若
允许公司持有特别表决权股份,实际上与设置特别表决权制度为创始人的

---

① 在 CII 统计的 93 家设置了期限型日落条款的双层股权结构公司中,有 27 家公司设置了 7 年的
日落条款,占比约 29％;33 家公司设置了 10 年的日落条款,占比约 35％;9 家公司设置了 5 年
的日落条款,占比约 10％;11 家公司设置了超过 12 年的日落条款,占比约 12％。参见 CII.
Companies with time-based sunsets on dual-class stock[EB/OL]. (2022-01-19)[2022-05-29].
https://www.cii.org//Files/issues_and_advocacy/Dual％20Class％20post％206-25-19/22_1_
19％20Time-based％20Sunsets.pdf.
② CII. Dual-class stock[EB/OL]. (2022-01-19)[2022-05-29]. https://www.cii.org/dualclass_
stock.
③ 冯果、诸培宁:《差异化表决权的公司法回应:制度检讨与规范设计》,载《江汉论坛》2020 年第 5
期,第 110 页。

人力资本赋能的初衷相背离。并且,公司成为"法人董事"可能形成关联公司"堆金字塔"及交叉持股的股权结构,杠杆效应显著增强,导致实际控制人的控制权与现金流进一步背离,双层股权结构公司外部投资者权益受侵害的可能性增大。

第二,明确特别表决权股东丧失履职能力的行为范围。特别表决权股东掌握不成比例的控制权可能诱发他们攫取私人利益的风险,而品格不健全或不诚信的股东更可能引发道德风险。当特别表决权股东未按规定行使表决权或违法失信或被监管机构限制参与公司治理却仍享有特别表决权时,会增大公司的代理风险,不利于公司整体价值最大化。因此,可以将特别表决权股东违法失信的行为认定为"丧失履职能力",进而触发日落条款,将其所持有的特别表决权股份转换为普通股份。更为严苛的股东资格型日落条款触发条件能够对特别表决权股份持有人形成有效的约束,维持证券市场及公司治理主要参与者的道德水平,避免双层股权结构公司的投资者权益受到巨大威胁。

(二)明确转让型日落条款适用条件

双层股权结构制度的目的在于赋予具有特质愿景的创始人以特别表决权股份,从而掌握公司控制权以实现发展目标,不合理的转让型日落条款触发条件设置可能导致双层股权结构过早终结,难以实现公司的长期高效运行。在双层股权结构制度语境下,创始人团队成员之间共享特质愿景,具有协同效应,但成员间的特别表决权股份的转让与特别表决权的委托会触发日落条款,导致特别表决权股份转变为普通股份,这样的制度设计过于严苛且具有"一刀切"的嫌疑。因为特别表决权股份在共同享有特质愿景的自然人团体或代替同一个自然人实际行使表决权的主体之间的转让,同特别表决权股东向外部人员进行转让的性质不同。双层股权结构公司的成功很可能是创始人团队整体的努力成果而非某个创始人单独的努力成果。[①] 若创始人团队成员之间的特别表决权股份转让或表决权委托会导致特别表决权比重降低,甚至导致公司转变为单一股权结构公司,则很有可能对公司的长远发展产生消极影响。如果特别表决权股份转让或表决权委托的安排目的在于充分发挥某个创始人股东的经营管理才能,则该等转让和表决权委托

---

① 如上交所科创板的第一家双层股权结构公司优刻得,该公司的三位创始人共同创办了优刻得,在不同方面对公司的发展贡献良多,但三位创始人合计持股不到三成,通过双层股权结构进行控制权集中后表决权未达七成,若因其中一位特别表决权股东向另一位特别表决权股东转让股份而导致特别表决权比例降低,无疑会给公司经营造成不利影响。

对公司发展并非没有积极意义,而强制性要求特别表决权股份转换为普通股份可能导致优化公司治理策略、促进治理效率的目标落空。相较于《科创板上市规则》,《创业板上市规则》仅豁免了转让或委托给受特别表决权股东实际控制主体的日落情形,仍可能无法满足双层股权结构公司运营的实际需求。而香港联交所的一份咨询文件表现出对转让型日落条款的适用采用更为克制的态度,拟将对企业家的特质愿景价值的认可扩大至对法团受益人控制并运营的生态系统的总体愿景价值的认可。① 因此,《科创板上市规则》及《创业板上市规则》应对该日落条款的触发条件进行适当放宽,豁免共同享有特质愿景的自然人团体之间或同一个自然人实际控制的主体之间特别表决权转让的日落条款的适用,赋予双层股权结构公司一定的自治空间。若公司内部特别表决权股份持有人之间发生股份转让,可以采用公司章程规定或者股东大会表决的方式确定是否应适用转让型日落条款。在规则层面,可以将转让型日落条款的触发机制设定为"实质标准",即只有当特别表决权股东通过转让特别表决权股份或委托他人行使特别表决权,"实质上让渡"了其享有的特别表决权时才应触发转让型日落条款,被让渡的特别表决权股份转换为普通股份。

综上所述,现有的关于转让型日落条款的规定可以作出以下调整:一是对"向他人转让所持有的特别表决权股份"中的"他人"进行限缩解释,将范围限定为特别表决权股份持有主体及相关持股主体以外的主体,从而豁免特别表决权股份持有主体之间出于合理商业安排的考虑进行股权转让导致日落条款被触发的情形。二是结合公司自治与契约自由原则重新界定转让的判断方式与判断标准,在公司内部安排层面,建议允许通过公司章程安排或由股东大会决议按一股一权的表决规则就特别表决权股份转让是否应豁免适用转让型日落条款作出决议。在规则层面,建议明确当特别表决权股份转让给他人导致特别表决权在实质上被让渡,以及特别表决权被委托导致特别表决权实际由受托人行使时,触发转让型日落条款,以此豁免特别表决权股份持股主体之间的转让及受决策指示的特别表决权委托行使触发日落条款的情形,与双层股权结构公司的实践需求相契合,维护公司的稳定运行。

---

① HKEX. Exchange publishes consultation paper on corporate WVR beneficiaries[EB/OL]. (2020-01-31)[2022-05-29]. https://www.hkex.com.hk/News/Regulatory-Announcements/2020/200131news? sc_lang=en.

三、完善比例型日落条款

(一)明晰股比稀释型日落条款

《科创板上市规则》第4.5.3条和《创业板上市规则》第4.4.5条关于特别表决权股东持股比例低于10%将丧失特别表决权的规定可能无法与大型双层股权结构公司的实践相适应,因此应当进一步明晰股比稀释型日落条款适用条件,均衡不同类型双层股权结构公司差异化的治理需求。

科技创新企业的成长性特征是依赖多轮融资,一般而言,具有发展前景的公司往往在上市后会吸引大量资本注入,不可避免地导致创始人持有的股份被稀释,并且公司资本规模的扩大很可能导致特别表决权股东无法以自身财产获得充足的股份维持特别表决权股份持股资格。若强制要求拥有特别表决权股份的前提为持有最低10%的持股份额,可能导致部分科技创新企业创始人出于公司增发新股会触发股比稀释型日落条款以致丧失特别表决权股份持有资格的顾虑而放弃采用双层股权结构上市。并且,在创始人未主动撤资,仅是由于增发新股导致持股比例被动稀释的情况下剥夺创始人的特别表决权股份持有资格,这对创始人并不公平,控制权的被动丧失甚至可能对公司的稳定运行产生消极影响。若创始人在公司上市后主动撤资导致持股比例低于10%则将触发股比稀释型日落条款而丧失特别表决权。因为创始人主动撤资意味着其主动降低与公司整体利益的关联度,也意味着其对特质愿景的承诺逐渐降低,进一步加剧控制权与现金流背离程度,也进一步增大代理成本与诱发特别表决权股东攫取私利的可能性。因此,这种情况下其丧失特别表决权股份持有资格具有合理性。

综上所述,建议设置特别表决权股份持有资格为持有人仅在IPO时需持有10%以上公司股份,并允许在公司IPO后,特别表决权股份持有人在未主动撤资的情况下持股比例低于10%。如此设计能避免在特别表决权股东未撤资的情况下,公司不断融资导致其持股比例低于10%而丧失特别表决权股份持有资格,妨碍公司特质愿景实现。

(二)优化控制权变更日落条款

双层股权结构制度通过放大特别表决权股东的表决权以实现创始人控制权稳定的同时,也不可避免地造成双层股权结构公司的控制权认定规则较一股一权结构公司呈现更为复杂的样态。但目前双层股权结构制度并未针对双层股权结构公司的控制权认定作出具体规范,导致目前统一适用上市公司控制权的认定标准,这可能无法适应双层股权结构公司的治理需求,因此有必要优化双层股权结构公司的控制权认定规则,以契合特别表决权股份高倍数表决权对公司控制权分配的影响。

　　双层股权结构公司控制权发生变更的情形主要分为公司内部治理结构变化导致控股股东变更以及公司收购导致公司控制者发生变更。在公司内部治理结构变化导致控股股东变更的情况下,《公司法》第二百一十六条第一款第二项①对控股股东进行定义,即在以下两种情况下股东属于控股股东:一是出资或持有股份占股本总额50％以上;二是尽管出资额或者持股比例低于50％,但其享有的表决权能够对股东大会产生重大影响。因为《公司法》以一股一权结构为默认股权结构,所以掌握50％以上股份的股东对应掌握着50％以上的表决权,可以被认定为公司的控股股东。因此,当双层股权结构公司原特别表决权股份持有主体合计持有的表决权数量(特别表决权股份对应的表决权与普通股份对应的表决权之和)低于公司表决权总数的50％时,可以认定公司控制权发生变更,相应触发控制权变更日落条款。在双层股权结构公司被收购导致控股股东变更的情况下,《上市公司收购管理办法》第八十四条②对上市公司控制权作出规定,即持股50％以上的股东为控股股东。因为《上市公司收购管理办法》与《公司法》相同,均以一股一权结构为默认股权结构,所以可以推导出收购者拥有普通股份掌握公司50％以上表决权的,即为公司的控股股东,这将导致双层股权结构公司控制权发生变更,公司转换为一股一权结构公司。

　　综上所述,建议控制权变更日落条款的触发条件为原特别表决权股份持有人合计持有的表决权比例低于50％,或是收购者掌握公司50％的表决权,从而使控制权变动确定地在股东大会决议、董事会成员任免等公司经营与人事任免事项上产生影响,与双层股权结构制度规则中有关构成“控制”的判断依据相契合,以更好地适应双层股权结构公司的治理需要。

---

① 《公司法》第二百一十六条第一款第二项:控股股东,是指其出资额占有限责任公司资本总额百分之五十以上或者其持有的股份占股份有限公司股本总额百分之五十以上的股东;出资额或者持有股份的比例虽然不足百分之五十,但依其出资额或者持有的股份所享有的表决权已足以对股东会、股东大会的决议产生重大影响的股东。

② 《上市公司收购管理办法》第八十四条:有下列情形之一的,为拥有上市公司控制权:(一)投资者为上市公司持股50％以上的控股股东;(二)投资者可以实际支配上市公司股份表决权超过30％;(三)投资者通过实际支配上市公司股份表决权能够决定公司董事会半数以上成员选任;(四)投资者依其可实际支配的上市公司股份表决权足以对公司股东大会的决议产生重大影响;(五)中国证监会认定的其他情形。

四、引导公司设置自治型日落条款

双层股权结构公司内部的控制权分配呈现此消彼长的零和结果,但控制权的重新分配对公司总控制成本的变动并非呈现比例变化,以公司经营战略、经营特点及核心团队能力等因素为出发点,通过公司自治,设置能够有效控制被代理人成本的日落条款,从而寻求企业家追求特质愿景与外部股东权益保护之间的最佳平衡。

双层股权结构制度的反对观点认为,该股权结构是一种薄弱的股权结构,公司治理不力会导致业绩不佳。① 当公司业绩表现不佳时,特别表决权股东仍有充分的动机保持自身控制权。② 因此,控制双层股权结构制度的潜在风险,充分实现双层股权结构制度效用可以设立以业绩衡量为标准的日落条款。将特别表决权股东运营公司的水平高低与其控制权是否存续相联结,从而运用业绩考核压力对特别表决权股东管理公司形成有效的激励机制。一方面,特别表决权股东出于维护自身控制权稳定的考虑,更倾向于投入更多专属人力资本以提高公司业绩。另一方面,若一定期限内公司的业绩表现未达期待标准,在一定程度上反映特别表决权股东的特质愿景可能无法实现,将特别表决权股份向普通股份转换也能及时终止无效率的双层股权结构制度,与特质愿景理论相契合。因此,若公司的营业收入、利润或股票价格在相当长的一段时间内一直低于 IPO 时的水平,那么业绩表现型日落条款可能会被触发。当然,业绩的期待标准以及实现期限可能随公司的经营模式、行业特点而呈现出各异的特征,故可以在设置的标准范围之内保留一定的公司自治空间,允许公司设置更高的业绩标准作为业绩型日落条款的触发条件,从而形成特别表决权股东的激励机制,充分发挥双层股权结构制度的积极效用。

---

① Goshen Z. Against mandatory sunset for dual class firms, cls blue sky blog[EB/OL]. (2019-01-02)[2021-06-15]. https://clsbluesky. law. columbia. edu/2019/01/02/against-mandatory-sunset-for-dual-class-firms/.

② Bebchuk L A, Kastiel K. The untenable case for perpetual dual-class stock[J]. Virginia Law Review, 2017(4): 585-631.

第七章　双层股权结构下的事后救济制度

防范双层股权结构公司特别表决权被滥用和强化投资者权益保护除了需要强化事前预防和事中监督制度,还需要构建多元的事后救济制度,从而保证双层股权结构公司的投资者权益受侵害后能够及时获得有效的救济。双层股权结构公司股东权益救济机制主要有股东派生诉讼、证券代表人诉讼及先行赔付制度。结合新《证券法》强调投资者保护并提供司法救济受损权益新方案的背景,借鉴资本市场成熟度较高的美国双层股权结构上市公司证券纠纷解决机制及配套制度,立足我国资本市场具体环境,建议从股东派生诉讼规则再造、证券代表人诉讼制度优化以及先行赔付制度的创新等方面完善双层股权结构公司投资者权益事后救济机制,全面保障投资者权益。

第一节　双层股权结构公司股东权益的事后救济路径

一、强化双层股权结构制度下事后救济路径的必要性

双层股权结构公司控制权与现金流背离的制度安排增大了公司控制权股东滥用支配地位、损害公司及普通股东利益的潜在风险。双层股权结构公司的内部监督机制可能因为缺乏独立性及激励机制不健全等因素导致实效性有限,可能无法实现对公司运行内部风险的有效防范。并且,双层股权结构公司的信息披露制度可能无法适应双层股权结构制度安排下更高的透明度和简明性要求,导致信息披露制度对特别表决权股东权利行使的监督功能效用有待加强。当前,双层股权结构制度法律规定中有关日落条款的规定仍存在期限型日落条款缺失、事件型日落条款规定设置不妥当以及比例型日落条款操作性不强的问题。当日落条款无法有效被触发以终结低效率的双层股权结构保障双层股权结构公司普通股东的合法权益时,高效的事后救济制度能够对双层股权结构制度规范运行以及特别表决权股东审慎

行使特别表决权形成威慑作用。在双层股权结构公司内部人滥用权利,导致公司及普通股东合法权益受侵蚀时,健全的事后救济制度能够及时减少利益受损主体的损失,控制损害程度,促进公司高效治理。通过不断完善与双层股权结构制度相配套的事后救济制度,能够维护资本市场秩序,助推资本市场逐渐成熟。

二、双层股权结构制度下的事后救济路径分类

双层股权结构公司权益受损股东的事后救济路径主要分为证券纠纷调解①、证券执法和解②、股东派生诉讼③、证券代表人诉讼以及先行赔付五类。在新《证券法》修订后,证券代表人诉讼衍生为两种形态,即普通证券代表人诉讼和以新《证券法》第九十五条④第三款为法理依据的特别证券代表人诉讼,即证券集团诉讼制度。

但是,证券调解制度存在缺乏体系化的法律规定、受理范围较窄且模糊、市场机构配合调解的意愿不强、对接机制不成熟等问题,使其在具体实践中成为"空中楼阁",不能落地。而证券执法和解存在适用条件过于严格、和解程序启动不畅等问题,可能导致上市公司权益受损投资者的和解权利无法得到充分保障,因此未能成为主要的事后救济措施。故以下主要从股东派生诉讼、证券代表人诉讼及先行赔付方面探讨双层股权结构上市公司投资者权益受侵害后的救济路径。

双层股权结构公司的股东派生诉讼启动主体可以分为普通股东和投资

---

① 证券纠纷调解是指在第三方组织或机构(比如监管机构、行业协会、司法部门或其他具有证券专业知识的机构)的主持下,以法律法规、行业协会规定、惯例以及社会公德为判断依据,调停纠纷,促使双方自愿协商达成协议以解决纠纷的一种方式。

② 证券执法和解是一种效率较高并且执法手段相对柔和的执法模式,主要通过协商的方式消除行政争议,投资者主要从上市公司缴纳的行政和解金中获得补偿。

③ 股东派生诉讼是指董事、监事、高级管理人员未按照法律、行政法规或者公司章程的规定履行职务,损害公司的利益。在公司无法或者怠于起诉时,适格的公司股东以自己的名义为了公司的利益提起诉讼。

④ 新《证券法》第九十五条:投资者提起虚假陈述等证券民事赔偿诉讼时,诉讼标的是同一种类,且当事人一方人数众多的,可以依法推选代表人进行诉讼。对按照前款规定提起的诉讼,可能存在有相同诉讼请求的其他众多投资者的,人民法院可以发出公告,说明该诉讼请求的案件情况,通知投资者在一定期间向人民法院登记。人民法院作出的判决、裁定,对参加登记的投资者发生效力。投资者保护机构受五十名以上投资者委托,可以作为代表人参加诉讼,并为经证券登记结算机构确认的权利人依照前款规定向人民法院登记,但投资者明确表示不愿意参加该诉讼的除外。

者保护机构。① 其中,普通股东启动股东派生诉讼的具体事由为《公司法》第一百四十九条②列举的情形。出于防范普通股东滥用提起派生诉讼的权利的考虑,《公司法》第一百五十一条③规定了适格原告股东 180 日以上的持股期限以及单独或者合计持股 1% 以上的持股比例要求。并且,除情况紧急的特殊情形外,股东派生诉讼的启动以先履行公司内部救济程序为前提,即股东向法院直接提起派生诉讼需以诉前书面请求公司监事会或董事会向侵权主体提起诉讼被拒绝为前置条件。而投资者保护机构,即投服中心,作为双层股权结构公司股东可以作为原告股东向人民法院起诉。

根据新《证券法》第九十四条④第三款,当投资者保护机构作为双层股权结构公司的股东提起股东派生诉讼时,豁免了投资者保护机构作为适格股东派生诉讼原告股东需满足的持股期限和持股比例的要求。除此之外,投服中心启动股东派生诉讼的具体事由较普通股东启动股东派生诉讼的具体事由有所增加。除了普通股东派生诉讼的事由,投服中心还可以就发行人的控股股东、实际控制人等实施侵犯公司合法权益的行为导致公司的合法利益遭受损失的情形,代表公司向法院提起股东派生诉讼。

根据新《证券法》第九十五条的规定,双层股权结构公司的证券代表人诉讼可以具体分为普通证券代表人诉讼和特殊证券代表人诉讼。《最高人

---

① 我国投服中心持有所有在上交所和深交所上市公司的股票,https://www.investor.org.cn/help/https://papers.ssrn.com/sol3/papers.cfm? abstract_id=3145209,访问于 2021 年 4 月 26 日。
② 《公司法》第一百四十九条:董事、监事、高级管理人员执行公司职务时违反法律、行政法规或者公司章程的规定,给公司造成损失的,应当承担赔偿责任。
③ 《公司法》第一百五十一条:董事、高级管理人员有本法第一百四十九条规定的情形的,有限责任公司的股东、股份有限公司连续一百八十日以上单独或者合计持有公司百分之一以上股份的股东,可以书面请求监事会或者不设监事会的有限责任公司的监事向人民法院提起诉讼;监事有本法第一百四十九条规定的情形的,前述股东可以书面请求董事会或者不设董事会的有限责任公司的执行董事向人民法院提起诉讼。监事会、不设监事会的有限责任公司的监事,或者董事会、执行董事收到前款规定的股东书面请求后拒绝提起诉讼,或者自收到请求之日起三十日内未提起诉讼,或者情况紧急、不立即提起诉讼将会使公司利益受到难以弥补的损害的,前款规定的股东有权为了公司的利益以自己的名义直接向人民法院提起诉讼。他人侵犯公司合法权益,给公司造成损失的,本条第一款规定的股东可以依照前两款的规定向人民法院提起诉讼。
④ 新《证券法》第九十四条:投资者与发行人、证券公司等发生纠纷的,双方可以向投资者保护机构申请调解。普通投资者与证券公司发生证券业务纠纷,普通投资者提出调解请求的,证券公司不得拒绝。投资者保护机构对损害投资者利益的行为,可以依法支持投资者向人民法院提起诉讼。发行人的董事、监事、高级管理人员执行公司职务时违反法律、行政法规或者公司章程的规定给公司造成损失,发行人的控股股东、实际控制人等侵犯公司合法权益给公司造成损失,投资者保护机构持有该公司股份的,可以为公司的利益以自己的名义向人民法院提起诉讼,持股比例和持股期限不受《中华人民共和国公司法》规定的限制。

民法院关于证券纠纷代表人诉讼若干问题的规定》第一条①进一步厘清了普通证券代表人诉讼和特殊证券代表人诉讼的边界范围。其中,普通证券代表人诉讼的诉讼程序具体适用《中华人民共和国民事诉讼法(2021年修正)》(以下简称《民事诉讼法》)有关代表人诉讼的规定。由此可见,普通证券代表人诉讼原告身份的获得以进行权利登记为前提条件,即采用"明示加入、默示退出"的原告身份确认方式。而投服中心等投资者保护机构参与的特殊证券代表人诉讼则采用新《证券法》第九十五条第三款项下规定的"默示加入、明示退出"原告范围界定规则。

　　新《证券法》第九十三条②的规定使先行赔付人的侵权之债转化为合同之债。③ 新《证券法》第九十三条对可以运用先行赔付方式进行权益救济的证券违法行为和先行赔付义务人进行枚举,故先行赔付的适用范围存在一定限制。加之新《证券法》第九十三条采用"可以委托"的表述,因此可以认为,先行赔付制度具有当事人自愿达成的属性,本质上属于诉讼外的和解,并非具有强制约束力的义务,故只具有指导性和倡导性作用。④ 由此可见,由于先行赔付程序尚未明确规定、先行赔付主体追偿权以及代位求偿权等问题尚未形成清晰且普遍适用的制度安排,先行赔付制度在具体实践中运用较少,并非权益受损的投资者获得救济的主要方式。

第二节　美国双层股权结构公司证券纠纷解决机制

　　美国双层股权结构制度的稳定运行依赖于由完备的司法救济手段组成的底线监管制度,以全面维护投资者的合法权益。其中,最具代表性的是证券集团诉讼与股东派生诉讼制度,这两项制度是对双层股权结构公司普通

---

① 《最高人民法院关于证券纠纷代表人诉讼若干问题的规定》第一条:本规定所指证券纠纷代表人诉讼包括因证券市场虚假陈述、内幕交易、操纵市场等行为引发的普通代表人诉讼和特别代表人诉讼。普通代表人诉讼是依据民事诉讼法第五十三条、第五十四条、证券法第九十五条第一款、第二款规定提起的诉讼;特别代表人诉讼是依据证券法第九十五条第三款规定提起的诉讼。

② 新《证券法》第九十三条:发行人因欺诈发行、虚假陈述或者其他重大违法行为给投资者造成损失的,发行人的控股股东、实际控制人、相关的证券公司可以委托投资者保护机构,就赔偿事宜与受到损失的投资者达成协议,予以先行赔付。先行赔付后,可以依法向发行人以及其他连带责任人追偿。

③ 肖宇、黄辉:《证券市场先行赔付:法理辨析与制度构建》,载《法学》2019年第8期,第165页。

④ 汪金钗:《先行赔付制度的构建与探索——兼评〈证券法〉第九十三条》,载《南方金融》2020年第6期,第92页。

股东表决权受限、公司内部监督弱化以及制衡机制缺失的必要补充。

一、美国的证券集团诉讼

证券集团诉讼是指由一个或者数个代表人，为了集团全体成员共同的利益，经法院许可，代表所有成员进行的诉讼。[①] 启动程序、通知程序、选择退出程序以及和解前置程序为美国证券集团诉讼的主要环节。

美国证券集团诉讼的启动主体为集团诉讼代表人与集团律师。当双层股权结构上市公司的投资者认为自身合法权益受到侵害时，他们当中的一名或者多名投资者会作为"集团代表人"出面要求法院以证券集团诉讼的形式受理案件。此时，受利益驱动，一些专业化程度高且经济实力雄厚的律师往往会争相担任证券集团诉讼的代理律师，协助诉讼代表人发起集团诉讼。首席原告与律师向法院提起集团诉讼后，法院需要确定集团诉讼是否成立，即"集团诉讼的证明"。集团诉讼成立以满足《联邦民事诉讼规则》第 23 条（a）款规定的"先决条件"[②]为前提，四项先决条件的证明责任由原告承担。在满足"先决条件"后，集团诉讼的正式启动还需满足"维持条件"的要求[③]。在实践中，往往是因为集团成员之间存在共同的法律和事实问题而启动证券集团诉讼。

证券集团诉讼的代表人和律师在证券集团诉讼的通知程序阶段必须及时将集团诉讼的相关事项通知集团诉讼成员或者潜在的集团成员。[④] 通知的范围具体包括以下两个方面：一是"集团证明程序的通知"。当法院确认

---

① 郭雳：《美国证券集团诉讼的制度反思》，载《北大法律评论》2009 年第 2 期，第 427 页。

② 美国启动集团诉讼程序需要满足以下条件：一是多数性，只有当事人人数众多，才能适用证券集团诉讼制度，集团成员才可以合并诉讼。二是共同性，只有法律或事实问题存在共同性才能被认定为集团诉讼。集团成员要存在相同的诉讼请求与证据材料，法院据此进行判断。三是典型性，代表人向法院起诉的诉讼请求或抗辩理由应当是典型的证券侵权案件，承担的是典型的侵权责任。四是代表的公正性，关于集团成员推选的代表人，法院应认定其是否满足维护集团成员诉讼利益的主动性和公正性要求。

③ 维持条件包括三类：第一类，案件必须以集团诉讼的方式审理，如果不按集团诉讼的方式审理，案件将无法进行审判，此类案件也被称为"必要的集团诉讼"。第二类，集团成员共同要求对某一项法律问题作出确认，或者共同寻求一项保护，案件经处理后，其处理结果对全体集团成员发生影响，此类案件被叫作"寻求共同保护的集团诉讼"。第三类，集团成员涉及大部分共同法律问题和事实问题，虽然存在不同点，但是共同点占主导地位。如果将案件作为集团诉讼处理，会比其他方式更加公平、有效。因此这类案件也称为"普通的集团诉讼"。实践中，法律没有规定何为"将案件作为集团诉讼处理更加公平、有效"，因此需要法官对个案情况进行自由裁量。只需符合一类情形，即视为满足维持条件。

④ 理论上，法院可以要求代表人和律师通知其认为任何有必要通知的事项，但是美国《联邦民事诉讼规则》的规定限缩了通知的范围。

该案件将采用集团诉讼的程序审理后,集团成员应被告知诉讼的基本情况、作为集团诉讼成员的权利,从而保障成员的第一次退出权,并进一步划定证券集团原告的范围。二是"和解通知"。当集团诉讼的原告和被告准备以和解结案时,他们必须通知集团成员以保障其知情权与参与权,此通知保障集团成员的第二次退出权。

在集团证明阶段,《联邦民事诉讼规则》规定,必须再次向集团成员发出通知。通知的内容包括:一是明示"选择退出"的权利①;二是集团成员的诉讼权利②。除此之外,有关该证券集团诉讼的案由、诉讼当事人、受理法院等基本信息也必须一并当事人告知。在集团和解阶段,若诉讼原被告准备以和解的方式结案,在法院审查和解协议前,有关和解的处理信息③也必须以适当的方式向当事人告知。考虑到投资者分布广泛,法院采用发送信件和报纸(一般是在全国性商业报刊上发布额外通知)公告相结合的方式向投资者送达通知。④

美国证券集团诉讼制度采用"明示退出、默示加入"的规则以扩大原告股东数量,并通过赋予原告投资者选择退出权(opt-out right)尽可能保障投资者的权益能够得到充分且公平的保护。美国《联邦民事诉讼规则》赋予了集团诉讼成员两次选择退出权,一方面能够有效防范"强制加入"制度对不愿参加证券集团诉讼投资者正当诉讼权利的剥夺,从而有助于集团成员提高掌控相关诉讼的能力,另一方面也确保了参与证券集团的成员是基于真实意思表示而参与诉讼维护权益的,从而使意思表示与正当程序之间的矛盾有所缓和。⑤

在美国证券集团诉讼中,集团成员的诉权实际上委托给了"牵头原告"(lead plaintiff),并且"牵头原告"委托的律师在胜诉酬金的激励下往往发挥着较为重要的作用,如果该"牵头原告"与集团律师合谋,共同决定和解或撤诉,可能导致集团成员的利益遭到更大的损害。因此,美国《联邦民事诉讼规则》第 23 条(e)款就集团的和解与撤诉规定了前置条件,即:①由法院决

---

① 集团成员可以在法院确定的日期前要求退出诉讼。若成员提出该要求,法院将按照当事人的意愿排除该集团成员;若成员未在规定时间内提出要求,无论案件结果如何,都将对其产生拘束力。

② 所有未退出集团诉讼的成员如果希望亲自参加诉讼,都可以要求自己的律师出庭。

③ 有关和解的处理信息包括集团成员将从和解中得到的利益、和解的分配方案以及集团的诉讼开支和律师费的安排等事项。

④ 杜要忠:《美国证券集团诉讼程序规则及借鉴》,载《证券市场导报》2002 年第 7 期,第 65 页。

⑤ 章武生:《论群体性纠纷的解决机制——美国集团诉讼的分析和借鉴》,载《中国法学》2007 年第 3 期,第 29 页。

定是否通知集团,如果决定通知,需要以合理的方式使全部集团成员知悉;②法院审查批准拟订的撤诉或和解方案;③当事人确认协议;④给予当事人再次退出的选择权利;⑤集团成员可提出反对,并表明这个反对意见仅适用于自身,还是适用于局部或整个集团。法院在审查和解或撤诉方案阶段需采用举行听证会的方式以确定该方案是否符合"公平、充分、合理"的要求。法官经审查和解或撤诉提案,认为该提案符合一定的标准①,并满足成员最大利益的条件后,方可作出批准集团诉讼和解或撤诉提案的决定。但就非和解撤诉所涉及的实体处分权,例如在诉讼进程中承认放弃对方的诉讼请求等,美国集团诉讼中并无特别规制,因为经过正常诉讼程序的判决结果并非由集团代表或集团律师掌控,而更多取决于法院依法审理的结果。

美国的证券集团诉讼往往与胜诉酬金制度相结合,在调动集团律师参与诉讼积极性的同时减轻投资者的诉讼成本负担。在集团诉讼中,一般由诉讼代表人或者牵头原告和代理律师垫付诉讼成本,若诉讼中的被告胜诉,集团律师无权获得律师费,诉讼代表人也必须承担相应的败诉后果。② 若集团诉讼中原告胜诉或者原被告双方达成和解,被告往往会向原告支付大笔和解金或赔偿金,这笔和解金或赔偿金首先用于支付诉讼代表人和原告律师在诉讼中预先垫付的费用③,并从中另外支付给诉讼代表人和原告律师相应的报酬④。

尽管证券集团诉讼具有运作高效、降低诉讼成本、统一法院判决、原告受偿公平、缓解集体行动困境的优势,但在具体实践中,证券集团诉讼的补偿和威慑效果仍然有限。据统计,截至 2019 年 12 月 31 日,在美国前十例规模最大的证券集团诉讼和解案中,原告的律师费及其他开支为 33.68 亿美元,约占和解金总额(332.24 亿美元)的 10.13%。⑤ 可见,在大幅缩水的和解金额中,投资者的受偿比例较低。而在震慑作用的发挥上,对被告的惩

---

① 《联邦民事诉讼规则》第 23 条(e)款并未提供具体审查标准。纵观美国的司法实践,法官在审查时通常关注以下要素:①和解协议中的损失额及损失计算方法;②是否明确列出分配方案;③是否包含剩余和解基金的使用情况;④和解金的分配及执行情况;⑤集团诉讼的执法效果等。

② 梁卫军:《美国的集团诉讼及对我国证券民事案件的借鉴意义》,载《学术论坛》2004 年第 2 期,第 160 页。

③ 董新义、王馨梓:《新〈证券法〉证券纠纷调解的保障机制建设——以域外经验为借鉴》,载《银行家》2020 年第 2 期,第 134 页。

④ 杜要忠:《美国证券集团诉讼程序规则及借鉴》,载《证券市场导报》2002 年第 7 期,第 66 页。

⑤ McIntosh J, Starykh S. Recent trends in securities class action litigation: 2019 Full-Year Review[EB/OL]. (2020-02-12)[2021-04-28]. https://www. nera. com/content/dam/nera/publications/2020/PUB_Year_End_Trends_012120_Final.pdf.

戒实际上很难真正得到落实。因为被告公司管理层可以通过将责任转嫁给被告公司以及保险公司等方式全身而退,管理层如金蝉脱壳般将终极责任转嫁给股东,实际上罚金等惩戒措施由被告公司的全体股东最终承受,无法对被告公司管理层的违法行为形成直接的惩戒与警示作用。

二、美国的股东派生诉讼

股东派生诉讼也称股东衍生诉讼,是指当公司利益遭受侵害而未追究或怠于追究侵权人责任时,符合条件的股东为维护公司利益而以自己的名义,代表公司向侵权人提起诉讼,要求其赔偿损失的一种诉讼[①],是美国双层股权结构公司投资者权益受损害的另一司法救济路径。

美国《联邦民事诉讼规则》第 23.1 条对股东派生诉讼的原告适格条件以及诉讼启动程序作出规定。该条款要求,向法院提起派生诉讼的股东需证明其具有适格原告身份,需符合"当时持股原则"[②]。并且,原告股东需要向法院提供已履行前置程序的证明,即在起诉前,其已要求董事会或其他类似的权力机构对侵权者提起诉讼或者在起诉时证明未先行联系董事会而径行起诉具有充分的理由。为寻求鼓励公司中小股东监督管理层履行职务行为的积极性与防范中小股东滥用提起派生诉讼权利之间的平衡,美国建立了特别诉讼委员会制度。该委员会由与涉诉交易无利益冲突的董事组成,他们通过分析权衡提起派生诉讼对公司经营与发展的利弊,最后作出或允许或终止或接管派生诉讼的建议。[③] 如果特别诉讼委员会成员满足符合独立性的前提条件,并且以客观、诚实审慎的方式开展调查得出的结论受"商业判断规则"(business judgement rule)的保护,即若得出的结论具有合理性,则特别诉讼委员会成员不对公司承担法律责任,即使该结论给公司造成重大损失或灾难性后果。[④] 而后,法院通过审查特别诉讼委员会的独立性、作出决定依据的合法性和合理性,最后作出是否接纳特别诉讼委员会建议的决定。

沉重的诉讼费用负担显然不利于股东提起派生诉讼及时遏制双层股权结构公司管理层等成员滥用权利、损害股东及公司利益的行为。为调动中

---

① 朱圆:《美国的股东派生诉讼制度》,载《福建论坛(人文社会科学版)》2008 年第 11 期,第 139 页。
② 即原告在被诉行为发生以及提起派生诉讼之时,具有公司股东身份。
③ 朱圆:《美国的股东派生诉讼制度》,载《福建论坛(人文社会科学版)》2008 年第 11 期,第 139 页。
④ 王阁:《美国的股东派生诉讼前置程序制度框架及对我国的启示》,载《郑州轻工业学院学报(社会科学版)》2016 年第 4 期,第 66 页。

小股东监督管理层职能行使的积极性,美国法院对启动股东派生诉讼的原告仅收取固定且数额较低的诉讼费(filing fee)。因此,律师费用为原告股东主要承担的诉讼成本。[①] 股东派生诉讼的最终判决结果若为原告胜诉,则原告股东有权基于"共同基金"(common fund)规则[②]和"实质性利益"[③] (substantial benefit)规则就其支付的律师费用获得相应的补偿。若最后的判决结果为原告败诉,美国的"胜诉酬金"制度则能够有效避免原告股东承担高昂的律师费用的风险。因为根据"胜诉酬金"的收费规则安排,如果原告败诉,原告无须向律师支付相应的律师费及相关诉讼费用;若胜诉,则律师有权从胜诉获得的赔偿金中获得一定的金额作为报酬。通过这样的制度安排,在鼓励股东提起派生诉讼对双层股权结构公司管理层的经营行为形成制约的同时,有效避免了由于诉讼成本负担较重而阻碍公司股东起诉的情况发生。

第三节　双层股权结构制度中事后救济路径的局限性

一、双层股权结构公司的股东派生诉讼制度功能不彰原因分析

中国的证券市场监管长期存在"重政府监管、轻民事诉讼"的现象。并且,由于各方的机会成本高昂,侵权行为的补救方案(比如恢复原状和实际履行)较少在实践中运用,而损害赔偿常见的事后救济方案存在赔偿范围较狭隘的问题,一般仅以实际损失为损害赔偿范围,权益受损害的投资者往往难以获得充足的救济。因此,股东派生诉讼并未成为我国上市公司中小投资者权益受侵害后的普遍救济方式。[④] 根据统计数据,每年的股东派生诉讼案件数量呈上升趋势[⑤],但在所有类型诉讼案件中的占比仍较低。其中,针对上市公司的股东派生诉讼更是屈指可数,较少的股东派生诉讼既无法

[①] 耿利航:《论我国股东派生诉讼的成本承担和司法许可》,载《法律科学(西北政法大学学报)》2013 年第 1 期,第 172 页。

[②] "共同基金"规则是指无论由法院生效判决还是当事人最后达成和解,只要诉讼给公司带来了财产金钱收益,这个收益就会被法院视为股东的"共同基金",胜诉的原告股东有权从这个基金中获得合理律师费补偿。

[③] "实质性利益"是指即使公司未能从派生诉讼中获得实在的财产金钱好处,但如果诉讼给公司带来了"实质性利益",胜诉的原告股东仍有权从公司获得律师费补偿。

[④] 陈若英:《论双层股权结构的公司实践及制度配套——兼论我国的监管应对》,载《证券市场导报》2014 年第 3 期,第 6 页。

[⑤] 股东派生诉讼案件数量 2013 年后增长较快,2013 年的案件数量为接近 40 件,2018 年的案件数量为接近 400 件。

及时救济投资者的合法权益,也导致股东派生诉讼对双层股权结构公司的股东或管理层震慑作用不足。

(一)股东派生诉讼启动障碍

就双层股权结构公司的股东派生诉讼而言,《公司法》第一百五十一条区分了有限责任公司和股份有限公司两类公司的股东派生诉讼适格原告股东要求。由于本书以双层股权结构上市公司为研究对象,因此,双层股权结构公司的股东若想提起股东派生诉讼,需同时满足 180 日以上的持股期限以及单独或者合计持有 1% 以上持股比例的要求(投服中心作为原告股东时,可以不受该持股期限以及持股比例的限制)。该限制条件对于双层股权结构公司而言,在一定程度上阻断了股东派生诉讼发生。因为双层股权结构公司的资本规模巨大,单独或者合计持有 1% 以上持股比例需要巨量的资本。除控股股东外,持股超过 1% 的股东基本是机构投资者,真正处于弱势地位需要救济权益的股东可能根本无法符合持股比例要求。因此,中小投资者即使想要启动股东派生诉讼,也可能囿于小且分散的持股比例而不满足起诉条件。

并且《公司法》第一百五十一条还设置了股东派生诉讼在非紧急情况下需要穷尽内部救济的前置程序。设置前置程序的初衷在于防范少数股东滥用诉权以确保公司的正常运营。而双层股权结构公司的董事和监事往往更倾向于拒绝提起股东派生诉讼,因为是否提起股东派生诉讼实质上是一种商业决策,董事会出于公司稳定发展的考虑往往对诉讼持消极态度。而本应独立监督公司运行的监事会可能会受专业能力限制或被特别表决权股东控制而无法提起派生诉讼。[①]

(二)股东派生诉讼举证责任分配不合理

不合理的举证责任分配规则进一步挫伤了双层股权结构公司权益受侵害的股东提起股东派生诉讼救济权益的积极性。虽然《最高人民法院关于

---

① Huang R H. The statutory derivative action in china: Critical analysis and recommendations for reform[J]. Berkeley Business Law Journal, 2007(2): 227-250.

为设立科创板并试点注册制改革提供司法保障的若干意见》第十条①明确否定特别表决权股东以公司自治方式突破科创板上市规则、侵犯普通股东合法权利行为的效力,但行为无效化需要通过诉讼判决形式确定,原告股东需要提供充分的证据证明,在《民事诉讼法》谁主张谁举证的一般举证规则下,严重信息不对称的普通股东提起股东派生诉讼将会面临举证困难的窘境。因为双层股权结构公司特别表决权股东对公司经营发展具有控制权,在违法主体实施损害公司及普通股东利益的行为时,他们会想方设法地隐藏其损害公司利益的证据。而多数普通股东较低的持股份额及拥有的少数表决权使他们消极参与公司治理,有限的诉讼能力和专业经验也造成他们证据收集不够充分,无法获得证明侵权行为的所有证据,因此难以证明利益受损与侵权行为之间的因果关系,不符合起诉条件,主动起诉维护自身合法权益存在系统性劣势。不合理的举证责任分配一方面导致普通股东对启动股东派生诉讼救济受损权益持消极态度,另一方面也助长了特别表决权股东滥用控制权、实施"隧道挖掘"行为损害双层股权结构公司及普通股东的利益以牟求个人私利的背离倾向。

(三)股东派生诉讼成本收益失衡

诉讼成本收益失衡是阻碍双层股权结构公司股东派生诉讼启动的另一重要因素。在股东派生诉讼中,胜诉利益归属于原告所在公司,原告若胜诉也只能通过其所持有的股份实际价值升值而间接获益。但是在司法实践中,原告需预先支付案件的受理费用并提供相应的担保,并且只有在原告胜诉后,才由被告承担各类诉讼费用。虽然《最高人民法院关于适用〈中华人民共和国公司法〉若干问题的规定(四)》第二十六条②规定股东诉讼请求部分或者全部得到人民法院支持的,原告股东为提起诉讼而支付的合理费用

---

① 《最高人民法院关于为设立科创板并试点注册制改革提供司法保障的若干意见》第十条:依法审理公司纠纷案件,增强投资者对科创板的投资信心。积极调研特别表决权在科创板上市公司中可能存在的"少数人控制""内部人控制"等公司治理问题,对于以公司自治方式突破科创板上市规则侵犯普通股东合法权利的,人民法院应当依法否定行为效力,禁止特别表决权股东滥用权利,防止制度功能的异化。案件审理中,要准确界定特别表决权股东权利边界,坚持"控制与责任相一致"原则,在"同股不同权"的同时,做到"同股不同责"。正确审理公司关联交易损害责任纠纷案件,对于通过关联交易损害公司利益的公司控股股东、实际控制人等责任主体,即使履行了法定公司决议程序也应承担民事赔偿责任;关联交易合同存在无效或者可撤销情形,符合条件的股东通过股东代表诉讼向关联交易合同相对方主张权利的,应当依法予以支持。
② 《最高人民法院关于适用〈中华人民共和国公司法〉若干问题的规定(四)》第二十六条:股东依据公司法第一百五十一条第二款、第三款规定直接提起诉讼的案件,其诉讼请求部分或者全部得到人民法院支持的,公司应当承担股东因参加诉讼支付的合理费用。

应当由公司承担,但在实务中,关于"合理费用"范围的界定,各地法院裁判的标准不一。若原告败诉,原告不仅无法获得支出费用的合理补偿,还需承担败诉产生的诉讼费用。考虑到高昂的诉讼费用、委托律师费用、时间成本消耗以及能否胜诉把握不足等因素,双层股权结构公司的普通股东出于趋利避害的理性人考量与"搭便车"心理等因素往往选择放弃提起股东派生诉讼救济合法权益。

二、双层股权结构制度下证券代表人诉讼制度存在的问题分析

普通证券代表人诉讼作为救济受损权益的司法救济方案往往因为前置程序难以满足、代表人推选制度设计不合理等而难以启动。虽然新《证券法》第九十五条第三款对证券集团诉讼制度的程序作出定性式的规定以强化对上市公司中小股东的权益保护,但由于配套机制不够完善,可能无法满足双层股权结构公司治理结构特殊性的要求,无法全面救济表决权受限股东及双层股权结构公司的受损利益。①

(一)普通证券代表人诉讼启动障碍

《最高人民法院关于证券纠纷代表人诉讼若干问题的规定》第五条②从原告数量、资格、代表人条件以及前置条件对普通证券代表人诉讼的立案条件作出规定。可见,普通证券代表人诉讼的代表人推选采用一人一票规则,并采用人数多数决规则,最终根据得票数排名确定代表人人选。但这样的推选规则设计可能无法很好地适应双层股权结构公司的证券纠纷实际需求。因为代表人的代表性除了体现为专业能力,更直接体现为其自己本身由于侵权行为所遭受的损失大小。一般而言,损失越大,其积极参与诉讼的动力就越足,就越能够尽职尽责地维护所有权利人的利益。③ 若仅采用人数多数决规则,忽视持股份额对参与诉讼积极性的影响,可能造成推选出的代表人并非真正代表权益受侵害原告的代表人。

---

① 章武生:《我国证券集团诉讼的模式选择与制度重构》,载《中国法学》2017 年第 2 期,第 288 页。
② 《最高人民法院关于证券纠纷代表人诉讼若干问题的规定》第五条:符合以下条件的,人民法院应当适用普通代表人诉讼程序进行审理:(一)原告一方人数十人以上,起诉符合民事诉讼法第一百一十九条规定和共同诉讼条件;(二)起诉书中确定二至五名拟任代表人且符合本规定第十二条规定的代表人条件;(三)原告提交有关行政处罚决定、刑事裁判文书、被告自认材料、证券交易所和国务院批准的其他全国性证券交易场所等给予的纪律处分或者采取的自律管理措施等证明证券侵权事实的初步证据。不符合前款规定的,人民法院应当适用非代表人诉讼程序进行审理。
③ 唐豪:《我国证券纠纷代表人诉讼的程序解构及其重塑》,载《南方金融》2021 年第 1 期,第 87 页。

并且,《最高人民法院关于证券纠纷代表人诉讼若干问题的规定》第五条就普通证券代表人诉讼的立案条件设置了额外规定,即原告提起普通证券代表人诉讼需向法院提交监管部门对上市公司作出的行政处罚决定、刑事裁判文书、被告自认材料等证明证券侵权事实的初步证据。这一前置条件成为诸多证券群体纠纷无法通过普通代表人诉讼获得解决的障碍。毕竟设置证券诉讼的前置条件是应对司法审判证券纠纷案件经验不足和证券市场不成熟的权宜之计①,在资本市场逐渐成熟、证券司法裁判经验日益丰富的当下,过为严苛的前置程序会不当地提高诉讼门槛,导致双层股权结构公司权益受侵害的股东无法满足诉讼前置条件,从而削弱了证券代表人诉讼的制度功能。

(二)证券集团诉讼制度潜在疏漏梳理

证券代表人诉讼往往被学者称为"负值诉讼",即诉讼成本高于其所得的诉讼。而在双层股权结构制度下,普通股东受限制的表决权进一步增加了运用诉讼救济受损权益的成本,导致高昂的时间和金钱成本投入产生的维权成本与可能获得的收益不匹配,因此多数普通股东缺乏运用证券代表人诉讼救济受损权利的积极性。② 而新《证券法》构建证券集团诉讼制度在理论上能够有效强化投资者权益保护,但由于该法律规定过于原则性,在具体实践中可能存在困难。

投资者保护机构的实体性权利与激励机制有待厘清。首先,投资者保护机构的作为机制尚不明确。新《证券法》第九十五条第三款采用"可以"这一授权性规范的表述赋予投资者保护机构自由选择是否作为代表人参加诉讼的权利。将该项制度的效能完全托付给投资者保护机构的自觉自律行动,可能产生投资者保护机构无正当理由拒绝接受委托使集团诉讼的代表人出现空缺的状态,导致集团诉讼无法进行。其次,投资者保护机构的实体处分权不合理受限。新《证券法》未就投资者保护机构的实体处分权作出特殊规定,因此,应适用《民事诉讼法》关于代表人诉讼中代表人诉讼权利的规定③。换言之,投资者保护机构仅有一般的程序性权利,而不享有处分被代

---

① 易楚钧、吴学斌:《我国证券纠纷代表人诉讼制度的滥觞与完善》,载《南方金融》2020 年第 6 期,第 85 页。

② 杨文尧天、何海锋:《投资者公平基金的制度功能与运作机制》,载《金融服务法评论》2019 年第 10 期,第 440 页。

③ 《民事诉讼法》第五十七条第三款:代表人的诉讼行为对其所代表的当事人发生效力,但代表人变更、放弃诉讼请求或者承认对方当事人的诉讼请求,进行和解,必须经被代表的当事人同意。

表的当事人实体权利的权利,这在一定程度上限制了投资者保护机构作为诉讼代表人的处分权。但证券集团诉讼的主要特点便是原告人数众多,在这样的情况下,代表人要获得众多当事人的同意其实非常困难[①]。最后,投资者保护机构缺乏激励和监督机制。在越过证券律师,转由投资者保护机构主导的证券集团诉讼中,如何加强投资者保护机构的激励与监督机制仍需进一步研究。以投服中心为例,其基于持股行权的定位作为集团诉讼代表人参与诉讼,不仅无法获得报酬,更不得参与赔偿金的分配,机构的运行以财政拨款为资金来源,在实践中可能出现入不敷出的现象。从新《证券法》赋予投资者保护机构的角色和使命来看,投资者保护机构进入证券集团诉讼担负着首席原告或诉讼代表人的角色。但是,从投服中心的治理机构来看,投服中心并未像一般公司在其自身的组织架构中设置监督机制。当投服中心作为代表人参加诉讼时,原告投资者只能寄希望于投服中心的自我约束以及其奉行以维护全体投资者利益为出发点的行权逻辑。在现行信息公开机制下,公众对于投服中心承担代表人职责的履职情况也难以进行有效监督。

此外,证券集团诉讼的具体运行程序有待细化。首先,证券集团诉讼缺乏明确的启动标准。具体表现为缺乏投资者保护机构选择作为代表人提起诉讼案件的标准,以及法院判断某案件是否作为证券集团诉讼受理的确认标准。[②] 缺乏判断标准导致集团诉讼案件与普通诉讼的案件之间的界限模糊,不利于发挥证券集团诉讼的制度优势。其次,法院公告的具体流程需要进一步完善。《最高人民法院关于证券纠纷代表人诉讼若干问题的规定》第七条[③]规定,投资者保护机构作为特别代表人提起集团诉讼,法院应及时发出公告,公告期为 30 天。但该规则设计过于宽泛,未对通知公告的方式、通知公告的范围以及通知程序违法的处置方案等作出详细解读。在具体实践

---

① 鉴于集团诉讼的群体性特征,如果对投资者保护机构进行如此严格的权利限制,规定诉讼代表人不具备独立处分涉及被代表人实体权利的诉讼权利,则在涉及实体权利的处分时需要逐个征求投资者的同意,将严重影响诉讼进程、降低诉讼效率。

② 蔡伟、黄韬、冷静等:《新〈证券法〉投资者保护机制实施的"中国问题"》,载《地方立法研究》2021年第4期,第9页。

③ 《最高人民法院关于证券纠纷代表人诉讼若干问题的规定》第七条:人民法院应当在权利人范围确定后五日内发出权利登记公告,通知相关权利人在指定期间登记。权利登记公告应当包括以下内容:(一)案件情况和诉讼请求;(二)被告的基本情况;(三)权利人范围及登记期间;(四)起诉书中确定的拟任代表人人选姓名或者名称、联系方式等基本信息;(五)自愿担任代表人的权利人,向人民法院提交书面申请和相关材料的期限;(六)人民法院认为必要的其他事项。公告应当以醒目的方式提示,代表人的诉讼权限包括代表原告参加开庭审理,变更、放弃诉讼请求或者承认对方当事人的诉讼请求,与被告达成调解协议,提起或者放弃上诉,申请执行,委托诉讼代理人等,参加登记视为对代表人进行特别授权。公告期间为三十日。

中,情况往往复杂多变,而通知公告是确保"退出制"以及保障投资者"明示退出"权实现的重要程序,缺乏通知公告程序的细致规定可能不利于双层股权结构公司投资者权益的全面保护。

三、双层股权结构下先行赔付制度功能缺失

新《证券法》将先行赔付制度正式上升为法律规范,成为双层股权结构制度下投资者保护的重要措施。但由于新《证券法》对先行赔付制度的规定内容较为笼统,实践上仅有万福生科案、海联讯案、欣泰电气案三起证券市场先行赔付案例(见表7-1),双层股权结构下的先行赔付制度构造仍存在有待完善的方面。

表 7-1　新《证券法》下的证券市场先行赔付案

先行赔付案例	万福生科案	海联讯案	欣泰电气案
赔偿主体	保荐机构	主要股东	保荐机构
基金管理人	中国证券投资者保护基金有限责任公司		
专项基金额/亿元	3.00	2.00	5.50
行政处罚时间	2013 年 9 月 24 日	2014 年 11 月 14 日	2016 年 7 月 25 日
投资者获赔时间	2013 年 7 月 3 日	2014 年 9 月 19 日	2017 年 11 月 8 日
获赔金额/亿元	1.79	0.89	2.42
占应补偿金额百分比/%	99.56	98.81	99.46
受偿人数	12756	9823	11727
投资者获赔率/%	95.01	95.70	96.16
追偿权	未成功实现追偿	无	未成功实现追偿
赔偿范围	股票首次公开发行日、证监会立案调查日、虚假陈述更正日前因持续持有或卖出产生的亏损		
赔偿标准	补偿金额＝投资差额损失＋投资差额损失部分的佣金和印花税＋资金利息		

第一,先行赔付制度存在主体责任承担不明晰的问题。新《证券法》第九十三条采用先行赔付主体"可以委托"的表述,可见先行赔付制度属于自愿选择的程序。但证监会发布的《公开发行证券的公司信息披露内容与格式准则第1号——招股说明书(2015 年修订)》规定,招股说明书扉页及摘要应载有声明及承诺"保荐人承诺因其为发行人首次公开发行股票制作、出具的文件有虚假记载、误导性陈述或者重大遗漏,给投资者造成损失的,将

先行赔偿投资者损失"。不同规范性文件对于保荐人先行赔付责任承担具有相异的规定可能导致在具体实践中出现冲突。并且,该制度规定使保荐人成为证券侵权案件的第一责任主体,变相减轻了上市公司的法律责任。① 这对双层股权结构公司而言,掌握控制权的内部股东更有动力实施侵害弱势股东及公司权益的行为;对保荐机构而言,可能会增大市场逆向选择的风险,即风险控制严格的保荐机构将审慎开展双层股权结构公司的 IPO 业务,大量资质一般或存在风险的双层股权结构公司 IPO 业务可能转由风险意识薄弱的保荐机构承接,出现"劣币驱逐良币"的现象。② 保荐人为转移将来自己可能承担的赔付责任,采用提高保荐费或者其他合约安排方式将赔付责任转嫁回发行人或者上市公司身上,并最后反映在发行人的股价上,对双层股权结构公司的投资者而言,该制度设计无异于责任循环的自我负担。③

第二,先行赔付主体追偿权的实现缺乏保障。在投资者的损失顺利得到先行赔付主体的赔付后,赔付主体可能难以从双层股权结构公司、控制股东及其他责任主体获得事前垫付的追偿款。这意味着,一旦选择成为先行赔付主体,不仅将承担因自身过错而向受损适格投资者进行赔付的民事责任,还将面临自身没有过错或者自身存在过错但实际承担超出自己应承担民事赔偿责任部分,以及其他连带责任主体没有能力进行赔付的风险。④ 如万福生科案和欣泰电气案中,两者的保荐机构平安证券与兴业证券在先行赔付投资者损失后,超出自身责任的民事赔偿款由于存在纠纷而未能成功追偿。在双层股权结构公司控制权高度集中的股权架构以及专业程度高的环境下,先行赔付主体在通过诉讼或者其他方式向有关责任主体追偿时,很可能会面临举证困难的窘境。要实现先行赔付主体主动对受损适格投资者及时、有效地先付的法律效果,就不能回避先行赔付主体关于追偿权从"享有"到"落实"的问题。虽然新《证券法》为证券市场先行赔付制度的实施提供了法律保障,但是在对先行赔付主体范围进行原则性的界定时,最终还是没有"直接"将发行人界定为先行赔付主体,也没有具体规定可以明确法定先行赔付主体的具体职责以及作出先付行为的前后顺序,这样势必会造成只有在证监会的隐性权力推动下,才会由先行赔付主体先行承担民事赔

---

① 肖宇、黄辉:《证券市场先行赔付:法理辨析与制度构建》,载《法学》2019 年第 8 期,第 168 页。
② 汤欣:《证券投资者保护新规中的先行赔付》,载《中国金融》2020 年第 8 期,第 39 页。
③ 巩海滨、王旭:《证券市场先行赔付制度研究》,载《财经法学》2018 年第 6 期,第 153 页。
④ 郭艳芳:《新〈证券法〉视角下证券市场先行赔付主体的确定机制探讨》,载《私法》2020 年第 2 期,第 509 页。

偿责任的范例,进而挫伤先行赔付主体赔付的积极性。

第三,没有对先行赔付对象范围进行合理界定。新《证券法》第九十三条将双层股权结构公司控股股东、实际控制人、相关的证券公司纳入证券市场先行赔付主体范围,但是并没有从法律层面确定与之相对应的先行赔付对象范围。前述三起先行赔付案例中,对先行赔付的对象并未严格按照证券投资者的类型进行区分。只要投资者遭受的损失符合"投资者补偿公告"中规定的赔付范围,不管是机构投资者还是普通投资者,都可以成为受损的适格投资者,并不是仅仅把处于弱势地位的中小投资者列为可以获得先行赔偿的赔付对象。然而,若不对先行赔付对象范围进行合理的界定,对发行人"其他重大违法行为"适用范围的扩张势必在一定程度上给先行赔付主体积极主动地承担对先行赔付对象的赔付增加压力。尤其是在控制权高度集中以及专业程度高的双层股权结构公司中,保荐人作为先行赔付主体的追偿权本就难以落实,若不合理界定先行赔付对象范围,先行赔付主体积极性将更加低迷。

第四,对制定先行赔付方案缺乏有效监督。先行赔付方案的制定关系到具体的受损投资者所能获得的赔偿额以及基金的具体数额,但在实践中,由于双层股权结构公司投资者人数众多,先行赔付人很难就方案条款与受偿方进行商讨,基本上都是由先行赔付主体制定先行赔付方案,并没有向遭受损失的适格投资者广泛征询先行赔付设计分配方案的意见或者召开投资者专题听证会①,对于赔付协议的公平性没有权威机构予以认证,受损投资者是否完全出于其真实意思表示认同赔付方案,也仅能依赖协议当事人自述。尤其在双层股权结构公司中,容易出现特别表决权股东认同先行赔付方案但中小股东不认同,继而导致无法进行民事赔偿的情况。因此,可以借鉴美国由法院审核公平基金制度赔付方案的做法,有必要对先行赔付协议制定的过程进行监督,实现对中小投资者的倾斜保护。

---

① 就赔付方案的制定主体而言,万福生科案与海联讯案在制定先行赔付方案前进行了充分的论证,对于赔偿数额的计算听取了专家学者的建议。欣泰电气案对其赔偿责任的承担更具有主观性,依赖于其自觉性与责任感。三起先行赔付案例在确定赔付方案的过程中都未进行组织听证。

第四节　双层股权结构制度中事后救济路径的优化建议

一、双层股权结构下股东派生诉讼规则再造

双层股权结构制度的平稳运行亟须完善司法救济途径,这不仅要求立法者寻求特别表决权股东特质愿景追求自由与投资者合法权益维护之间的最佳平衡,还要求司法者充分尊重双层股权结构制度下的公司自治,兼顾防范特别表决权股东滥用表决权。

(一)合理降低适格原告标准

就股东派生诉讼而言,当公司被控股股东和实际控制人控制并受其损害时,因公司实际上难以形成有效的自我保护决议,剥夺公司普通股东利用诉讼救济受损利益的权利显然有失公允,因此可以适当降低股东派生诉讼适格原告标准,保证股东诉权。美国对派生诉讼的原告资格要求较低,并采用"当时持股原则"作为适格股东派生诉讼原告的判断标准。因此,解决股东派生诉讼适用难题可以首先动态降低原告股东持股份额要求①,使起诉标准与投资者博弈能力相匹配。可以允许双层股权结构公司根据公司股东持股数额情况,设置一个最低持股数额,使持股比例低于 1% 的普通股东大多数能够满足该最低持股数额②,满足最低持股数额的股东也能成为提起股东派生诉讼的适格原告。一定量的持股数额限制能够有效预防恶意股东滥诉损害公司利益和降低司法效率,符合 180 天持股期限的前提也能有效规避出现"购买诉讼"(即行为人通过临时购买公司少量股份以达到提起派生诉讼的目的)的现象。通过合理降低适格股东派生诉讼原告资格要求能够实现发挥诉讼威慑作用、减少特别表决权股东利用制度漏洞实施自利行为及保护普通股东利益的目的。

---

① 定量研究表明,如果股东派生诉讼原告股东持股份额要求为 1%,则平均有 52.10% 的股东可以提起派生诉讼;如果原告股东持股份额要求为 0.5%,则平均有 75.44% 的股东可以提起派生诉讼;如果原告股东持股份额要求为 0.1%,则平均有 99.44% 的股东可以提起派生诉讼。为了构建一个有利于原告股东提起派生诉讼的环境,可以动态地设置原告股东持股份额要求,以适应派生诉讼的发展。关于原告持股份额与股东派生诉讼的更多论述参见 Zhao J C, Wen S G. The eligibility of llaimants to commence derivative litigation on behalf of China's joint stock limited companies[J]. Hong Kong Law Journal, 2018(2): 687-738。

② 《德国股份法》对股东持有股份数量采用双重选择适用的方法,允许持股比例不低于 1% 或者持股数额达到 10 万欧元的股东提起代表诉讼。

(二)建立有利于普通股东举证的程序与规则

双层股权结构公司特别表决权股东通过拥有特别表决权掌控了公司的日常经营活动与管理。刻板适用传统举证责任分配原则,要求远离公司治理核心并且表决权受限的普通股东就特别表决权股东及其他管理层成员滥用控制权举出确凿的证据,显然违背股东实质平等,无助于投资者维权。因此,可以考虑将这部分举证责任倒置①,由控制股东或者管理层承担他们审慎行使职权、未实施《公司法》第一百四十九条规定的权利滥用行为损害公司及股东利益的举证责任。

将股东派生诉讼的部分举证责任倒置给居于公司治理核心的特别表决权股东及其他管理层成员的合理性在于:一是符合控股股东的信义义务要求,《上市公司治理准则》第六十三条②与《上市公司章程指引》第四十条第二款③均强调上市公司控股股东对社会公众股东同样负有诚信义务。《科创板上市规则》第4.1.4条④则进一步细化了控股股东的信义义务。双层股权结构公司特别表决权股东通过拥有特别表决权股份而掌握公司控制权,因此需要遵守更高标准的控股股东信义义务。⑤ 但是,仅运用董事信义义务约束拥有董事与股东双重身份的特别表决权股东无法真正防范特别表决权股东实施自利行为,因为特别表决权股东可以在董事会议上履行董事信义义务,反对损害公司利益及普通股东利益的议案,当该议案被提交至股东大会表决时,特别表决权股东以股东身份利用高倍数表决权通过该议案,

---

① 翁小川:《董事注意义务标准之厘定》,载《财经法学》2021年第6期,第62页。

② 《上市公司治理准则》第六十三条:控股股东、实际控制人对上市公司及其他股东负有诚信义务。控股股东对其所控股的上市公司应当依法行使股东权利,履行股东义务。控股股东、实际控制人不得利用其控制权损害上市公司及其他股东的合法权益,不得利用对上市公司的控制地位谋取非法利益。

③ 《上市公司章程指引》第四十条第二款:公司控股股东及实际控制人对公司和公司社会公众股东负有诚信义务。控股股东应严格依法行使出资人的权利,控股股东不得利用利润分配、资产重组、对外投资、资金占用、借款担保等方式损害公司和社会公众股东的合法权益,不得利用其控制地位损害公司和社会公众股东的利益。

④ 《科创板上市规则》第4.1.4条:上市公司控股股东、实际控制人不得通过关联交易、资金占用、担保、利润分配、资产重组、对外投资等方式损害上市公司利益,侵害上市公司财产权利,谋取上市公司商业机会。

⑤ 控制权股东能够对董事会轻易施加控制,因此董事会可能无法独立行事。为防止控制权股东实施自肥行为损害公司或少数股东的利益,控制权股东应当承担信义义务。对影子董事而言,他们至少需要对他们作出的指示承担信义义务。关于控制权股东信义义务的更多论述参见 Shen J Z. Regulation of controlling shareholder misconduct in listed companies:A comparison of Hong Kong and Delaware[J]. Hong Kong Law Journal,2018(2):485-510。

从而最终实现获得私利的目的。① 二是提高诉讼效率,双层股权结构公司拥有特别表决权的股东往往担任公司董事或者该等人员实际控制的持股主体,直接参与公司的经营事项,因此获取证据的成本较低,能显著减轻普通股东的举证责任负担。通过部分举证责任倒置能够催化特别表决权股东及其他管理层成员在实施侵权行为前预知其行为的违法性、危害性及法律后果,从而威慑控制股东利用内部监督机制缺陷、背弃信义义务实施损害公司及普通股东利益的行为。

(三)合理降低原告股东诉讼承担成本

高昂的诉讼费用阻碍了双层股权结构公司普通股东提起诉讼。法律或者相关司法解释中应明确在股东派生诉讼中,若原告股东胜诉,有权请求公司承担因诉讼支出的各项费用的范围,比如将律师费、鉴定费、公证费等费用纳入合理费用的范围,从而避免在具体实践中出现同案不同判的现象。此外,股东派生诉讼中原告股东胜诉后胜诉利益归公司所有,提起股东派生诉讼的股东需要承担高昂的诉讼成本、不确定风险以及风险收益失衡的负担,即使胜诉也不能获得奖励的制度设计可能无法激发股东起诉的积极性。因此,可以在确认股东派生诉讼胜诉利益归属公司的前提下,额外规定胜诉股东有权获得更高比例的诉讼回报,将原告股东通过诉讼可能获得的收益与公司通过诉讼所获利益相联结,从而调动股东提起派生诉讼的积极性。当然股东的回报要限于一定的合理比例,否则将会背离股东派生诉讼制度设立的初衷。②

《最高人民法院关于适用〈中华人民共和国公司法〉若干问题的规定(四)》第二十六条回避了善意的股东提起股东派生诉讼后败诉是否有权获得公司费用补偿的问题。不对败诉的股东进行合理补偿的法理依据在于遏制股东滥诉的倾向,避免公司股东随意起诉影响公司日常经营活动。但股东败诉的结果可能是由举证证明过程出现疏漏或者法官自由心证等因素造成的,而非原告股东恶意诉讼导致,仅仅因为原告股东败诉而否定其所有获得合理费用补偿请求的制度安排,可能导致权益受侵害的股东出于对承担诉讼费用的考虑而放弃寻求司法救济。通过合理设置股东派生诉讼费用负担分配规则能够有效激励普通股东提起股东派生诉讼,从而及时补救公司

---

① 李俪:《双层股权结构本土化的潜在风险与防范制度研究——兼评科创板特别表决权规则》,载《金融监管研究》2019年第12期,第33页。

② 王丹:《派生诉讼资金激励问题研究》,载《比较法研究》2015年第5期,第168页。

及自身受损的利益。

美国的股东派生诉讼采用原被告双方诉讼费用自付以及风险代理律师费用的做法,并以"实质利益原则"作为支付原告律师经济补偿的标准。股东派生诉讼律师进行风险代理的方式能有效克服个别诉讼的风险和不经济,不仅降低了原告对"搭便车"行为的顾忌,也使"集体行动困境"有所缓和,实现以较低的诉讼成本与双层股权结构制度的弊端相抗衡。因此,可以改变现行按比例收取案件受理费用的标准,允许原告起诉时仅支付自己诉讼标的额对应的诉讼费用,减少股东因诉讼费用高昂而放弃起诉现象发生。对于律师费等案件受理费以外的费用,只要公司权益确有遭到损害且起诉股东没有为自己或他人牟取非法利益,不论诉讼结果如何,双层股权结构公司都有必要对起诉股东支付的合理费用给予一定补偿以降低善意股东的诉讼成本。

(四)提高投服中心对股东派生诉讼的参与度

在投服中心的首次股东派生诉讼"中证中小投资者服务中心有限责任公司诉上海海利生物技术股份有限公司公司决议效力确认纠纷案"①中,投服中心的原告资格备受争议。因为根据当时的法律规定,投服中心不符合《公司法》第一百五十一条关于股东派生诉讼适格原告的要求。而新《证券法》增设第九十四条,豁免投服中心提起股东派生诉讼时的持股期限和持股比例限制,并扩大提起股东派生诉讼案件事由的范围,目的在于降低投服中心提起诉讼的门槛,解决传统股东派生诉讼门槛过高、诉讼成本与收益不匹配导致激励不足的问题,并强化投服中心持股行权保护投资者权益的制度功能。在双层股权结构制度安排下,投服中心在"公益＋股东"的定位下提起股东派生诉讼,能够有效化解双层股权结构公司中小股东"搭便车"问题以及集体行动困境。

双层股权结构制度下,投服中心提起股东派生诉讼相较于其他普通股东提起股东派生诉讼救济权益存在诸多优势,具体表现为:首先,有助于实现改善双层股权结构公司治理的目标。因为投服中心是非营利性质的组织,并不受逐利性的影响,一般不会因为诉讼成本收益失衡而放弃提起股东派生诉讼。并且,投服中心的专业程度相较中小股东更高,能够整合资源寻找双层股权结构公司管理层及控制人等滥用权利的证据,实现与违法行为人的平等对抗。其次,投服中心公益机构的定位使投服中心恶意提起派生

---

① 参见上海市奉贤区(县)人民法院(2017)沪 0120 民初 13112 号民事判决书。

诉讼的可能性较小,并且提起的股东派生诉讼也会以增进公益为目的,避免原告股东与公司利益冲突而牺牲股东派生诉讼的价值追求。关于投服中心提起股东派生诉讼时是否需要与传统股东派生诉讼一样履行穷尽内部救济的前置程序,法律及司法解释并没有明确规定。但基于投服中心作为公益机构的性质以及保护投资者权益为目的的职能,若仍以穷尽内部救济为前置条件将产生不必要的诉前成本投入,可能违背通过投服中心提起股东派生诉讼救济维护投资者合法权益的初衷。

二、双层股权结构下证券代表人诉讼制度创新设想

双层股权结构公司的证券纠纷区别于一般民事纠纷,通常具有涉案金额巨大、涉案主体数量多且分散、案情复杂、社会影响较大等特点,因此容易诱发群体性诉讼。通过完善证券代表人诉讼制度,能够有效赋予投资者自我救济机制,化解投资者放弃起诉、不想诉、不愿诉、不能诉的"集体行动困境"①,从而有效阻止双层股权结构特别表决权股东利用控制权优势损害投资者利益②。

(一)优化普通证券代表人诉讼制度

解决双层股权结构公司的普通证券代表人诉讼启动难题可以从简化立案条件以及细化代表人推选程序出发优化证券代表人诉讼的制度设计。

首先,可以有条件地逐步取消前置条件以发挥证券代表人诉讼解决纠纷、强化投资者保护的制度价值。《最高人民法院关于人民法院登记立案若干问题的规定》第一条明确,人民法院对依法应该受理的一审民事起诉、行政起诉和刑事自诉,实行立案登记制。双层股权结构公司的普通证券代表人诉讼双方作为平等民事主体,属于应采用立案登记的民事纠纷案件,因此取消前置条件采用立案登记制具有相应的法理支持。

其次,关于代表人推选规则不合理问题,可以适当弱化人数多数决对代表人选举的决定性作用,同时强化权利份额对代表人选举的影响。可以采用主要由权利份额决定的代表人推选机制,即在确定普通证券纠纷代表人诉讼的代表人时,重点考虑代表人权利份额的大小,在代表人不愿、诉讼能力不强或者专业经验匮乏等情况下,再运用人数多数决,以一人一票的投票

① 邢会强:《证券纠纷特别代表人诉讼具备制度优势》,载《中国证券报》2021年4月20日,第1页。
② 郭丹:《证券集团诉讼在中国的制度价值——法经济学与法社会学的悖论》,载《北方法学》2012年第2期,第67页。

方式选出代表人。当权利人对代表人人选有异议或者无法推选出合适代表人时，人民法院可以组织投票推选代表人，每位代表人的得票数应超过50％以体现中小投资者意志，若出现经投票无法选出代表人的情况，则法院有权指定诉讼代表人。通过公私协同、私人自治为主、适度干预的方式，能够有效保障双层股权结构公司证券代表人诉讼中代表人的忠实、勤勉。

综上，通过简化普通证券代表人诉讼立案要求、优化代表人推选方式，能够有效摆脱起诉羁绊，为双层股权结构公司的普通股东通过司法救济路径维护权益提供制度支持。

（二）发挥证券集团诉讼的制度效用

证券集团诉讼的引进并非一蹴而就，在双层股权结构制度下运用证券集团诉讼制度对特别表决权股东形成监督作用并救济普通股东受损权益，更需新制度与既有制度的接轨和磨合，妥善安排具体实施程序，从而实现尊重双层股权结构控制权集中的同时强化投资者保护，平衡公益与私益，在实现诉讼经济与诉讼效率的同时充分维护和救济投资者的合法权益。

第一，明晰投资者保护机构的角色定位。一是应确认投资者保护机构的实体权利。可以将新《证券法》第九十五条第三款的"可以"设置为赋权性规定，当受到50名以上投资者委托时，投资者保护机构有选择接受或者拒绝的权利。[①] 二是赋予投资者保护机构实体处分权。作为公益机构，投资者保护机构的道德风险已远低于普通诉讼代表人，因此可以明确投资者保护机构的特别授权，允许其基于诉讼策略的考量享有对被代表人实质权利的处分权，防止其沦为机械推进诉讼程序的"工具人"。[②] 为了防止投资者保护机构滥用权利，若集团诉讼的成员对于诉讼代表人的诉讼行为持反对意见，则可以采用明示的方式退出集团诉讼。[③]

第二，建立投资者保护机构的监督与激励机制。为建立有效的激励机制，可以尝试逐步开放投资者保护机构间的竞争，考虑参照环保组织、消费者权益保护组织等开展公益诉讼的社会组织，大力扶持包括官方设立或民间自行设立的证券业专门机构和社会组织的建设，在避免投资者保护机构

---

① 投资者保护机构可以通过判断公司的违法程度、参与诉讼的社会影响力选择是否接受委托，同时应当为投资者保护机构的自主判断划定较为客观的边界标准，防止部分公司由于程度较轻的违法行为陷入声势浩大的集团诉讼而名誉受损、一蹶不振。

② 方乐：《投服中心持股行权的限度研究——兼议比例原则的适用》，载《中国政法大学学报》2021年第2期，第130页。

③ 汤维建：《中国式证券集团诉讼研究》，载《法学杂志》2020年第12期，第107页。

不堪重负的同时促进投资者保护机构之间的竞争。打破证券集团诉讼代表人的垄断，逐步建立不同层次、不同地区、不同专长的投资者保护机构。引入奖惩激励机制，由双层股权结构公司的普通股东根据其业绩表现、信任度、专业水准、廉洁程度等通过委托机制进行选择，从而实现优胜劣汰。① 同时，还应当强化监督机制，逐渐改变政府在此制度中扮演的角色，由"支持者"变为"监督者"，既有利于投资者保护机构免受行政干预，又有利于构建严密的监督制约机制，防止证券集团诉讼异化为相关人巧取豪夺、侵权牟利的"精巧"工具。

第三，系统优化证券集团诉讼的具体运行程序。一是厘清证券集团诉讼的启动标准。在投资者保护机构接受委托成为诉讼代表人发起证券集团诉讼前需考虑案件的代表性、所涉投资者数量、社会影响力等，综合考虑各项因素以确定诉讼原告范围。二是完善诉前公告程序。若法院未履行公告程序，应当根据具体情况宣布该集团诉讼程序整体违法或者局部违法。可以补救的，法院应当进行补救；不可以补救的，法院应当宣告程序无效，重新进行相应程序。公告的内容应当包括但不限于诉讼当事人的诉讼请求、案件情况、赔偿总额、单位股份的赔偿额以及法官认为有必要载明的其他信息。② 公告的期限应当不少于 30 日，在此期限内，权益受到损害的投资者可以根据公告内容并结合自身实际情况向法院登记退出。退出期限届满后，投资人的退出权暂时受到限制，未声明退出的投资者全部默认参与集团诉讼，法院再次发布公告裁定能够发生效力的投资者范围。完善诉前公告程序有助于构建集团诉讼最核心的"默示加入、明示退出"机制，进而保障双层股权结构公司投资者的知情权。

三、双层股权结构下先行赔付制度的创新

先行赔付制度赋予了赔付责任主体和合法权益受侵害投资者以选择权。对于赔付责任主体而言，其既可以选择先行向权益受侵害的投资者赔付后向违法责任主体追偿，也可以选择等待法院判决后承担连带的赔偿责任。③ 对于合法权益受侵害的投资者而言，其既可以选择诉讼路径，也可以

---

① 左进玮：《超越代表人诉讼：中国版证券集团诉讼的生根与适用》，载《北方金融》2021 年第 2 期，第 49 页。
② 黄江东、施蕾：《中国版证券集团诉讼制度研究——以新〈证券法〉第 95 条第 3 款为分析对象》，载《财经法学》2020 年第 3 期，第 135 页。
③ 汪金钗：《先行赔付制度的构建与探索——兼评〈证券法〉第九十三条》，载《南方金融》2020 年第 6 期，第 93 页。

选择非诉路径解决纠纷。因此,先行赔付制度将监管功能、赔偿责任、权益保护融为一体,相较于程序复杂且耗时的司法救济,该制度能够更加及时高效地救济双层股权结构公司投资者受侵害的权益,并对违法主体形成有效的威慑作用。在双层股权结构制度下,应提升先行赔付作为多元化纠纷解决机制的地位,促进其充分发挥制度效用,保障双层股权结构制度平稳运行。①

首先,应适当加强先行赔付制度的激励机制。双层股权结构公司的保荐机构出于保护声誉资本等因素的考虑往往更愿意承诺提前赔偿。但为了实现先行赔付制度积极作用的充分发挥,有必要考虑建立一种机制,不仅需要保荐人主动赔付,还要鼓励其他赔付主体主动赔付,从而对双层股权结构公司的证券欺诈行为形成有效威慑,实现对投资者权益的全面保护。② 证监会公布的《关于改革完善并严格实施上市公司退市制度的若干意见》对涉嫌欺诈发行的公司或其控股股东、实际控制人的从轻或者减轻处罚情形作出规定,明确了当事人赔付是启动行政和解程序的先决条件之一,但仅从轻或者减轻处罚可能无法发挥足够的赔付激励作用,结合新《证券法》第一百七十一条③关于行政和解的条款能够更好地激发赔付主体赔付的主动性。在该规则设计下,各方先行赔付主体将更有动力弥补投资者的损失,有助于双层股权结构公司权益受侵害的投资者获得及时救济,避免因责任人之间相互推卸责任而导致投资者求偿无门。④

其次,先行赔付主体的追偿权应得到保障。在先行赔付制度"先赔后追"的模式下,如果无法保障先行赔付主体的追偿权则可能导致该制度的效用无法实现。因此,在先行赔付主体的追偿权行使的程序设计上,应确立以下几点规则:一是先行赔付人的债权依法同等适用民事责任优先原则。在行政监管部门的调查结果和行政处罚作出后,已经进行先行赔付的主体有权依法优先就其他责任人的财产获得清偿。二是在司法裁量中将先行赔付

① 李翔宇:《证券市场先行赔付的实践检视与规范分析——以投资者保护为视角》,载《甘肃金融》2020年第8期,第32页。
② 郭艳芳:《新〈证券法〉视角下先行赔付制度的探讨》,载《西南金融》2021年第8期,第55页。
③ 新《证券法》第一百七十一条:国务院证券监督管理机构对涉嫌证券违法的单位或者个人进行调查期间,被调查的当事人书面申请,承诺在国务院证券监督管理机构认可的期限内纠正涉嫌违法行为,赔偿有关投资者的损失,消除损害或者不良影响的,国务院证券监督管理机构可以决定中止调查。被调查的当事人履行承诺的,国务院证券监督管理机构可以决定终止调查;被调查的当事人未履行承诺或者有国务院规定的其他情形的,应当恢复调查。具体办法由国务院规定。国务院证券监督管理机构决定中止或者终止调查的,应当按照规定公开相关信息。
④ 陈洁:《证券市场先期赔付制度的引入及适用》,载《法律适用》2015年第8期,第26页。

人的主观善意纳入责任分配的主要考量因素,同等条件下其承担的民事责任应当予以适当减轻。三是在先行赔付人不存在故意或重大过失的情形下,法院对于其他责任人在追偿诉讼中提出的超额抗辩不予支持。通过这些规则设计,能够在强化双层股权结构公司先行赔付案例中先行赔付主体责任的同时保障其应有的追偿权。另外,还应细化先行赔付对象标准。在双层股权结构公司中,先行赔付的对象范围包括普通投资者和专业投资者,受制于先行赔付资金来源渠道的有限性,在当先行赔付主体设立的"投资者专项基金"不能满足全部的受损适格专业投资者与受损适格普通投资者的实际损失时,应该优先保障对受损的适格普通投资者进行赔偿。

最后,建立先行赔付过程中的监督机制。为了能够有效地监督先行赔付人履行职责,也为了避免双层股权结构公司中的各方投资者受到二次伤害,可以引入证券监督管理机构实施监督。证券监督管理机构除了可以对先行赔付主体的行为进行监督,保证先行赔付主体的行为符合法律的规定,还可以确保先行赔付方案的制定过程公正透明,定期公布相关信息供所有投资者及社会公众监督。在赔付方案设计方面,可以借鉴美国公平基金参与的先行赔付模式对分配方案的程序设计①。除了设立外部独立的监督机构,还设立了内部的监督机构对先行赔付的实施过程进行监督。在专项赔偿基金中,设立独立的监督小组进行内部监督。只有建立内外相结合的监督机制,才能更高效地督促先行赔付主体公正合法有序地承担先行赔付责任。

---

① 根据美国《联邦行政程序法》第 554 条(b)款规定,当事人有权就听证的时间、地点、性质、举行听证的法律权限和管辖范围以及所涉及的其他事实和法律问题等事项及时得到行政机关的听证通知。

第八章 双层股权结构制度与法律修订的衔接

　　双层股权结构制度的稳定运行以及制度功能的充分发挥需要以该制度具有合法性为前提。而《公司法》缺少对双层股权结构制度正当性的明确规定,新《证券法》未针对双层股权结构上市公司股权结构的特殊性作出特别规定,使双层股权结构制度缺少更高位阶法律的支持。2021年12月,全国人大常委会公布了《中华人民共和国公司法(修订草案)》,2022年12月,全国人大常委会公布了《中华人民共和国公司法(修订草案二次审议稿)》,在以持续优化营商环境、健全资本市场基础性制度为导向的背景下,本章以《中华人民共和国公司法(修订草案二次审议稿)》的相关条文为基础,探讨当前条文与双层股权结构公司实践的不相契合之处,并提出相应的改进方案。本章提出可以明确特别表决权股份的合法地位以及特别表决权股东的信义义务,对双层股权结构公司内部监督主体的职能以及股东代表诉讼进行修改,以期从公司基本运行规范角度入手为双层股权结构公司平稳运行提供上位法支持。在新《证券法》相关条款的衔接建议方面,本章主要从信息披露制度和证券纠纷解决机制两个方面展开探讨,从而为完善双层股权结构制度配套机制、维护各方利益平衡提供相应建议。为实现法律体系的简明性与系统性,本章还就行政法规、部门规章等法律文件中有关双层股权结构制度的衔接方案、针对双层股权结构衍生样态的监管态度选择展开论述,为适应双层股权结构的动态发展创造一定空间。

第一节 《公司法》修订与双层股权结构制度

新《证券法》第二条①明确了《公司法》作为调整证券法律关系的基本法地位。因为公司是股票、公司债券等证券发行与存在的前提,股票、债券发行均产生于公司的商业活动基础之上。但随着公司治理架构多元化的演进趋势,双层股权结构制度实践在科创板、创业板、新三板广泛推进并逐渐落地实践,《公司法》以及《中华人民共和国公司法(修订草案二次审议稿)》中有关公司股权结构制度的部分规定出现与实际脱节和抵触的现象,可能难以为双层股权结构公司的规范运行提供坚实的治理规则支持。

因此,在《公司法》层面对双层股权结构制度的实践作出回应是公司法现代化进程的重要助推,通过对《中华人民共和国公司法(修订草案二次审议稿)》提出与双层股权结构制度相关的优化建议,实现《公司法》的相关规定与双层股权结构公司具体实践相契合,并与新《证券法》以及配套行政法规、部门规章等法律文件形成协同效应,在保持《公司法》条文规定稳定性与可预期性的同时优化《公司法》,为公司理性自治实践提供来自上位法的正当性支持,并为公司内部主体解决矛盾冲突提供法律依据,有利于维护社会整体利益,充分发挥市场无形之手的功能。

一、双层股权结构制度的法理支持探讨

《公司法》第一百零三条第一款仅规定股东所持有的每一股份有一份表决权,是传统公司法一股一权默认股权结构的具体体现。但在双层股权结构制度下,特别表决权股东持有高倍数表决权股份的制度设计可能会与该条款冲突,特别表决权股东在一股一权表决事项以外的事项行使特别表决权可能无法得到《公司法》关于股东大会表决规则规定的合法性支撑。因此,有必要对该条款进行修改,从而为特别表决权的行使提供上位法支持。当前,双层股权结构制度的实践仅允许双层股权结构公司在一股一权的普

---

① 新《证券法》第二条:在中华人民共和国境内,股票、公司债券、存托凭证和国务院依法认定的其他证券的发行和交易,适用本法;本法未规定的,适用《中华人民共和国公司法》和其他法律、行政法规的规定。政府债券、证券投资基金份额的上市交易,适用本法;其他法律、行政法规另有规定的,适用其规定。资产支持证券、资产管理产品发行、交易的管理办法,由国务院依照本法的原则规定。在中华人民共和国境外的证券发行和交易活动,扰乱中华人民共和国境内市场秩序,损害境内投资者合法权益的,依照本法有关规定处理并追究法律责任。

通股份之外发行拥有特别表决权的股份,该类股份除表决权数量差异外,其他股东权利与普通股份相同。并且,每一份特别表决权股份都具有相同的表决权数量及股东权利。[①] 由此,可以得出双层股权结构公司相同种类的股东具有相同数量表决权以及股东权利的结论。

《中华人民共和国公司法(修订草案二次审议稿)》第一百一十六条第一款[②]就类别股股东作出例外规定,即"类别股股东除外"。以上修改能为普通股份每一股具有一份表决权提供法理支撑,同时也为特别表决权股份每一股具有高倍数的表决权提供合法性支撑。

《公司法》第一百二十六条明确了同种类股份应享有同等权利,发行条件和价格相同,并且任何单位和个人认购股份应支付的价额相同。《中华人民共和国公司法(修订草案二次审议稿)》第一百四十三条[③]第二款作出类似的规定。该规定在双层股权结构制度语境下,可能与双层股权结构公司的实践相冲突。因为双层股权结构公司特别表决权股份通常是在公司上市之前以召开股东大会的方式将创始人等人所持有的股份全部或者部分转换为特别表决权股份。比如优刻得作为中国内地首家双层股权结构公司,在2019年召开的第一次临时股东大会上通过《关于〈优刻得科技股份有限公司关于设置特别表决权股份的方案〉的议案》,并修改公司章程,在发行人层面设置特别表决权。[④] 但创始人并未支付获得特别表决权股份的对价,若僵硬适用《公司法》第一百二十六条或《中华人民共和国公司法(修订草案二次审议稿)》第一百四十三条的规定,创始人股东未支付对价即获得特别表决权股份并不符合法律规定。此外,特别表决权股份具有不得在二级市场交易、仅能按照交易所规定进行转让的特点,因此对特别表决权股份进行合理估值存在一定操作难度。

除此之外,给予创始人特别表决权股份是对创始人人力资本投入的肯定与鼓励,若强制性要求创始人支付一定对价方能获得特别表决权股份可能违背双层股权结构制度的设立初衷。科创公司发行特别表决权股份以建立双层股权结构是公司自治的体现,因此,应预留一定股东契约自由的空

---

① 参见《科创板上市规则》第 2.1.4 条规定。

② 《中华人民共和国公司法(修订草案二次审议稿)》第一百一十六条第一款:股东出席股东大会会议,所持每一股份有一表决权,类别股股东除外。公司持有的本公司股份没有表决权。

③ 《中华人民共和国公司法(修订草案二次审议稿)》第一百四十三条:股份的发行,实行公平、公正的原则,同种类的每一股份应当具有同等权利。同次发行的同种类股票,每股的发行条件和价格应当相同;认购人所认购的股份,每股应当支付相同价额。

④ 参见《优刻得科技股份有限公司首次公开发行股票并在科创板上市招股说明书》。

间,允许双层股权结构公司的创始人根据公司治理的特殊性,在公司上市之前就制定完毕最佳控制权分配方案,实现被代理人成本与代理成本的总和最小化,向公司最佳治理结构靠近。

因此,可以在《公司法》第一百二十六条第二款后增加但书规定:"但公司章程对特别表决权股份另有规定的除外。"通过运用选入式规范,赋予双层股权结构公司在公司章程中制定凝聚多数股东共识条款的权利,在肯定公司自治权利的同时为特别表决权股东持有特别表决权股份提供合法性支持。

《公司法》第一百三十一条通过授权性规定赋予国务院制定公司发行类别股规定的权利,为国务院公布相关行政法规、部门规章及其他规范性文件规制双层股权结构制度预留了一定空间。《中华人民共和国公司法(修订草案二次审议稿)》第一百四十四条在股份公司股份类别的规定中引入类别股概念,为公司经营提供更大的制度空间,回应公司经营实践中的呼声。第一百四十四条第一款第二项指出,公司可以按照公司章程的规定发行每一股的表决权数多于或者少于普通股的股份,该项为双层股权结构公司特别表决权股份的发行提供合法性支持。《中华人民共和国公司法(修订草案二次审议稿)》第一百四十五条①规定,发行类别股的公司应当在公司章程中对涉及类别股的关键事项特别载明。《中华人民共和国公司法(修订草案二次审议稿)》第一百四十六条对发行类别股公司的股东会决议的表决程序、表决事项以及表决通过方式进行特殊规定,以防范股东会决议对类别股东合法权益的侵害。从以上规则可以看出,《中华人民共和国公司法(修订草案二次审议稿)》采用类别股章程自治模式和类别股法定模式相结合的模式,允许公司通过自治方式设置特定类型的类别股,并对类别股创设的原则、方式以及权利内容等事项加以明确,从而防范公司滥用自治权利损害其他相关利益主体的合法权益。并且,第一百四十四条第二款的规定限制了公开发行股份的公司在公开发行后发行类别股份,与《科创板上市规则》第4.5.2条第二款②的规定相呼应,即禁止公司上市后发行特别表决权股份建立双层股权结构,避免公司现有股东的权利被稀释。《公司法》作为位阶较

---

① 《中华人民共和国公司法(修订草案二次审议稿)》第一百四十五条:发行类别股的公司,应当在公司章程中载明以下事项:(一)类别股分配利润或者剩余财产的顺序;(二)类别股的表决权数;(三)类别股的转让限制;(四)保护中小股东权益的措施;(五)股东会会议认为需要规定的其他事项。

② 《科创板上市规则》第4.5.2条第二款:发行人在首次公开发行并上市前不具有表决权差异安排的,不得在首次公开发行并上市后以任何方式设置此类安排。

高的基本法应具有简明性的特征,因此,有关类别股的具体事项规定由国务院公布的行政法规以及国务院各部门制定的部门规章进行具体细化。具体而言,国务院应公布相应文件,强制性要求设置类别股的公司对以下事项作出明确:一是类别股的种类、名称、数量及权利内容应详细记载于公司章程;二是公司应对类别股的发行程序、股份权利内容的配置和权利变更规则作出相应规范。① 通过如此规定,能够为公司发行特别表决权股份建立双层股权结构提供具体的规范性指引,强制性要求双层股权结构公司在其章程中披露特别表决权股份的股权内容等信息,为双层股权结构公司更严格的信息披露制度提供更高位阶法律效力支持,同时也能在公司法层面强化对特别表决权股份的约束。

二、双层股权结构特别表决权股东的信义义务的规定设置

《公司法》第一百四十七条至第一百四十九条对公司董事、监事、高级管理人员的忠实勤勉义务作出规定。《中华人民共和国公司法(修订草案二次审议稿)》第一百八十条在董事、监事、高级管理人员的忠实勤勉义务要求基础上增加了执行职务应当为公司的最大利益尽到管理者通常应有的合理注意的要求。在学理上,由于《公司法》缺少对信义义务的相关规定,董事、监事、高管的忠实注意义务也被普遍认为是信义义务在法律中的体现。② 在双层股权结构制度下,无论《科创板上市规则》还是《创业板上市规则》均要求特别表决权股东在公司上市后持续担任公司董事或者该等人员实际控制的持股主体。因此,在双层股权结构公司的具体实践中,特别表决权股东往往拥有公司董事与股东的双重身份。当特别表决权股东以董事身份履行职责时,会受到董事的忠实义务和勤勉义务的约束,但当特别表决权股东以股东身份在股东大会上行使特别表决权时,忠实勤勉义务将不再对特别表决权股东产生约束力。③

双层股权结构制度下,表决权与剩余利益索取权非比例配置的股份权利构造导致特别表决权股东在行使表决权后无法获得相应比例的收益,也不必承担相应比例的损失,因此,他们可能不愿作出理性决策,甚至特别表决权股东可能利用表决权优势通过无助于公司整体价值提升但有利于获得

---

① 赵玲:《我国类别股份创设的法律路径》,载《法学杂志》2021年第3期,第85页。
② 王莹莹:《信义义务的传统逻辑与现代建构》,载《法学论坛》2019年第6期,第28页。
③ 李燕、杨朝越:《科创板双层股权结构公司特别表决权的行使限制研究》,载《学海》2020年第2期,第143页。

私利的决策。所有权与控制权分离的公司治理模式激化了普通股东与特别表决权股东之间的利益冲突,造成双层股权结构公司的代理成本逐渐增加。并且,上市公司普遍存在控制权高度集中的现象,在双层股权结构公司,特别表决权股东掌握对公司经营的绝对控制权,而普通股东的表决权在一定程度上被限制,公司内部不同类型股东间容易形成固化和对立的利益集团[①],产生特别表决权股东凭借控制权优势滥用权利的风险。双层股权结构公司代理成本的提高与控制权风险增大的叠加效应使制定特别表决权股东的权利行使约束制度尤为必要。

虽然《公司法》第二十条规定公司股东应依法行使股东权利,不得滥用股东权利损害公司或者其他股东的利益,第二十一条规定公司控股股东、实际控制人、董事、监事、高管从事关联交易时不得损害公司利益,但依法行使股东权利的注意标准显然低于信义义务的注意标准。一般情况下,特别表决权股东滥用控制权获得私利的行为也难以通过自律来避免。刻板适用股东形式平等,采用同等义务约束控制权强度不同的股东,在一定程度上掩盖了双层股权结构公司股东事实上或实质上的不平等。因此,更为理性的方法是要求特别表决权股东承担标准较高的信义义务,从而保障特别表决权股东以股东身份行使表决权时保持忠实审慎的态度,规避权利滥用与代理成本增加的风险。

具体而言,可以在《公司法》第二十条第一款后增加:"控股股东应承担信义义务。"第二十条第二款后增加:"控股股东滥用表决权时应承担损害赔偿责任。"通过明确特别表决权股东属于控股股东,并规定控股股东的信义义务及损害赔偿责任,可以有效约束特别表决权的行使并建立起对控股股东的追责机制。关于信义义务的具体内容,可以通过司法解释进行细化,或者给予司法实践一定的自由裁量空间,在实践中总结出适合资本市场特殊性的控股股东信义义务内容,解决证监会《上市公司治理规则》第六十三条关于控股股东的诚信义务规定法律效力位阶较低、难以在法院裁判中直接引用成为裁判依据的问题。

三、双层股权结构公司内部监督主体职能重构与机制再造

在《中华人民共和国公司法(修订草案二次审议稿)》的设计中,审计委员会和监事会是双层股权结构公司的主要内部监督主体。《中华人民共和

---

① 赵旭东:《公司治理中的控股股东及其法律规制》,载《法学研究》2020年第4期,第94页。

国公司法(修订草案二次审议稿)》第一百二十一条授权股份有限公司不设
监事会或者监事,但需设置审计委员会行使监事会职权。其中审计委员会
需由三名以上董事组成,独立董事应当过半数,且至少一名独立董事是会计
专业人士。

《中华人民共和国公司法(修订草案二次审议稿)》第一百二十一条的规
定赋予公司自治权以选择存废监事会的设计是出于尊重实定法与减少实践
沉没成本的考量,毕竟完全废除监事会制度可能阻力重重。通过给予上市
公司自治空间,允许上市公司根据自身治理模式需要进行利弊分析,理性选
择"一元"或是"二元"的公司内部监督机制,以促进治理效率提升。

若双层股权结构公司根据《中华人民共和国公司法(修订草案二次审议
稿)》第一百二十一条的规定,选择以审计委员会作为单一内部监督机构,这
样的治理模式具有以下优势:一是审计委员会是董事会的组成部分,能够更
积极地参加公司经营决策,相较于外部机构的监事会,更能从日常经营中发
现问题;二是审计委员会有权就关联交易发表意见,对公司决策产生重大影
响,而监事仅能列席董事会会议,对决议仅有提出质询或者建议的权利;三
是审计委员会多由具有会计、法律等专业背景的人员组成,能够运用专业知
识发现公司治理中的问题。而监事由股东和职工代表组成,专业化程度方
面弱于独立董事,全面履行监督职责可能存在困难。[1] 但是,《中华人民共
和国公司法(修订草案二次审议稿)》第一百二十一条在实际运用中仍需要
更细致的规定以提高实用性。例如,设置审计委员会的最低人数限制、独立
董事在审计委员会占比及其会计背景要求。因为若由审计委员会替代监事
会且仅负责财务会计监督事宜,则无法充分发挥公司内部监督功能,可能影
响公司运行效率。但若审计委员会负责监督公司内部其他事项,审计委员
会的名称可能无法全面反映其职能范围。并且,审计委员会职能范围扩大
可能与公司设置的其他委员会的职能重叠,产生新的委员会之间的职能分
配协调统筹问题。因此,可以借鉴日本的公司治理经验,除了允许公司选择
设置审计委员会,也允许公司设置审计等委员会,从而规避名称上的局限
性。此外,强化审计等委员会的权限,避免各委员会间因职能冲突产生的职
能空位,以实现双层股权结构公司内部监督机制高效运转。

保障独立董事独立性是实现董事会规范运行、审计委员会充分发挥监

---

[1]　季奎明:《中国式公司内部监督机制的重构》,载《西南民族大学学报(人文社科版)》2020 年第 4
　　期,第 71 页。

督职能的关键。《中华人民共和国公司法(修订草案二次审议稿)》第一百三十六条规定,上市公司设独立董事,具体管理办法由国务院证券监督管理机构规定。从而为实施证监会公布的《上市公司章程指引》及《关于在上市公司建立独立董事制度的指导意见》中有关独立董事的任职要求以及诚信与勤勉义务的具体规定提供上位法支撑,也为独立董事履行监督职能提供更高位阶法律效力的支持,从而为独立董事制度的进一步优化打下基础。

在双层股权结构公司董事会成员多为特别表决权股东,股东大会、董事会和经理自上而下形成利益共同体,公司权力配置从"股东会中心主义"向"董事会中心主义"跃迁的公司内部治理样态下,独立董事的独立性应得到进一步强化,从而形成对公司管理人员的监督,保障审计委员会功能发挥,防范双层股权结构公司的治理风险。在独立董事的选任上应割裂独立董事候选人与特别表决权股东之间的紧密关系。因此,可以参照美国上市公司的做法,建立外部独立董事协会制度,由第三方机构(比如中国上市公司协会)设立独立董事人才库。双层股权结构公司成立独立董事提名委员会,该提名委员会的半数以上成员应由普通股东选举产生,以代表普通股东的利益。在独立董事提名委员会提名独立董事候选人后,股东大会应采用一股一权的表决规则,并采用累积投票制最终确定独立董事人选。值得注意的是,双层股权结构公司独立董事的比重应高于一股一权结构公司的独立董事比重,从而实现对特别表决权股东作为公司董事的有效制衡。应要求双层股权结构公司的独立董事人数至少为全部董事人数的三分之一,允许通过公司章程规定设置更高的独立董事比重强化对特别表决权股东的约束。

双层股权结构公司多为高科技公司,公司经营事项具有专业性较强的特点,独立董事可能需具备更强的专业性方能更好地履行独立董事监督、建议的职能。因此,应要求双层股权结构公司的独立董事具备法律、金融、财务等专业知识背景,并将独立董事的职位专职化,避免独立董事因专业壁垒及精力有限等因素无法洞察双层股权结构公司内部的权力滥用行为或者"隧道挖掘"等利益输送行为。此外,还可以对双层股权结构公司审计委员会中的独立董事比例及会计专业限制提出更高要求,以适应双层股权结构公司更大的内部治理失衡风险。

《公司法》的后续修订草案中可以加入:"股份有限公司发行类别股的,应成立独立董事提名委员会,由该委员会从第三方机构设立的独立董事人才库提名独立董事候选人,被提名的独立董事候选人应具有会计、法律等专业背景。独立董事提名委员会的半数以上成员由持有普通股份的股东通过类别股股东大会等形式民主选举产生。""表决权差异安排上市公司的股东对选举和更换独立董事事项行使表决权时,每一特别表决权股份享有的表决权数量应当与每一普通股份的表决权数量相同。可以依照公司章程的规定或者股东大会的决议,对独立董事的选举采用累积投票制。""独立董事人数占董事会人数的比重应不低于三分之一。""表决权差异安排上市公司设置审计委员会的,独立董事应占审计委员会人数过三分之二。"

关于监事会,《公司法》第四章第四节专节规定股份有限公司监事会的产生方式、成员组成以及负责公司事务的监督与检查的职能。在双层股权结构公司特别表决权股东掌握公司控制权、外部监督机制失灵、普通股东受限的表决权难以对特别表决权股东形成有效制衡的背景下,应强化公司内部监督主体职能以防范双层股权结构公司控股股东权利滥用与强化投资者保护。将双层股权公司内部监督主体的特别规定分散安排可能导致在具体适用上存在不便,故另设专节规定双层股权结构公司内部监督机构的特别要求能够实现制度规范的体系化。[1]

根据《公司法》有关监事会制度的规定,上市公司的监事会存在地位不高、资源匮乏、职工监事制度徒具其形、与独立董事关系不清、叠床架屋、受制于高管或控股股东等问题,导致监事会制度形同虚设。[2] 若双层股权结构公司保留监事会的治理模式,亦有必要对双层股权结构公司的监事会制度制定更严格的要求以强化监事会的监督效用。双层股权结构公司特别表决权股东有权对监事的选任和解聘事项行使特别表决权是导致监事会独立性被削弱的重要因素。毕竟要求由特别表决权股东选举出来的监事出具专项意见、认定特别表决权股东存在滥用特别表决权或者其他损害投资者合法权益的情形、提出罢免建议、提起诉讼并不现实。因为监事的薪酬由股东大会决定,特别表决权股东凭借表决权优势能够轻易对监事的薪酬产生重大影响,监事在财务受控制的前提下往往选择消极履行监督职责,无法对公司特别表决权股东权利滥用行为形成有力的威慑。

因此,在《公司法》修订中应明确双层股权结构公司的监事选举或者解聘以及薪酬等事项采用"一股一票"的表决方式。在双层股权结构公司监事组成人员受特别表决权股东控制的背景下,可以鼓励双层股权结构公司在

---

① 李美慧:《差异化表决权结构在我国科创板的最新实践——兼论我国的监管应对》,载《上海市经济管理干部学院学报》2020年第2期,第50页。

② 郭雳:《中国式监事会:安于何处,去向何方?——国际比较视野下的再审思》,载《比较法研究》2016年第2期,第77页。

章程中规定外部监事制度,形成由股东代表监事、职工代表监事、外部监事组成的监事会,降低股东代表监事的比重,从而对抗特别表决权股东对监事会的直接控制。

《公司法》具体条款可以规定为:"具有表决权差异安排的上市公司股东对选举和更换监事,以及决定监事薪酬事项行使表决权时,每一特别表决权股份享有的表决权数量应当与每一普通股份的表决权数量相同。可以依照公司章程的规定或者股东大会的决议,公司章程可以规定监事的选举采用累积投票制。""具有表决权差异安排的上市公司,监事会应当由股东代表监事、职工代表监事及外部监事组成,其中职工代表监事及外部监事的比例总和不得低于二分之一,具体比例由公司章程规定。股份有限公司职工代表监事的选任方式适用于具有表决权差异安排的上市公司。"

通过赋予双层股权结构公司内部监督机制选择权,以"选择功能"代偿"填空功能",实行"软父爱主义"的监管政策,在充分尊重公司自治的同时推动公司法现代化。

四、双层股权结构公司股东派生诉讼的规则重造

《公司法》第一百五十一条规定了股东派生诉讼的原告适格条件及启动程序,即双层股权结构上市公司的股东只有同时满足 180 日以上的持股期限以及单独或者合计持有 1% 以上持股比例的要求,方能有权交叉请求董事会或监事会提起诉讼,在情况紧急的条件下,可以不经前置程序直接向法院提起股东派生诉讼。在双层股权结构制度开始实践、新《证券法》修订、赋予投资者保护机构新使命、豁免投资者保护机构提起股东派生诉讼时股东资格限制的背景下,《公司法》的相关条款应相应变动以形成衔接。双层股权结构上市公司的普通股东持股比例低且持股分散,即使想要请求董事会或监事会提起诉讼或直接提起股东派生诉讼救济权益,也会囿于不符合原告股东资格而无法启动诉讼程序。并且,标准化设置最低持股比例无法适应双层股权结构公司各异的持股比例分配状况。因此,可以通过公司自治,由公司以股东大会表决或公司章程规定的方式规定有权启动股东派生诉讼原告股东的最低持股比例。但应符合连续 180 日以上持股期限的要求,从而使双层股权结构公司股东派生诉讼起诉标准与公司股东的博弈能力相匹配。由于新《证券法》第九十四条仅对投资者保护机构豁免了持股比例和持股期限的限制,未明确是否仍以应穷尽公司内部救济的前置程序为必要,即是否以书面形式交叉请求董事会或监事会提起诉讼被拒绝为起诉的前提条

件。规定的缺失可能导致在实践中出现操作不一的现象。鉴于投资者保护机构公益组织的性质，滥用权利提起股东派生诉讼的可能性较小，并且出于及时救济上市公司股东受损权益的考虑，应一并豁免投资者保护机构提起股东派生诉讼时的前置程序要求限制。在《中华人民共和国公司法（修订草案二次审议稿）》允许股份有限公司取消监事或者监事会设置并以审计委员会代替监事会职能的情况下，监事会的职能应转移至审计委员会。

综上所述，在《公司法》修订中可以在第一百五十一条后增加规定："具有表决权差异安排的股份有限公司连续 180 日以上单独或者合计持有公司章程规定的启动股东派生诉讼所需最低持股份额的股东，可以书面请求监事会向人民法院提起诉讼；监事有本法第一百四十九条规定的情形的，前述股东可以书面请求董事会向人民法院提起诉讼。表决权差异安排的股份有限公司取消监事或监事会设置的，前述股东可以书面请求审计委员会向人民法院提起诉讼。""但投资者保护机构作为原告股东时，可以不受本条前两款规定的限制，直接向人民法院提起诉讼。"

《最高人民法院关于适用〈公司法〉若干问题的规定（四）》第二十三条至第二十六条就股东派生诉讼的原告、被告及第三人确定，股东派生诉讼的胜诉利益归属以及股东参加诉讼支付的合理费用承担规则作出规定，缺乏关于股东派生诉讼举证责任的特殊规定，因此应采用《民事诉讼法》谁主张谁举证的举证责任一般规则。若双层股权结构公司特别表决权股东滥用权利损害公司及股东的利益，成为股东派生诉讼的被告，举证责任一般规则在具体适用上可能存在不相适应的方面。因为双层股权结构公司特别表决权股东多担任公司董事，是公司的控股股东，积极参与公司运营与管理，接触第一手公司运行数据，而普通股东受限的表决权使其远离公司治理核心，在证据收集及证明上存在障碍。因此，可以对双层股权结构公司股东派生诉讼的举证责任分配规则作出例外规定，将证明责任倒置给特别表决权股东，由其承担损失并非由自身行为造成的举证责任。故在《公司法》修订中，可以增加规定："具有表决权差异安排的上市公司中的董事、监事、高级管理人员、控股股东有本法第一百四十九条规定的情形，造成公司或者股东损失的，前述人员应当依法承担民事责任；但是，能够证明损失并非由自身行为造成的，可以不承担或者减轻责任。"

第二节　新《证券法》修订与双层股权结构制度

新《证券法》既规范发行人与投资者之间的资金募集关系,又规范投资者的证券交易关系。在双层股权结构制度实践逐步开展的背景下,新《证券法》有关双层股权结构发行人发行证券、特别表决权股份与普通股份的交易、双层股权结构公司证券服务、双层股权结构上市公司的监管等规定的缺失不仅导致双层股权结构制度实践缺乏来自新《证券法》的法理支持,也导致双层股权结构制度的具体实践与监管层面存在适用标准不一、执行不到位等问题,影响双层股权结构制度的功能与作用发挥。

当前关于双层股权结构制度的设立、双层股权结构上市公司的信息披露、特别表决权的行使限制等规定主要分布在上交所《科创板上市规则》和深交所《创业板上市规则》中,但交易所的上市规则从《中华人民共和国立法法》角度来看,并不能纳入证券法律体系范围,因此,有关双层股权结构的制度规范存在法律效力位阶较低的问题。通过新《证券法》修订,明确双层股权结构上市公司的法律地位以及特别表决权股份的合法性,增设有关双层股权结构制度的特别规定条款,一方面能适应双层股权结构实践对法律的需求,另一方面也有利于证券法与时俱进和完善。关于双层股权结构制度规定应在新《证券法》中以何种形式体现,形成了授权立法与精细化立法的两种观点。有学者认为,授权立法能够弥补证券立法、修法存在的不足,能应对证券市场高度专业性和复杂性问题,并适应证券市场多变性特点、满足立法前瞻性要求。[①] 但也有学者认为,大量授权性条款的存在会导致"法律空洞化",导致法律被植入部门利用、法律解释缺少科学性、忽视对投资者的保护以及导致管制主义等问题。[②]

在双层股权结构制度缺乏坚实的上位法支撑、双层股权结构制度规制经验有待积累的背景下,应更侧重于授权立法,从而在保证法律条文稳定性的前提下为双层股权结构制度规定伴随市场成熟而改进预留一定的优化空间。新《证券法》兼具实体法与程序法的属性,因此,在新《证券法》修订时,可以从双层股权结构制度的实体规范与双层股权结构公司诉讼的程序规范

---

① 巩海滨:《论我国证券授权立法制度的完善》,载《山东大学学报(哲学社会科学版)》2016 年第 4 期,第 97 页。

② 邢会强:《从简略式立法到精细化立法——以〈公司法〉和〈证券法〉为例》,载《证券法苑》2011 年第 2 期,第 81 页。

两方面进行完善。

一、信息披露制度对双层股权结构制度的回应

新《证券法》第五章专门对信息披露制度作出规定,但欠缺针对双层股权结构公司的特别规定。在双层股权结构上市公司特别表决权股东掌握公司控制权、信息供需双方之间的矛盾进一步激化、信息流动单向性突出的背景下,需要提高对双层股权结构公司的信息披露要求,并强化对双层股权结构公司信息披露义务人的监管,从而依托更严格的信息披露制度实现特别表决权约束与投资者保护。为提高法律适用的便利性,可以在信息披露章内设置专节增加针对具有表决权差异安排公司信息披露的特别规定。双层股权结构上市公司与其他上市公司相比,最本质的区别在于发行特别表决权股份可能产生更大的治理风险。

因此,强化双层股权结构公司的信息披露制度法律规定可以从以下几个方面展开:一是应明确双层股权结构公司关于设置表决权差异安排的必要性及潜在风险的披露。要求公司在任何披露文件的明显位置标明公司采用表决权差异安排,形成警示作用。二是应着重对特别表决权股东及特别表决权股份制定更加具体细化的信息披露规定。应要求上市公司主动披露特别表决权股份持有人的详细情况,实现穿透式披露。规定特别表决权的行使边界,要求公司披露适用"一股一票"表决规则表决的事项。三是应强化对双层股权结构公司披露信息的审查,明确独立董事对披露的信息承担保证责任,从而保障双层股权结构公司信息披露内容的真实性、准确性、完整性。

因此,新《证券法》可以增设下列规则:"上市公司具有表决权差异安排的,应在所有公开文件的醒目位置标明公司具有表决权差异安排。并且,应当充分揭示表决权差异安排的必要性及可能给公司治理带来的风险,便于投资者合理决策。""上市公司具有表决权差异安排的,应当在定期报告中披露该等安排在报告期内的实施和变化情况,以及该等安排下保护投资者合法权益有关措施的实施情况。前款规定事项出现重大变化或者调整的,公司和相关信息披露义务人应当及时予以披露。""上市公司具有表决权差异安排的,应在招股说明书中对特别表决权股份的持有人穿透披露至最终投资者。""上市公司具有表决权差异安排的,应在招股说明书及其他信息披露文件中明确每一特别表决权股份享有的表决权数量与每一普通股份的表决权数量相同表决事项的范围,若发生变动的,应及时予以披露。以上事项的

具体范围由国务院规定。""上市公司具有表决权差异安排的,独立董事应当保证信息披露内容的真实、准确、完整,不存在虚假记载、误导性陈述或者重大遗漏。独立董事对公告内容存在异议的,应当在公告中作出相应声明并说明理由。"

将"一股一票"表决事项范围界定的权力授权给国务院的合理性在于,当前双层股权结构制度实践经验有待积累,《科创板上市规则》或是《创业板上市规则》有关"一股一票"表决权事项的规定是否合理仍待实践检验,采用法律明确规定的方式可能产生与实际操作相冲突的后果。而由国务院部门发布文件既可以提高事项界定范围的科学性,又能够为双层股权结构公司发挥公司自治制定适宜公司发展的模式提供可能性。

二、证券纠纷诉讼制度对双层股权结构制度的回应

新《证券法》第九十四条第三款、第九十五条第一款和第二款以及第九十五条第三款分别就投资者保护机构股东派生诉讼、普通证券代表人诉讼和特别证券代表人诉讼作出规定。但由于新《证券法》的规定较为原则化,当双层股权结构公司股东或者投资者依法提起诉讼救济受损权益时,在具体适用上可能存在一定障碍。

新《证券法》第九十四条第三款仅豁免了投资者保护机构作为原告股东提起股东派生诉讼时的持股比例和持股期限要求,未规定是否仍需和启动普通股东派生诉讼一样以穷尽公司内部救济程序、书面交叉请求董事会或监事会向人民法院提起诉讼遭拒绝为前置程序。除此之外,在双层股权结构公司的董事会多由特别表决权股东组成、监事会成员在很大程度上受特别表决权股东制约、特别表决权股东多为公司控股股东或者实际控制人的情况下,由董事会或者监事会向人民法院起诉公司的董事、监事、高管在履行职务时损害公司利益,抑或是控股股东、实际控制人损害公司合法利益,这在现实中往往难以发生。因此,为保证及时救济双层股权结构公司投资者的合法权益、强化投资者保护机构持股行权的职能,可以一并豁免投资者保护机构提起股东派生诉讼时的前置程序要求限制,与《公司法》有关投资者保护机构作为原告股东提起股东派生诉讼的规定形成联动。

因此,新《证券法》第九十四条第三款后可以增加规定:"具有表决权差异安排的发行人的前述人员具有上述行为的,投资者保护机构持有该公司股份的,可以为公司的利益以自己的名义向人民法院提起诉讼,不受《中华人民共和国公司法》规定的限制。"

新《证券法》第九十五条并未对与双层股权结构公司相关的普通证券代表人诉讼和特别证券代表人诉讼制定特殊规定,因此这两类证券代表人诉讼的举证责任分配应适用《民事诉讼法》举证责任一般规则,即原告应当对自身权利受到妨害的基本事实承担举证证明责任。但在双层股权结构下,从权益更易受侵害的普通股东角度来看,他们在公司治理中处于弱势地位,在证据获取方面存在客观障碍。在公司控制权高度集中于特别表决权股东的情况下,证据很可能被隐藏而难以获得。从特别表决权股东角度来看,在公司内部监督机制弱化、外部市场监督机制失效的情况下,特别表决权股东应承担信义义务以形成对特别表决权的自我约束。并且,特别表决权股东多为公司的董事或者该等人员实际控制的主体,能够较便捷地获得公司财务、人事、交易等数据。因此,当特别表决权股东作为被告时,可以将举证责任部分倒置给特别表决权股东,由其证明不存在虚假陈述等情形。对特别表决权股东的举证责任加重规定,不仅能够对特别表决权股东审慎行使特别表决权形成有效的威慑作用,还能够减轻双层股权结构公司普通股东的证明责任,加强对普通股东的权益保护,优化双层股权结构公司监管与投资者保护制度。

因此,新《证券法》第九十五条后可以增加规定:"特别表决权股东与普通股东发生纠纷,特别表决权股东应当证明其行为符合法律、行政法规以及国务院证券监督管理机构的规定,不存在虚假陈述等情形。特别表决权股东不能证明的,应当承担相应的赔偿责任。"从而与《公司法》修订建议中关于双层股权结构公司股东派生诉讼采用举证责任倒置的规定相呼应,实现新《证券法》与《公司法》的联动。

第三节　其他法律文件对双层股权结构制度的回应

关于双层股权结构的退出机制,当前仅有上交所《科创板上市规则》和深交所《创业板上市规则》对特别表决权股份部分或者全部转换为普通股份作出规定,缺乏更高位阶法律对双层股权结构退出机制的规定可能诱发双层股权结构永久存续的风险。但当前关于日落条款的研究有待进一步深入,以基本法律明文规定的方式确定特别表决权股份的失效条件可能无法适应双层股权结构公司的实践需要。因此,通过行政法规、部门规章及其他规范性文件对双层股权结构公司特别表决权股份转换条件、双层股权结构制度退出机制作出具体规定能为双层股权结构制度提供更高位阶的法律支持,同时也使该制度更具灵活性,能够适应双层股权结构制度的发展与成熟。

根据《最高人民法院关于裁判文书引用法律、法规等规定性法律文件的规定》第四条①和第六条②的规定,在涉及双层股权结构公司的诉讼中,部门规章仅能作为裁判文书说理的依据,而行政法规可以被直接引用。因此,为更好地解决双层股权结构公司有关特别表决权股份转换的纠纷,应根据日落条款的触发条件在不同法律文件中进行差异化规定。

在行政法规中可以对事件型日落条款作出规定。股东持有特别表决权股份的前提是对公司发展有重大贡献,或者人力资本对公司发展至关重要,投资者基于对特别表决权股东的信任而让渡自身的表决权,接受双层股权结构制度安排。当发生导致特别表决权股份存在的前提不复存在的事件时,特别表决权股份显然应转换为普通股份。《科创板上市规则》和《创业板上市规则》均就事件型日落条款进行规定,但存在关于特别表决权股份的转让和委托行使表决权的规定过于严苛的问题,因此,制定行政法规时可以适当放宽。特别表决权股东将特别表决权股份转让给特别表决权股东以外的自然人或法人,或者将特别表决权委托他人行使,导致特别表决权实质上被让渡给特别表决权股东以外的自然人或法人,这种情况下将触发日落条款,将导致被转让或被委托行使表决权的特别表决权股份转换为普通股份。

因此,在行政法规中可以作出如下规定:"具有表决权差异安排的上市公司出现下列情形之一的,特别表决权股份应当按照1:1的比例转换为普通股份:(一)实际特别表决权股东失去对相关持股主体的实际控制;(二)特别表决权股东向特别表决权股东以外的自然人或者法人转让所持有的特别表决权股份,或者将特别表决权股份的表决权委托特别表决权股东以外的自然人或者法人行使;(三)公司的控制权发生变更。发生前款任一情形的,上市公司已发行的全部特别表决权股份均应当转换为普通股份。"通过这样规定,在保持特别表决权股份行使约束最低标准的同时也为双层股权结构公司根据自治制定更严格的事件型日落条款预留空间。

在部门规章中可以对日落条款的其他内容作出具体规定。证监会等部

---

① 《最高人民法院关于裁判文书引用法律、法规等规定性法律文件的规定》第四条:民事裁判文书应当引用法律、法律解释或者司法解释。对于应当适用的行政法规、地方性法规或者自治条例和单行条例,可以直接引用。

② 《最高人民法院关于裁判文书引用法律、法规等规定性法律文件的规定》第六条:对于本规定第三条、第四条、第五条规定之外的规范性文件,根据审理案件的需要,经审查认定为合法有效的,可以作为裁判说理的依据。

门具有专业优势和业务优势，能够通过执法经验积累及时制定和修改相关规章，为双层股权结构制度运行提供法律规范支持。首先，应规定信义日落条款，当特别表决权股东违反信义义务的要求时，将触发日落条款，特别表决权股份转换为普通股份。信义义务的具体内涵在我国法律中尚未有明确界定，特别表决权股东违反信义义务至何种程度将触发日落条款等规则有待实践经验进一步积累后进行细化规定。其次，应就日落条款的审查机制作出规定。相较于其他行政主体，证券交易所往往更有动力客观审查双层股权结构公司的日落条款以提高上市公司质量、改善证券市场环境。因此，证监会可以公布文件规定由证券交易所负责审查双层股权结构发行人的日落条款，从而有效防范权力寻租行为的发生。最后，应鼓励双层股权结构公司发挥公司自治设置日落条款，交叉组合使用不同类型的日落条款，使双层股权结构公司特别表决权约束强度与投资者的博弈能力相匹配。

因此，在证监会公布的部门规章中可以作出如下规定："特别表决权股东违反信义义务的，其持有的特别表决权股份应当按照1∶1的比例转换为普通股份。""证券交易所应审查具有表决权差异安排的上市公司在公司章程规定的特别表决权股份转换为普通股份的情形是否符合法律、行政法规、部门规章等文件的要求。""鼓励具有表决权差异安排的上市公司根据公司治理需求与投资者保护的需要，对特别表决权股份转换为普通股份的情形进行扩充。"

第四节　双层股权结构衍生样态的法律制度构想

双层股权结构制度在域外上市公司实践的发展中衍生出了多样的股权架构方式，突破仅发行每股具有一份表决权的普通股份和每股具有多份表决权的特别表决权股份的模式，另辟蹊径发行无表决权股份，建立起多重股权结构，丰富了双层股权结构制度的内涵。2017年，快照公司向公众发行无表决权的A类普通股份，由上市前的私募投资者持有每股具有一份表决权的B类股份，由公司创始人持有每股具有十份表决权的C类股份，从而建立起多层股权结构，并成功在纽交所上市。无表决权股份的发行引发公众和学界的广泛讨论，公司创始人认为公司的股权结构设计有利于公司作出长期有远见的决策,并可以维持创始人对公司的控制权稳定。[①] 有观点认为,向公众发行无表决权股份不仅会使双层股权结构公司豁免股东大会披露委托表决文件、公司股东重大权益变动等义务[②],也会造成公众投资者相应的权利受到限制,导致双层股权结构公司公众投资者的话语权被剥夺,代理成本增加,增大公众投资者权益被侵害的风险。但也有观点认为,发行无表决权股份对于公司发展具有显著促进效果,因为由低表决动力的投资者持有无表决权股份一方面可以减少他们出于理性忽视等因素消极行使表决权,或者在投资理性受限的情况下作出非明智的选择,从而造成公司治理效率降低产生的成本[③];另一方面可以将表决权重新分配给珍视表决权并致力于最大化公司价值的股东,实现公司对被代理人成本的有效控制。通过组合发行最佳比例的有表决权股份和无表决权股份,实现控制权合理分配,并将代理成本与被代理人成本总和最小化,形成公司最优治理结构。而美国标准普尔道琼斯指数和富时罗素指数都不再将无表决权股票的公司列入其美国基准,明晟也减少了双层股权结构公司在其指数中的比重,而发行无表决权股份的双层股权结构公司被排除在了指数构成公司之外。指数编制公司对于双层股权结构公司的消极态度可能妨碍部分大型双层股权科技企业的发展。因为他们可能忽略了这样一个事实,即无表决权的股票可以通过减少代理成本和与表决权相关的交易成本,在提高公司效率方面发挥重要作用。而将双层股权结构公司排除在指数之外也意味着驱动力较弱的被动基金仅会购买发行有表决权股份公司的股票,因而可能阻碍双层股权结构公司股份的流动性和股价水平的提高。

当前上交所《科创板上市规则》和深交所《创业板上市规则》对双层股权结构制度设计进行规范,两部上市规则均规定仅允许双层股权结构公司发行两类股份,即普通股份和特别表决权股份,对双层股权结构公司发行无表决权股份持消极态度。这是因为双层股权结构制度实践刚刚起步,对双层股权结构的股权架构样态规定更为严格的限制条件具有一定合理性。但随着双层股权结构实践的广泛开展,可能会出现公司仿效快照、谷歌的做法,发行无表决权股份。对于某些公司而言,在 IPO 时发行无表决权股份可能

---

① Snap Inc. 招股说明书, https://www. sec. gov/Archives/edgar/data/1564408/000119312517029199/d270216ds1.htm,访问于 2021 年 5 月 29 日。

② 赵嘉宁:《美国上市公司发行无表决权股票探究——以 Snap Inc. 上市为例》,载《金融法苑》2020年第 2 期,第 240 页。

③ Lund D S. Nonvoting shares and efficient corporate governance[J]. Stanford Law Review, 2019(71): 690-744.

是在当时情况下的最优治理结构方案,持"一刀切"的严格禁止态度可能不利于鼓励公司股权结构创新。但即使在 IPO 时发行无表决权股份建立双层股权结构为当时最理想的股权结构方案,无表决权股份带给公司治理效率的提升作用也可能不具有永久性。因此,立法者对于发行人采用发行无表决权股份建立双层股权结构的监管态度应更加审慎,兼顾金融创新与金融安全,仅在发行人满足特定条件的情况下方能发行无表决权股份,并且应制定更全面的特别表决权约束机制与双层股权结构退出机制强化投资者的合法权益保护制度。

结　语

　　证券交易所间的竞争以及新经济公司对控制权集中的需求使双层股权结构被全球主要资本市场广泛接受,如何防范该股权结构给公司治理和证券市场平稳运行带来的风险成为各个国家和地区的立法者、监管者、司法者以及双层股权结构公司必须面对的重要问题。双层股权结构制度的法律监管价值取向不仅需要寻求特别表决权股东特质愿景追求自由与投资者合法权益维护之间的最佳平衡,也需要充分尊重双层股权结构制度下的公司自治,兼顾防范特别表决权股东滥用表决权,从而实现双层股权结构制度的良性发展。对于双层股权利益平衡机制的法理探求,应落脚于资本市场的成熟度与环境的特殊性,对具体制度的运行进行剖析,从而掌握其形与神的实质内核。通过构建具体制度框架,形成特别表决权行使约束与投资者保护体系,统筹融合形成双层股权结构利益平衡机制的全新调适机器。

　　双层股权结构制度的平稳运行需要配套制度不断完善为其提供事前预防措施、事中监督机制与事后救济路径,因此可以从以下几个方面展开。

　　第一,应考虑由更高位阶的法律明确双层股权结构制度的合法性与正当性,并提高具体实施细则的完整性、系统性以及协调性,从而为双层股权结构制度提供全面的法律支持。可以考虑在《公司法》中明确同类股份享有相同的权利,从而为特别表决权股份的合法性与正当性提供法理支撑,并允许公司根据自身运行特点发行特别表决权股份、对特别表决权股份的权利行使作出例外规定,在建构配套机制维护创始人控制权稳定的同时保护投资者权益。还可以在新《证券法》中明确双层股权结构公司的法律地位,对双层股权结构公司的股东大会、内部监督机构、信息披露等制度作出特殊规定,明确双层股权结构公司及特别表决权股东的责任,从而为双层股权结构制度平稳运行、强化投资者保护提供有力的上位法支撑。

　　第二,基于资本市场散户占比较高、投资者专业化程度有限的背景,制度设计应仿效新加坡等地的全面监管模式,对行使特别表决权制定更为严格的约束机制以控制表决权与现金流的背离程度。具体而言,一是应将特别表决权股份的持股主体限定于自然人的创始人，进而防范"堆金字塔"及交叉持股结构与双层股权结构叠加，导致过度放大杠杆效应引发外部投资者权益受侵害的风险；二是可以基于个案特殊性适当放宽特别表决权股东的最低持股比例要求，从而满足部分大型科技创新企业创始人运用双层股权结构促进公司发展的需求；三是明确特别表决权股东负有信义义务，进而对特别表决权股东的滥权行为形成有效约束；四是灵活安排特别表决权最大倍数，寻求创始人控制权集中与投资者权益保护的平衡，在现有的"一股一票"表决事项范围基础上，还应将涉及公司分红、公司解散、清算以及退市、选任监事，决定董事、监事以及高管的报酬等事项纳入强制性平等表决事项范围，在扩大法定"一股一票"表决事项范围的同时可以鼓励双层股权结构公司根据经营特点制定任意平等表决事项，实施以"选择"功能代偿"填空"功能策略；五是可以引入创新公司内部监督主体选任模式，进而提高独立董事与监事的独立性，并厘清监事会与独立董事的职责，使两者在各司其职的同时通力合作，形成有效的内部监督机制。此外，还应给予公司一定的意思自治空间，在符合特定条件时，允许双层股权结构公司从独立董事和监事会中择一作为公司内部权力监督主体，避免公司内部监督主体职能重叠造成冲突。还应强化内部监督主体的薪酬激励约束机制与独立的财务支配机制，建立起有效的双层股权结构事前监督约束制度。

第三，根据双层股权结构特殊性完善信息披露制度。高质量的信息披露能够有效缓解双层股权结构公司股东间的信息不对称，并对公司的高效运行形成反向监督作用。因此，一是应建立强制信息披露与自愿信息披露相结合的信息披露制度，推进以信息披露为中心的注册制改革；二是应以投资者需求为导向设计信息披露内容，在保证披露内容符合充分性标准的同时防范"棘轮效应"，进而提高投资者获取信息的实效性；三是应明确各主体对披露信息审查的职责，形成政府监管信息披露、券商负责发行定价、律师审查发行文件这样各主体各司其职、分工明确、角色正位的信息披露审查机制；四是应大幅增加违法违规信息披露的成本，将监管退市作为防范信息披露违规的一道有力防线，并明确信息披露违法违规的刑事责任，从而实现运用信息披露维护双层股权结构运行的效用。

第四，基于双层股权结构制度优势具有非永续性的特征，引入日落条款作为双层股权结构的一种退出机制，平衡双层股权结构公司各方利益并保护投资者权益。各法域及双层股权结构公司在实践中探索出了各具特点的日落条款，在保障特别表决权股东特质愿景追求自由的同时实现了对少数股东权益的保护。因此,双层股权结构安排下的日落条款制度可以从以下几个方面改进,以设计出满足企业家和投资者需求的方案,实现帕累托最优。一是增加期限型日落条款,在尊重公司自治的前提下嵌入应用期限型日落条款,避免双层股权结构制度长期存续;二是优化事件型日落条款,细化股东资格型日落条款,明确转让型日落条款的适用条件;三是完善比例型日落条款,明晰股比稀释型日落条款和优化控制权变更日落条款;四是引导公司设置自治型日落条款,从而达成创始人寻求特质愿景自由与外部投资者权益保护的平衡。

第五,多元化的纠纷解决机制能够及时救济双层股权结构公司权益受侵害主体的利益,对控制权滥用形成有效的威慑作用,是投资者权益保护的最后防线。构建全面的事后救济制度一方面需要根据双层股权结构公司治理特殊性再造股东派生诉讼的诉讼规则,从适当降低原告标准、部分举证责任倒置给特别表决权股东及公司管理层、合理减少诉讼费用、适当补偿起诉股东的合理费用以及提高投服中心对股东派生诉讼的参与度等角度倾斜性地保护处于弱势地位的投资者;另一方面应充分发挥证券集团诉讼的制度效用,厘清投资者保护机构的角色定位,赋予投资者保护机构一定的实体处分权,建立投资者保护机构的监督与激励机制,并优化证券集团诉讼的运行程序,强调证券集团诉讼"明示加入、明示退出"的制度核心,从而实现公益与私益平衡,在实现诉讼经济与诉讼效率的同时更有效地救济投资者受损的权益。除此之外,还可以强化先行赔付制度的权益救济效用,通过加强先行赔付主体的激励机制和保障先行赔付主体的追偿权能够更为及时有效地补偿双层股权结构公司权益受损投资者的利益。

第六,通过修订《公司法》、新《证券法》及其他法律文件,增设有关双层股权结构制度的特别规定条款,一方面能为双层股权结构制度实践提供更为坚实的法理基础支撑,另一方面也能为双层股权结构制度平稳运行提供配套制度,实现双层股权结构制度的成熟。在修订《公司法》的背景下,一是应对特别表决权股份具有高倍数表决权提供合法性支撑;二是应明确控股股东的范围包括特别表决权股东,从而进一步明确特别表决权股东应遵守信义义务;三是通过重构双层股权结构公司内部监督主体职能,强化内部监督主体独立性与专业性,预留一定的公司自治空间,为双层股权结构公司探索更适合公司治理特殊性的内部权力运行制约机制提供可能性;四是对股东派生诉讼部分的法律规定进行修订,以与新《证券法》的规定相呼应,提高不同基本法律间的联动性与整体性。在新《证券法》修订中,基于双层股权结构公司控制权高度集中于特别表决权股东的权利分布样态,应制定更严格的信息披露要求与监督机制,在涉及双层股权结构公司的诉讼中,可以将部分举证责任倒置给特别表决权股东,在减轻普通股东举证责任、移除权益救济障碍的同时也能对特别表决权股东行使权利形成威慑和监督作用。在其他法律文件中,应对双层股权结构制度的退出机制作出进一步细化规定,从而防范双层股权结构制度在制度效用不再显著时仍永续存在。

科创板和创业板允许双层股权结构公司上市,在为优质科技创新企业在本地上市创造制度前提的同时,也为科技创新企业化解融资需求与控制权稀释矛盾以及与投资者分享企业成长红利提供新路径。双层股权结构设计能实现资本市场为本土企业融资、定价和风险分散的核心功能,进而达成投资者、企业和资本市场的多方共赢。但实践中也存在诸多问题尚未解决。在新《证券法》凸显市场化、法治化,强化投资者保护的背景下,实现双层股权结构的最大效用需要尽快制定与监管现状博弈均衡的特别表决权行使限制体系与投资者保护体系,控制代理成本,实现科技创新企业金融效率与投资者保护金融公平之间的平衡。在构建双层股权结构制度时应灵活借鉴其他地区的治理经验,并充分结合实证研究结论,发挥市场竞争作用,督促监督监管主体职能归位,提高特别表决权股东权利行使的自律性,强化投资者权益救济路径,以期在投资者合法权益受到充分保护的同时实现双层股权结构制度安排支持创新的资本形成机制、助力科技创新企业发展、提升公司治理有效性的目标。

参考文献

一、中文文献

巴曙松、巴晴：《双重股权架构的香港实践》，载《中国金融》2018 年第 11 期。

蔡奕等：《证券市场监管执法前沿问题研究：来自一线监管者的思考》，厦门大学出版社 2015 年版。

常健：《股东自治的基础、价值及其实现》，载《法学家》2009 年第 6 期。

陈洁：《科创板注册制的实施机制与风险防范》，载《法学》2019 年第 1 期。

陈若英：《论双层股权结构的公司实践及制度配套——兼论我国的监管应对》，载《证券市场导报》2014 年第 3 期。

董新义、王馨梓：《新〈证券法〉证券纠纷调解的保障机制建设——以域外经验为借鉴》，载《银行家》2020 年第 2 期。

董振南：《代理成本视角下双层股权结构制度的短板及其优化研究——基于〈科创板股票上市规则〉的分析》，载《当代金融研究》2020 年第 2 期。

杜佳佳、吴英霞：《双层股权结构的价值、风险与规范进路》，载《南方金融》2018 年第 8 期。

杜要忠：《美国证券集团诉讼程序规则及借鉴》，载《证券市场导报》2002 年第 7 期。

樊健、朱锐：《科创板上市公司双层股权结构中的日落条款》，载《财经法学》2021 年第 3 期。

方乐：《投服中心持股行权的限度研究——兼议比例原则的适用》，载《中国政法大学学报》2021 年第 2 期。

封文丽、韩佳颖：《科创板注册制下上市公司信息披露的探究》，载《吉林金融研究》2019 年第 10 期。

冯果：《股东异质化视角下的双层股权结构》，载《政法论坛》2016 年第 4 期。

冯果、诸培宁：《差异化表决权的公司法回应：制度检讨与规范设计》，载《江汉论坛》2020 年第 5 期。

冯卉:《双重股权结构与"日落条款"的入则化补阙》,载《秘书》2020 年第
　　2 期。

傅穹、卫恒志:《表决权差异安排与科创板治理》,载《现代法学》2019 年第
　　6 期。

甘培忠:《公司控制权的正当行使》,法律出版社 2006 年版。

甘培忠、楼建波主编:《公司治理专论》,北京大学出版社 2009 年版。

甘培忠、夏爽:《信息披露制度构建中的矛盾与平衡——基于监管机构、上市
　　公司与投资者的视角》,载《法律适用》2017 年第 17 期。

高闯、张清:《双层股权结构运作与企业创新型发展的关联度》,载《改革》
　　2017 年第 1 期。

高菲:《双层股权结构的国际经验及其对中国的启示》,载《中州大学学报》
　　2018 年第 3 期。

高菲:《新加坡双层股权结构立法改革及其对中国的启示》,载《广西政法管
　　理干部学院学报》2019 年第 2 期。

高菲:《新经济公司双层股权结构法律制度研究》,法律出版社 2019 年版。

高菲、周林彬:《上市公司双层股权结构:创新与监管》,载《中山大学学报(社
　　会科学版)》2017 年第 3 期。

戈申、斯奎尔:《被代理人成本:公司法与公司治理的新理论(上)》,林少伟、
　　许瀛彪译,载《交大法学》2017 年第 2 期。

戈申、斯奎尔:《被代理人成本:公司法与公司治理的新理论(下)》,林少伟、
　　许瀛彪译,载《交大法学》2017 年第 3 期。

耿利航:《论我国股东派生诉讼的成本承担和司法许可》,载《法律科学(西北
　　政法大学学报)》2013 年第 1 期。

宫佳利:《我国移植股东表决权信托制度的探索》,载《中国集体经济》2021
　　年第 2 期。

巩海滨、王旭:《证券市场先行赔付制度研究》,载《财经法学》2018 年第
　　6 期。

郭丹:《证券集团诉讼在中国的制度价值——法经济学与法社会学的悖论》,
　　载《北方法学》2012 年第 2 期。

郭建军:《注册制下上市公司信息披露制度的价值取向与实现》,载《河北法
　　学》2015 年第 9 期。

郭雳:《美国证券集团诉讼的制度反思》,载《北大法律评论》2009 年第 2 期。

郭雳:《中国式监事会:安于何处,去向何方? ——国际比较视野下的再审

思》,载《比较法研究》2016 年第 2 期。

郭雳、彭雨晨:《双层股权结构国际监管经验的反思与借鉴》,载《北京大学学报(哲学社会科学版)》2019 年第 2 期。

郭青青:《规范视域下的中国上市公司控制权强化机制》,载《西南政法大学学报》2016 年第 1 期。

郭青青:《类别股的类型化建构及其适用》,载《河北法学》2016 年第 2 期。

郭艳芳:《新〈证券法〉视角下先行赔付制度的探讨》,载《西南金融》2021 年第 8 期。

郭艳芳:《新〈证券法〉视角下证券市场先行赔付主体的确定机制探讨》,载《私法》2020 年第 2 期。

胡亦龙、马国洋:《科创板背景下双重股权结构制度研究》,载《江西财经大学学报》2021 年第 2 期。

黄江东、施蕾:《中国版证券集团诉讼制度研究——以新〈证券法〉第 95 条第 3 款为分析对象》,载《财经法学》2020 年第 3 期。

黄臻:《双层股权结构实施法律环境的比较分析——以阿里巴巴上市为例》,载《宁夏社会科学》2015 年第 6 期。

黄臻:《双层股权结构下如何完善公司监督机制》,载《南方金融》2015 年第 9 期。

基尔森:《控制股东与公司治理:比较分类法的深化(上)》,缪因知译,载《金融法苑》2010 年第 2 期。

蒋小敏:《美国双层股权结构:发展与争论》,载《证券市场导报》2015 年第 9 期。

蒋小敏:《双层股权结构与国际金融中心的制度竞争》,载《上海金融》2020 年第 9 期。

金晓文:《论双层股权结构的可行性和法律边界》,载《法律适用》2015 年第 7 期。

克拉克:《公司法则》,胡平等译,工商出版社 1999 年版。

李安安:《股份投票权与收益权的分离及其法律规制》,载《比较法研究》2016 年第 4 期。

李俪:《双层股权结构本土化的潜在风险与防范制度研究——兼评科创板特别表决权规则》,载《金融监管研究》2019 年第 12 期。

李美慧:《差异化表决权结构在我国科创板的最新实践——兼论我国的监管应对》,载《上海市经济管理干部学院学报》2020 年第 2 期。

李苗苗:《双层股权结构日落条款的适用困境与优化对策》,载《南方金融》
　　2021 年第 5 期。

李尚桦:《双层股权结构之法律评析——兼论其在我国之适用性》,载《金陵
　　法律评论》2014 年第 2 期。

李翔宇:《证券市场先行赔付的实践检视与规范分析——以投资者保护为视
　　角》,载《甘肃金融》2020 年第 8 期。

李潇洋:《组织框架下表决权拘束协议的体系规制》,载《法学论坛》2020 年
　　第 3 期。

李燕:《双层股权结构公司特别表决权滥用的司法认定》,载《现代法学》2020
　　年第 5 期。

李燕、李理:《公司治理之下的双层股权结构:正当性基础与本土化实施路
　　径》,载《河北法学》2021 年第 4 期。

李燕、杨朝越:《科创板双层股权结构公司特别表决权的行使限制研究》,载
　　《学海》2020 年第 2 期。

李有星、康琼梅:《论证券信息自愿披露及免责事由》,载《社会科学》2020 年
　　第 9 期。

梁上上:《表决权拘束协议:在双重结构中生成与展开》,载《法商研究》2004
　　年第 6 期。

陆宇建、黄卫华:《日本上市公司加权投票权制度及其对我国的启示》,载《现
　　代日本经济》2020 年第 5 期。

吕红兵、朱奕奕:《证券市场参与者的监管职责审视与重构——以上海科创
　　板注册制试点为背景》,载《北京行政学院学报》2019 年第 2 期。

马更新:《〈公司法〉修订语境下的监事会制度架构变革探析》,载《上海政法
　　学院学报(法治论丛)》2021 年第 3 期。

马立行:《美国双层股权结构的经验及其对我国的启示》,载《世界经济研究》
　　2013 年第 4 期。

马庆泉主编:《中国证券史:1978—1998》,中信出版社 2003 年版。

马一:《股权稀释过程中公司控制权保持:法律途径与边界——以双层股权
　　结构和马云"中国合伙人制"为研究对象》,载《中外法学》2014 年第
　　3 期。

缪霞:《从科创板看我国双层股权结构的发展进路》,载《区域金融研究》2019
　　年第 11 期。

彭真明、曹晓路:《控制权博弈中的双层股权结构探析——以破解股权融资

与稀释的困境为视角》，载《证券市场导报》2016 年第 7 期。

沈朝晖：《双层股权结构的"日落条款"》，载《环球法律评论》2020 年第 3 期。

沈骏峥：《论双重股权结构监管制度的构建——以控制权利益的内涵为视角》，载《中外法学》2021 年第 3 期。

石晓军、王骜然：《独特公司治理机制对企业创新的影响——来自互联网公司双层股权制的全球证据》，载《经济研究》2017 年第 1 期。

石颖：《中国企业双层股权结构制度研究》，中国社会科学出版社 2021 年版。

孙亚贤：《股权众筹公司创始人控制权维持的法律路径》，载《法商研究》2017 年第 5 期。

覃有土、陈雪萍：《表决权信托：控制权优化配置机制》，载《法商研究》2005 年第 4 期。

汤维建：《中国式证券集团诉讼研究》，载《法学杂志》2020 年第 12 期。

汤欣：《证券投资者保护新规中的先行赔付》，载《中国金融》2020 年第 8 期。

唐应茂：《股票发行注册制改革的内涵、本质和措施》，载《财经法学》2016 年第 5 期。

汪青松：《公司控制权强化机制下的外部投资者利益保护——以美国制度环境与中概股样本为例》，载《环球法律评论》2019 年第 5 期。

汪青松：《股份公司股东权利多元化配置的域外借鉴与制度建构》，载《比较法研究》2015 年第 1 期。

汪青松：《论股份公司股东权利的分离——以"一股一票"原则的历史兴衰为背景》，载《清华法学》2014 年第 2 期。

汪青松、李仙梅：《差异化股权结构的控制权强化及约束机制——以科创板相关制度设计为视角》，载《南方金融》2020 年第 8 期。

汪青松、肖宇：《差异化股权制度东渐背景下的中小股东保护》，载《投资者》2018 年第 3 期。

汪青松、赵万一：《股份公司内部权力配置的结构性变革——以股东"同质化"假定到"异质化"现实的演进为视角》，载《现代法学》2011 年第 3 期。

王保树主编：《转型中的公司法的现代化》，社会科学文献出版社 2006 年版。

王丹：《派生诉讼资金激励问题研究》，载《比较法研究》2015 年第 5 期。

王继远：《控制股东对公司和股东的信义义务》，法律出版社 2010 年版。

王轶：《民法价值判断问题的实体性论证规则——以中国民法学的学术实践为背景》，载《中国社会科学》2004 年第 6 期。

王莹莹:《信义义务的传统逻辑与现代建构》,载《法学论坛》2019 年第 6 期。

吴尚轩:《论中国双层股权上市的规制》,载《法学论坛》2020 年第 6 期。

吴术豪:《双层股权结构:风险与法律监管》,载《东南大学学报(哲学社会科学版)》2020 年第 S2 期。

夏雯雯:《新加坡上市公司双层股权结构限制性条款研究》,载《金融市场研究》2018 年第 11 期。

肖宇、黄辉:《证券市场先行赔付:法理辨析与制度构建》,载《法学》2019 年第 8 期。

邢会强:《从简略式立法到精细化立法——以〈公司法〉和〈证券法〉为例》,载《证券法苑》2011 年第 2 期。

邢会强:《我国资本市场改革的逻辑转换与法律因应》,载《河北法学》2019 年第 5 期。

徐承钰:《科创板应强制规定"定期日落条款"之证否及优化路径探析》,载《海南金融》2020 年第 8 期。

徐文鸣、刘圣琦:《新〈证券法〉视域下信息披露"重大性"标准研究》,载《证券市场导报》2020 年第 9 期。

徐瑜璐:《论注册制下的证券市场治理权能转向》,载《河北法学》2020 年第 12 期。

伊斯特布鲁克、费希尔:《公司法的经济结构》,罗培新、张建伟译,北京大学出版社 2014 年版。

易楚钧、吴学斌:《我国证券纠纷代表人诉讼制度的滥觞与完善》,载《南方金融》2020 年第 6 期。

于莹、梁德东:《我国双层股权结构的制度构造》,载《吉林大学社会科学学报》2021 年第 2 期。

张赫曦:《特别表决权股东信义义务构建》,载《中国政法大学学报》2021 年第 3 期。

张家镇等编纂:《中国商事习惯与商事立法理由书》,中国政法大学出版社 2003 年版。

张巍:《双重股权架构的域外经验与中国应对》,载《财经法学》2020 年第 1 期。

张文瑾:《注册制改革背景下上市公司差异化信息披露制度探究》,载《中国应用法学》2020 年第 1 期。

张欣楚:《双层股权结构:演进、价值、风险及其应对进路》,载《西南金融》

2019 年第 6 期。

章武生:《论群体性纠纷的解决机制——美国集团诉讼的分析和借鉴》,载
《中国法学》2007 年第 3 期。

章武生:《我国证券集团诉讼的模式选择与制度重构》,载《中国法学》2017
年第 2 期。

赵嘉宁:《美国上市公司发行无表决权股票探究——以 Snap Inc. 上市为
例》,载《金融法苑》2020 年第 2 期。

赵金龙、张磊:《双重股权制度中的"日落条款"》,载《河北大学学报(哲学社
会科学版)》2020 年第 5 期。

赵旭东:《公司治理中的控股股东及其法律规制》,载《法学研究》2020 年第
4 期。

周颖、武慧硕、方索琴等:《金字塔持股结构与资本结构——基于中国上市企
业面板数据的研究》,载《管理评论》2012 年第 8 期。

周游:《公司法上的两权分离之反思》,载《中国法学》2017 年第 4 期。

朱慈蕴:《公司法原论》,清华大学出版社 2011 年版。

朱慈蕴:《资本多数决原则与控制股东的诚信义务》,载《法学研究》2004 年
第 4 期。

朱慈蕴、神作裕之、谢段磊:《差异化表决制度的引入与控制权约束机制的创
新——以中日差异化表决权实践为视角》,载《清华法学》2019 年第
2 期。

朱大明:《美国公司法视角下控制股东信义义务的本义与移植的可行性》,载
《比较法研究》2017 年第 5 期。

左进玮:《超越代表人诉讼:中国版证券集团诉讼的生根与适用》,载《北方金
融》2021 年第 2 期。

二、外文文献

Andrade D,Bressan A,Iquiapaza R. Dual class shares,board of directors'
effectiveness and firm's market value:An empirical study[J]. Journal
of Management & Governance,2017(4):1053-1092.

Ang J S,Megginson W L. Restricted voting shares,ownership structure,
and the market value of dual-class firms[J]. Journal of Financial
Research,1989(12):301-318.

Arruñada B, Paz-Ares C. The conversion of ordinary shares into nonvoting shares[J]. International Review of Law and Economics, 1995(4): 351-372.

Ashton D C. Revisiting dual-class stock[J]. St. John's Law Review, 1994 (2): 863-960.

Bae K H, Beak J S, Kang J K, et al. Do controlling shareholders' expropriation incentives imply a link between corporate governance and firm value? theory and evidence [J]. Journal of Financial Economics, 2012(2): 412-435.

Bainbridge S. The short life and resurrection of SEC rule 19c-4[J]. Washington University Law Quarterly, 1991(2): 565-634.

Barocas B J. The corporate practice of gerrymandering the voting rights of common stockholders and the case for measured reform [J]. University of Pennsylvania Law Review, 2019(2): 497-543.

Bebchuk L A, Hamdani A. Independent directors and controlling shareholders[J]. University of Pennsylvania Law Review, 2017(6): 1271-1315.

Bebchuk L A, Kastiel K. The perils of small-minority controllers[J]. The Georgetown Law Journal, 2019(6): 1453-1514.

Bebchuk L A, Kastiel K. The untenable case for perpetual dual-class stock [J]. Virginia Law Review, 2017(4): 585-631.

Bebchuk L A. Limiting Contractual freedom in corporate law: The desirable constraints on charter amendments [J]. Harvard Law Review, 1989(8):1820-1860.

Bebchuk L A. The case for increasing shareholder power[J]. Harvard Law Review, 2005(3): 833-914.

Ben-Ishai S, Puri P. Dual class shares in Canada: An historical analysis [J]. Dalhousie Law Journal, 2006(1): 117-157.

Bennedsen M, Nielsen K M. The impact of a break-through rule on european firms[J]. European Journal of Law and Economics, 2004 (3): 259-283.

Berle A A. Corporate powers as powers in trust [J]. Harvard Law Review, 1931(7): 1049-1074.

Berle A A. Non-voting stock and bankers' control[J]. Harvard Law

Review, 1926(6): 673-693.

Black B, Kraakman R. Delaware's takeover law: The uncertain search for hidden value[J]. Northwestern University Law Review, 2011(2): 521-565.

Burson J J, Jensen M R. H. Institutional ownership of dual-class companies[J]. Journal of Financial Economic Policy, 2021(2): 206-222.

Chan R, Ho J. Should listed companies be allowed to adopt dual-class share structure in Hong Kong? [J]. Common Law World Review, 2014(2): 155-182.

Chen F, Zhao L J. To be or not to be: An empirical study on dual-class share structure of us listed Chinese companies [J]. Journal of International Business and Law, 2016(2): 215-248.

Condon Z. A snapshot of dual-class share structures in the twenty-first century: A solution to reconcile shareholder protections with founder autonomy[J]. Emory Law Journal, 2018(2): 335-366.

Daniel P. Cipollone, Risky business: A review of dual class share structures in Canada and a proposal for reform[J]. Dalhousie Journal of Legal Studies, 2012(4): 62-92.

DeAngelo H, DeAngelo L. Managerial ownership of voting rights: A study of public corporations with dual classes of common stock[J]. Journal of Financial Economics, 1985(1): 33-69.

Dent G W. Dual class capitalization: A reply to Professor Seligman[J]. George Washington Law Review, 1986(5): 725-756.

Doidge C. U. S. cross-listings and the private benefits of control: Evidence from dual-class firms[J]. Journal of Financial Economics, 2004(3): 519-553.

Dyck A, Zingales L. Private benefits of control: An international comparison[J]. The Journal of Finance, 2004(2): 537-600.

Edelman P H, Jiang W, Thomas R S. Will tenure voting give corporate managers lifetime tenure? [J]. Texas Law Review, 2019(5): 991-1029.

Edelman P H, Thomas R S. Corporate voting and the takeover debate[J].

Vanderbilt Law Review, 2005(2): 453-489.

Eechambadi K. The dual class voting structure, associated agency issues, and a path forward[J]. New York University Journal of Law and Business, 2016(2): 503-534.

Faccio M, Lang L. The ultimate ownership of Western European corporations[J]. Journal of Financial Economics, 2002(3): 365-395.

Fama E F. Efficient capital markets a review of theory and empirical work [J]. The Fama Portfolio, 1970(2): 383-417.

Fang L. The evaluation of introducing dual-class share structure in China [J]. Foundation for Law and International Affairs Review, 2020(1): 57-74.

Fisch J, Solomon, S D. The problem of sunsets[J]. Boston University Law Review, 2019(19): 1057-1094.

Ganor M. Why do dual-class firms have staggered boards[J]. Ohio State Business Law Journal, 2016(10): 147-192.

Gao F, Zhang I X. The impact of the Sarbanes-Oxley Act on the dual-class voting premium[J]. The Journal of Law & Economics, 2019(1): 181-214.

Gilson R J, Gordon J N. Controlling controlling shareholders [J]. University of Pennsylvania Law Review, 2003(2): 785-843.

Gilson R J. Controlling shareholders and corporate governance: Complicating the comparative taxonomy[J]. Harvard Law Review, 2006(6): 1641-1679.

Gompers P A, Ishii J, Metrick A. Extreme governance: An analysis of dual-class firms in the United States[J]. The Review of Financial Studies, 2010(3): 1051-1088.

Goshen Z, Hamdani A. Corporate control and idiosyncratic vision[J]. Yale Law Journal, 2016(3): 560-795.

Grinapell A. Dual-class stock structure and firm innovation[J]. Stanford Journal of Law, Business & Finance, 2020(25): 40-85.

Gurrea-Martínez A. Theory, evidence, and policy on dual-class shares: A country-specific response to a global debate[J]. European Business Organization Law Review, 2021(22): 1-41.

Hayden G M. The false promise of one person, one vote[J]. Michigan Law Review, 2003(2): 213-267.

Hayden G, Matthew B. Arrow's theorem and the exclusive shareholder franchise[J]. Vanderbilt Law Review, 2009(4): 1217-1243.

Hirst S, Kastiel K. Corporate governance by index exclusion[J]. Boston University Law Review, 2019(3): 1229-1278.

Ho J K S. Revisiting the viability to allow dual-class share structure companies to list in the financial market of Hong Kong[J]. Common Law World Review, 2018(4): 167-195.

Hochleitner C. The non-transferability of super voting power: Analyzing the conversion feature in dual-class technology firms[J]. Drexel Law Review, 2018(1): 101-146.

Howell J W. The survival of the U. S. dual class share structure[J]. Journal of Corporate Finance, 2017(C): 440-450.

Hu H, Black B. The new vote buying: Empty voting and hidden (morphable) ownership[J]. Southern California Law Review, 2006 (4): 811-908.

Huang F. Dual class shares around the top global financial centres[J]. Journal of Business Law, 2017(2): 137-154.

Huang R H. The statutory derivative action in China: Critical analysis and recommendations for reform[J]. Berkeley Business Law Journal, 2007(2): 227-250.

Huang R H, Zhang W, Lee K. The (re) introduction of dual-class share structures in Hong Kong: A historical and comparative analysis[J]. Journal of Corporate Law Studies, 2020(1): 121-155.

Jadhav A. Dual class shares-is India ready for it? [J]. Macroeconomics and Finance in Emerging Market Economies, 2012(5): 124-135.

Jensen M C, Meckling M H. Theory of the firm: Managerial behavior, agency costs and ownership structure [J]. Journal of Financial Economics, 1976(4): 305-360.

Jordan B D, Kim S Y, Liu M H. Growth opportunities, short-term market pressure, and dual-class share structure [J]. Journal of Corporate Finance, 2016(C): 304-328.

Jordan B D, Mark H L, Wu Q. Corporate payout policy in dual-class firms[J]. Journal of Corporate Finance, 2014(C): 1-19.

Keijzer T. Vote and Value: An Economic, Historical and Legal-comparative Study on Dual Class Equity Structures[M]. Riverwoods: Wolters Kluwer Law & Business, 2020.

Lease R, McConnell J, Mikkelson W. The market value of control in publicly-traded corporations[J]. Journal of Financial Economics, 1983 (11): 439-472.

Lehn K. Consolidating corporate control: Dual-class recapitalizations versus leveraged buyouts[J]. Journal of Financial Economics, 1990 (27): 557-580.

Lin Y H. Controlling controlling-minority shareholders: Corporate governance and leveraged corporate control[J]. Columbia Business Law Review, 2017(2): 453-510.

Lowenstein L. Shareholder voting rights: A response to SEC rule 19c-4 and to Professor Gilson [J]. Columbia Law Review, 1989 (5): 979-1014.

Martin S P, Partnoy F. Encumbered shares[J]. University of Illinois Law Review, 2005(3): 778-780.

Masulis R W, Wang C, Xie F. Agency problems at dual-class companies [J]. The Journal of Finance, 2009(4): 1697-1727.

Maury B, Pajuste A. Private benefits of control and dual-class share unifications [J]. Managerial and Decision Economics, 2001 (6): 355-369.

Moore M T. Designing dual-class sunsets: The case for a transfer-centered approach[J]. William & Mary Business Law Review, 2020 (1): 93-166.

Partch M. The creation of a class of limited voting common stock and shareholder wealth[J]. Journal of Financial Economics, 1987 (2): 313-339.

Reddy B V. Finding the British google: Relaxing the prohibition of dual-class stock from the premium-tier of the London Stock Exchange[J]. The Cambridge Law Journal, 2020(2): 315-348.

Ringe W G. Deviations from ownership-control proportionality-economic protectionism revisited [J]. Company Law And Economic Protectionism-New Challenges To European Integration, 2010(3): 209-240.

Ross S A. The economic theory of agency: The principal's problem[J]. The American economic review, 1973(2): 134-139.

Schultz P, Shive S. Mispricing of dual-class shares: Profit opportunities, arbitrage, and trading[J]. Journal of Financial Economics, 2010(3): 524-549.

Seligman J. Equal protection in shareholder voting rights: The one common share, one vote controversy[J]. George Washington Law Review, 1985(5): 687-694.

Sharfman B S. A private ordering defense of a company's right to use dual class share structures in IPOs[J]. Villanova Law Review, 2018(1): 1-34.

Sharfman B S. The undesirability of mandatory time-based sunsets in dual class share structures: A reply to Bebchuk and Kastiel[J]. Southern California Law Review Postscript, 2019(1): 1-41.

Shen J Z. Regulation of controlling shareholder misconduct in listed companies: A comparison of Hong Kong and Delaware[J]. Hong Kong Law Journal, 2018(2): 485-510.

Shen J Z. The anatomy of dual class share structures: A comparative perspective[J]. Hong Kong Law Journal, 2016(2): 477-509.

Simmons P L. Dual class recapitalization and shareholder voting rights[J]. Columbia Law Review, 1988(3): 106-124.

Subramanian G. The influence of antitakeover statutes on incorporation choice: Evidence on the "race" debate and antitakeover overreaching [J]. University of Pennsylvania Law Review, 2002(6): 1795-1873.

Swisher J. Dual-class companies: Do inferior-voting shares make inferior investments? [J]. American Journal of Business, 2006(1): 41-48.

Tinaikar S. Executive compensation disclosure and private control benefits: A comparison of U. S. and Canadian dual class firms[J]. Journal of International Accounting, Auditing and Taxation, 2017

(C)：32-51.

Tinaikar S. Voluntary disclosure and ownership structure：An analysis of dual class firms[J]. Journal of Management & Governance，2014(2)：373-417.

Toshima K. Cyberdyne's dual-class IPO[J]. International Financial Law Review，2014(12)：10-43.

Wei S，Young A. Dual share plan in context：Making sense of Hong Kong's decision not to embrace Alibaba's listing[J]. International Company and Commercial Law Review，2015(1)：4-17.

White D T. Delaware's role in handling the rise of dual-，multi-，and zero-class voting structures[J]. The Delaware Journal of Corporate Law，2020(1)：141-155.

Winden A W. Sunrise，sunset：An empirical and theoretical assessment of dual-class stock structures[J]. Colombia Business Law Review，2018 (3)：852-951.

Winden A，Baker A. Dual-class index exclusion[J]. Virginia Law and Business Review，2019(2)：101-154.

Yan M. A control-accountability analysis of dual class share (DCS) structures[J]. The Delaware Journal of Corporate Law，2020(1)：1-47.

Yan M. Differentiated voting rights arrangement under dual-class share structures in China：Expectation，reality，and future[J]. Asia Pacific Law Review，2021(2)：1-23.

Yan M. The myth of dual class shares：Lessons from Asia's financial centres[J]. Journal of Corporate Law Studies，2021(2)：1-36.

Zhao J C，Wen S G. The eligibility of llaimants to commence derivative litigation on behalf of China's joint stock limited companies[J]. Hong Kong Law Journal，2018(2)：687-738.

Zohar G，Hamdani A. Corporate control，dual class，and the limits of judicial review[J]. Columbia Law Review，2020(40)：941-994.

三、其他

Aggarwal D，Elder O，Hochberg Y，et al. The Rise of Dual-Class Stock IPOs[EB/OL]. (2021-04-21)[2022-06-22]. https：//clsbluesky. law. columbia. edu/2021/04/21/the-rise-of-dual-class-stock-ipos/.

Baran L，Forst A，Via M T. Dual class share structure and innovation [EB/OL]. (2018-12-21)[2021-04-21]. https：//papers. ssrn. com/sol3/papers. cfm? abstract_id=3183517.

Bebchuk L，Kastiel K. The Perils of Pinterest's Dual-class Structure[EB/OL]. (2019-04-10)[2021-05-27]. https：//corpgov. law. harvard. edu/2019/04/10/the-perils-of-pinterests-dual-class-structure/.

BlackRock. Open Letter Regarding Consultation on the Treatment of Unequal Voting Structures in the MSCI Equity Indexes[EB/OL]. (2018-04-19)[2021-06-11]. https：//corpgov. law. harvard. edu/2018/05/03/open-letter-Regarding-consultation-on-the-treatment-of-unequal-voting-structures-in-the-msci-equity-indexes/.

Canadian Coalition for Good Governance. Dual Class Share Policy[EB/OL]. (2013-09-27)[2021-05-26]. https：//perma. cc/HW2F-82SF.

Coffee J. Dual class stock：The shades of sunset，cls blue sky blog[EB/OL]. (2018-11-19)[2021-06-11]. https：//clsbluesky. law. columbia. edu/2018/11/19/dual-class-stock-the-shades-of-sunset/.

Committee on Capital Market Regulation. The Rise of Dual Class Shares：Regulation and Implications[EB/OL]. (2020-04-08)[2021-05-02]. https：//www. capmktsreg. org/wp-content/uploads/2020/04/The-Rise-of-Dual-Class-Shares-04. 08. 20-1. pdf.

Cremers M，Lauterbac B，Pajuste A. The life-cycle of dual class firms valuation[EB/OL]. (2018-12-05)[2021-02-15]. https：//www. ecgi. global/sites/default/files/The％ 20Life-Cycle％ 20of％ 20Dual％ 20Class％20Firm％20Valuations-％20Paper. pdf.

Glover S，Thamodaran A. Debating the Pros and Cons of Dual Class Capital Structure，Insights[EB/OL]. (2013-03-03)[2022-06-21]. https：//www. gibsondunn. com/wp-content/uploads/documents/publications/GloverThamodaran-DualClassCapitalStructures. pdf.

Goshen Z. Against Mandatory Sunset for Dual Class Firms，Cls Blue Sky Blog［EB/OL］.（2019-01-02）［2021-06-15］https：//clsbluesky. law. columbia. edu/2019/01/02/against-mandatory-sunset-for-dual-class-firms/.

Govindarajan V，Rajgopal S，Srivastava A，et al. Should Dual-Class Shares Be Banned？［EB/OL］.（2018-12-03）［2021-05-25］. https：// hbr. org/2018/12/should-dual-class-shares-be-banned.

HKEX. 2020 Annual Market Statistics［EB/OL］.（2021-01-13）［2021-06-21］. https：//www. hkex. com. hk/-/media/HKEX-Market/Market-Data/Statistics/Consolidated-Reports/Annual-Market-Statistics/2020-Market-Statistics. pdf.

HKEX. Concept Paper：Weighted Voting Rights［EB/OL］.（2014-08-29）［2021-02-24］. https：//www. hkex. com. hk/-/media/HKEX-Market/ News/Market-Consultations/2016-Present/cp2014082. pdf？la＝en.

HKEX. Consultation Conclusions：To Concept Paper on Weighted Voting Rights［EB/OL］.（2015-06-19）［2021-02-17］. https：//www. hkex. com. hk/-/media/HKEX-Market/News/Market-Consultations/2016-Present/cp2014082cc. pdf？la＝en.

Kim H，Michaely R. Sticking around too long？Dynamics of the benefits of dual-class voting［EB/OL］.（2018-10-26）［2021-02-14］. https：//www. bwl. uni-mannheim. de/media/Lehrstuehle/bwl/Area ＿ Finance/ Finance_Area_Seminar/HWS2018/Michaely_Paper. pdf.

Letter from CII，to Elizabeth King，Chief Regulatory Officer，Inter-continental Exchange Inc.［EB/OL］.（2018-10-24）［2021-05-10］. https：//www. cii. org/files/issues ＿ and ＿ advocacy/corr-espondence/ 2018/20181024％ 20NYSE％ 20Petition％ 20on％ 20Multiclass％ 20Sunsets％20FINAL. pdf.

Letter from the founders-An Owner's manual for Google's shareholders ［EB/OL］.（2004-04-29）［2021-06-03］. https：//www. sec. gov/ Archives/edgar/data/1288776/000119312504073639/ds1. htm.

Ministry of Finance. Reports of the Steering Committee for Review of the Companies Act Consultation Paper［EB/OL］.（2011-07-28）［2021-02-19］. https：//www. mof. gov. sg/docs/default-source/default-document-library/news-and-publications/public-consultation/sc-rpt-preface-and-summary. pdf.

Niles S V, et al. ISS Proposes Benchmark Voting Policy Changes for the 2022 Proxyseason [EB/OL]. (2021-11-11) [2022-01-18]. https://corpgov. law. harvard. edu/2021/11/11/iss-proposes-benchmark-voting-policy-changes-for-the-2022-proxy-season/.

Papadopoulos K. Institutional Shareholder Services Inc., Dual-Class Share: Governance Risks and Company Performance[EB/OL]. (2019-06-28)[2021-06-21]. https://corpgov. law. harvard. edu/2019/06/28/dual-class-shares-governance-risks-and-company-performance/.

Ritter J R. Initial Public Offerings: Technology Stock IPOs[EB/OL]. (2023-01-24)[2023-03-24]. https://site. warrington. ufl. edu/ritter/files/IPOs-Tech. pdf.

SFC Statement on the SEHK' s Draft Proposal on Weighted Voting Rights [EB/OL]. (2015-06-25) [2021-02-17]. https://apps. sfc. hk/edistributionWeb/gateway/EN/news-and-announcements/news/doc?refNo=15PR69.

后　记

　　本书聚焦双层股权结构制度从无到有的发展背景,探讨双层股权结构的内生性问题及其对公司治理和投资者权益的影响,阐释双层股权结构的衍生逻辑、功能价值与潜在风险。基于比较研究的视角,本书对各法域双层股权结构的立法变迁与配套制度纵向发展进行比较,并对特别表决权行使约束制度、信息披露制度、日落条款制度以及事后救济制度等制度设计进行功能性的横向比较,探讨不同监管理念与监管模式背后的法理依据,考察不同法域的双层股权结构制度设计及典型双层股权结构公司对双层股权结构重要制度的规则设计,归纳提炼出可借鉴的经验。同时,本书全方位比较了双层股权结构在科创板、创业板和新三板的不同规定,并将上市规则中有关双层股权结构制度的规定与《公司法》和新《证券法》相联结,探讨双层股权结构制度规定与上位法中可能存在的疏漏与冲突之处,并提出了完善建议。

　　感谢我的学生胡汉璇、杜沛育等对本书做出的贡献。感谢浙江大学出版社马一萍老师、梅雪老师为本书出版做出的辛勤工作。感谢所有提供帮助的专家、学者、友人等。本书的出版获得了国家社科基金后期资助项目的支持,一并致谢。

　　本书以期为双层股权结构制度的优化提供一定经验启迪,为维护证券市场平稳有序运行提供新的思路和对策。当然,由于研究内容涉及的问题太多,文中论述及观点不一定准确,不足之处,敬请批评指正。

金幼芳

2023 年 12 月